草原文化与生态文明

董世魁　蒲小鹏　编著

中国环境出版集团・北京

图书在版编目（CIP）数据

草原文化与生态文明/董世魁，蒲小鹏编著.—北京：中国环境出版集团，2020.6（2024.7重印）
ISBN 978-7-5111-4331-0

Ⅰ.①草… Ⅱ.①董… ②蒲… Ⅲ.①少数民族－民族文化－研究－中国②草原－生态环境保护－研究－中国Ⅳ.①K28②S812.6

中国版本图书馆CIP数据核字（2020）第075158号

责任编辑　李兰兰
封面设计　宋　瑞

出版发行　中国环境出版集团
（100062　北京市东城区广渠门内大街16号）
网　　址：http://www.cesp.com.cn
电子邮箱：bjgl@cesp.com.cn
联系电话：010-67112765（编辑管理部）
010-67112735（第一分社）
发行热线：010-67125803　010-67113405（传真）
印　　刷　北京中科印刷有限公司
经　　销　各地新华书店
版　　次　2020年6月第1版
印　　次　2024年7月第3次印刷
开　　本　787×1092　1/16
印　　张　12
字　　数　280千字
定　　价　60.00元

序　言

董世魁教授等编著的《草原文化与生态文明》一书出版在即，邀我作序。浏览全书，我被丰富而详尽的内容深深吸引，随即欣然命笔。这本书不仅是一本学术专著，更是一部草原文化史诗，堪称我国草原文化与生态文明研究的开山之作，其学术价值自不待言。

本书编著者通过查阅大量文献资料，整理散见于民间的各类史料，收集各地草原文化口述史，采访民族文化传承人，实地调研草原牧民的生产和生活实践，系统梳理了我国主要草原民族——蒙古族、藏族、哈萨克族和裕固族的草原生产文化、草原生活文化、草原精神文化和草原生态文化，深度分析了草原文化对生态文明建设的指导和支撑作用。正如本书所述："草原民族在长期的游牧生产和生活中形成了人与自然水乳交融、密不可分的生态智慧，并且将其贯穿于生产模式、生活方式、风俗习惯、宗教信仰、文化艺术、伦理道德、美学与哲学、法规与律令等诸多方面。草原文化不仅给我们留下了一笔宝贵的精神财产，在当今生态环境面临全球性危机的情形下，更为我们开启了人与自然和谐相处的新思路、新模式，为当前的生态文明建设提供了诸多启示。"

在当前浮躁成风的学术环境下，本书编著者甘于寂寞、不畏艰辛，长期开展第一线调研工作，把支离破碎的草原文化知识按时空的经纬排位定序，让我们清晰把脉草原文化的产生、衍化和发展的过程，更让我们全面了解作为中华文化重要组成部分的草原文化的瑰丽厚重和传承价值。我披阅书稿，深感这是一座长期被忽略的、有别于农耕文化但又相互交融的文化富矿。感谢本书编著者给我们呈现了这样一部极具学术性且通俗易读的著作。这种长期坚持而百纳成书的科学素养，坚毅而恢弘的学术构建，沉潜治学的科学态度，正是草业科学工作者的精神之魂，值得我们赞赏咏叹。

董世魁现任北京师范大学环境学院教授、美国康奈尔大学自然资源系客座教授、世界自然保护联盟生态系统管理委员会东北亚地区主席，活跃于国际草地生态学界，已出版草原人文—自然耦合系统的外文专著 3 部、论文 20 余篇，是我国草业科学人文—自然耦合系统研究领域的佼佼者。本书由他来秉笔主编，将长期积累的大量素材凝练升华，写成专著，功不可没。

该书图文并茂，具有独特的学术价值和它所禀赋的精神财富，是一部具有人文创意和理性思维的学术专著，可以供草业、生态、环境、伦理等多个学科领域的科研人员、管理人员和教师、学生使用，谨向读者推荐，以是为序。

中国工程院院士、兰州大学教授 任继周

序于2020年岁初

前　言

中国是草原大国，各类天然草原面积近 4 亿 hm^2，草原面积位列世界第二位，占全球草原面积的 13%，占国土总面积的 41.7%，是耕地面积的 2.91 倍、森林面积的 1.89 倍、耕地和森林面积总和的 1.15 倍。草原不仅是重要的自然资源和生态屏障，而且也是多个少数民族的生活家园和生产基地。自古以来，草原游牧民族以“逐水草而居”的生活方式，形成了悠久、丰富、灿烂的草原文化，与中原农耕文化互相交融、互动互利，共同铸就了伟大的中华民族文化。草原文化秉承的“人与自然和谐相处的生态理念”“自然、简朴和低耗的生存方式”“敬畏自然的精神生活”，创造了人与自然长期和谐相处的局面。草原文化从生产方式、生活态度、精神追求以及生态行动等方面为生态文明建设提供了诸多启示，可以助力中国生态文明建设和可持续发展。但是，气候变化、人口增长、城市化、工业化等驱动因素，不仅使草原生态系统的健康受到严重影响，而且使草原文化受到严重冲击，草原文化的保护、传承和发展刻不容缓。基于这一背景，笔者通过查阅大量文献资料，整理散见于民间的各类史料，收集各地草原文化口述史，采访民族文化传承人，实地调研草原牧民的生产和生活实践，系统梳理了我国主要草原民族——蒙古族、藏族、哈萨克族和裕固族的草原生产文化、草原生活文化、草原精神文化和草原生态文化，深度分析了草原文化对生态文明建设的指导和支撑作用。

本书共分 6 章，主要内容如下：

第一章：主要阐述了草原文化的定义、组分、起源、传播和分布状况，生态文明的内涵、特性、渊源及建设的途径以及草原生态文明的发展与传承价值。

第二章：主要介绍了蒙古族的起源与分布、语言文字的形成及演化，蒙古族的草原生产文化、草原生活文化、草原精神文化、草原生态文化的主要内容及对生态文明建设的借鉴意义和支撑作用。

第三章：主要介绍了藏族的起源与分布、宗教文化的形成及演化，藏族的草原生产文化、草原生活文化、草原精神文化、草原生态文化的主要内容及对生态文明建设的借鉴意义和支撑作用。

第四章：主要介绍了哈萨克族的起源与分布，哈萨克族的草原生产文化、草原生活文化、草原精神文化、草原生态文化的主要内容及对生态文明建设的借鉴意义和支撑作用。

第五章：主要介绍了裕固族的起源、演化与分布，裕固族的草原生产文化、草原生活文化、草原精神文化、草原生态文化的主要内容及对生态文明建设的借鉴意义和支撑作用。

第六章：主要阐述了草原文化对生态文明建设的启示、中国草原生态危机及草原文化传承、草原文化保护与生态文明建设等。

本书内容新颖、系统、全面，是一部具有人文创意和理性思维的学术专著。本书的写作意图在于将草原文化的系统知识和生态文明的最新理念介绍给广大读者，使草业科学、生态学、环境科学、伦理学、社会学和其他相关学科领域的科研人员、管理人员和大专院校师生了解草原文化的精髓和要义，为生态文明建设提供指导和支撑作用。

本书的研究工作得到国家重点研发计划课题“生态恢复效果与生态功能提升能力监测评估”（2016YFC0501906）、“环境模拟与污染控制国家重点实验室联合项目”（17L03ESPC）的资助，在此对项目支持方表示衷心感谢。

书稿写作过程中，曾得到北京师范大学杨志峰院士、康慕谊教授、刘世梁教授的指导和帮助，曾得到甘肃农业大学张德罡教授、师尚礼教授，兰州大学林慧龙教授、尚占环教授，国家图书馆卢海燕研究员、张彦女士、郑晓雯女士、张维女士的帮助和支持，在此一一表示深切的谢意。

甘肃农业大学汪玺教授提供了大量素材并同意本书引用其发表的相关文章，在此对汪先生表示衷心感谢！

中国草学会名誉理事长、甘肃农业大学草业学院原院长胡自治教授对书稿进行了审定，在此对胡先生表示诚挚的谢意！

中国工程院院士、兰州大学教授任继周先生在百忙之中拨冗作序，令我们十分感动！在此对任院士表示崇敬的谢忱！

在本书的选题立项、编写和校审过程中，得到中国环境出版集团编辑李兰兰女士的帮助，在此深表谢意。

由于编著者水平有限，书中不当之处在所难免，希望读者不吝赐教，及时指出本书的不足和错误之处，并希望提出修改建议和意见，以便我们日后改进。

作　者

2020 年 3 月

目 录

第一章　草原文化与生态文明概述

第一节　草原文化

一、草原文化的内涵与特性

（一）草原文化的定义

草原文化是指世代生息在草原地区的先民、部落、民族共同创造的一种与草原生态环境相适应的文化，这种文化包括草原居民的生产方式、生活方式，以及与之相适应的风俗习惯、社会制度、思想观念、宗教信仰、文学艺术等（见图 1-1)，其中价值体系是其核心内容。

图 1-1　草原文化古画

（二）草原文化的特性

草原文化的特性可以概括为四个方面。

1. 历史传承的悠久性

从远古开始，全球各地辽阔的草原上就有人类的祖先繁衍生息。远在旧石器时代，人类的祖先就在草原上留下了原始生产和生活的足迹。从旧石器晚期到新石器时代，相继产生了多种开文明先河的草原文化成果；特别是游牧文明形成后，将草原文化推向一个新的发展阶段，使草原文化成为具有历史统一性和连续性并充满活力和发展潜力的文化。

2. 区域分布的广阔性

草原文化是在全球草原分布区这一特定历史地理范围内形成和发展的文化。在这一广大的区域范围内，虽然不同民族在不同时期所创造的文化不尽相同，但都是以草原这一地理环境为载体，并以此为基础建立起内在的联系，形成具有复合特征的草原文化。草原既是一个历史地理概念，又是重要的文化地理概念。

3. 创造主体的多元性

草原文化是草原地区不同民族创造的文化。由于这些民族分别活跃在不同历史时期，而且各自相异，使草原文化在不同历史时期呈现出不同的民族文化形态。虽然草原文化的创造主体是多元的，但由于这些民族相互间具有很深的历史渊源和族际传承关系，因此这种连续性和统一性体现在草原文化发展的整个历史进程之中。

4. 构建形态的复合性

草原文化是一种内涵丰富、形态多样、特色鲜明的复合型文化。中国的草原文化在早期经历新石器文化之后，前后演绎为以西辽河流域为代表的早期农耕文化和聚落文化、以朱开沟文化为肇始的游牧文化以及中古时期逐步兴起的游牧和农耕文化交错发展的现象。因此，草原文化不仅是地域文化与民族文化的统一，也是游牧文化与其他经济文化的统一。不同的文化形态在不同历史时期从不同角度为草原文化注入了新的文化元素和活力。草原文化还是传统文化与现代文化的统一，在走向现代化的历史过程中，传统文化和现代文化在相互激荡、碰撞、冲突和吸纳的过程中形成新的统一，使草原文化成为传统文化与现代文化有机统一的整体。草原文化随之呈现出传统与现代相统一、地域与民族相统一、多种经济类型并存的复合型文化形态。

（三）草原文化的组分

草原文化的产生需要人、草原和家畜三个基本组成要素（任继周等，2010）。草原文化是草原居民（人）、草原和家畜之间相互依存、相互影响的自然 - 社会生态耦合系统（见图 1-2），具有移动性、适应性、灵活性、多样性、有效保护和共同支持的特点。草原文化三大组分的特点如下。

图 1-2　草原文化由人、草原和家畜三个要素组成

1. 人——草原上生活的族群

草原文化的产生和发展必须通过长

期比较稳定地生活在草原上的族群来实现，如中国的草原文化作为华夏文明的活泼元素，以红山文化为代表，堪称中华文明的最早元素，至今保存完整的就是内蒙古高原、青藏高原两大地区。原为游牧民族的姬氏族群黄帝一支，由西方进入黄河中下游地区，逐步发展为旱作农耕文化。至于长江流域的巴蜀、荆楚、吴越等地，也各自发展为以水稻为主的农耕文化。虽然自成支脉，独立发展，但在进入历史时期以后，正是一个又一个草原文化的浪潮袭来并与之交融，将华夏文化推向了新高峰。

2. 草原——生活基质

草原是草原文化的自然立地条件，是产生草原文化的决定性因素。草原将太阳能转化为化学能，人对草原自然生态系统进行有序组织，以获得所需的持续物流、能流，并在此过程中产生着信息的交流，产生文化的元素。草原的水、热资源分布主要受三个自然因素影响：地球纬度的变化、海拔高度的变化和距离海洋的远近。三者结合造成水、热的特定组合和分异模式，形成生物地理区。而动物突破地理地带性的局限，截取适宜自身生存的环境时段而构建的生存时空体，体现为季节性地追逐丰茂的水草，在水平方向（如南北之间）与垂直方向（如山麓、山顶之间）往返迁徙。欧亚大陆自蒙古高原兴安岭向西通过阿尔泰山与中亚，直至伏尔加河、黑海以北的东欧平原，是一条大草原带，自古以来就以畜牧业兴盛著称。“草木茂盛，多禽兽”“美水草，冬温夏凉，宜畜牧养”。这是中国北方草原存在的自然基础，也是草原文化孕育的基质。

3. 家畜——物质循环和营养转化的中介

人类不能直接利用草地上的绝大部分植物资源，而以放牧家畜为主的草食动物将其转化为动物产品。放牧系统中的草食动物具备如下特点。

（1）喜好群居生活的动物，便于管理，提高效率，成群的牲畜才能维持放牧人的生活。

（2）适应长距离的迁移。利用草原类型的时间地带性分布，追逐最适宜的生境，采食足够的、最优质的牧草。

（3）提供持续的动物产品。除维持畜群规模、保持肉类供应外，畜群中的奶畜应占一定的比例。马奶、驼奶和当前为大家所熟知的牛奶，在不同的历史时期都起着重要的作用。马奶尤其值得关注，它是游牧民族的军旅食品。

（4）草食动物立足于自然，它的分布常常表现出地区分异性。如非洲撒哈拉沙漠与亚洲的阿拉伯沙漠地带主要饲养单峰骆驼；青藏高原和中亚高山主要饲养牦牛；中亚大草原和蒙古高原饲养多种家畜，如牛、山羊、双峰驼等；西欧主要以饲养奶牛、肉牛为主；欧亚北部高纬度牧区则以饲养驯鹿为主；南美洲安第斯山脉主要饲养羊驼；北美洲大平原和澳大利亚主要饲养肉牛（见表 1-1）。

（5）草食动物有寻觅水草的生物学本能。以伏羲氏为代表的原始时代，人类跟在草食动物群的后面进行所谓的放牧，这样的放牧与其说人赶着畜群前进，不如说是人群被畜群领着迁徙，其本质是人类对食物源的追踪，就如狼群跟在鹿群的后面，以便随时猎

表 1-1 全球放牧家畜及其饲养方式（引自 Blench，2001）

畜种	地区	饲养方式			
		游牧	半游牧	定居放牧	圈养
羊驼	安第斯山区	－	＋	＋	－
双峰驼	东亚—中亚	＋	＋	＋	－
水牛	伊朗、印度	＋	＋	＋	?
黄牛	欧洲、西非、西亚	－	＋	＋	＋
瘤牛（黄牛）	非洲、中亚	＋	＋	＋	＋
驴	非洲、亚洲	＋	＋	＋	－
单峰驼	非洲、西亚	＋	＋	＋	－
山羊	非洲、欧洲、亚洲	＋	＋	＋	＋
马	中亚	＋	＋	＋	－
驯鹿	欧亚北极地区	＋	＋	－	?
绵羊	非洲、欧洲、亚洲	＋	＋	＋	＋
牦牛	中亚高山、青藏高原	－	＋	－	－

注："＋"表示有；"－"表示无；"?"表示不确定。

取食物。这样的草原—畜群—人群的食物链，形成了生态系统的一环。当人们通过实践，由感性到理性，把这个放牧系统由被动转为主动而固定下来，就完成了人类最初的仿生学，出现了现代意义上的放牧。

（四）草原文化的载体

人、草原、家畜是草原文化的三个基本要素，放牧是草原文化的主要载体，通过放牧这一基本功能，将草原 - 家畜 - 人居耦合成一个自然 - 社会生态系统，促进草原文化的保护和传承。任继周等（2010）认为，放牧在草原文化传承中的主要作用包括以下几个方面。

1. 放牧提供了草原游牧民族的流动生活方式

为了适应常年迁徙，牧民以便于拆卸和装配的帐幕为家，而不是采用类似农耕民族的定居生活方式："虽有城郭，而不居之，恒处穹庐，随水草畜牧""随水草迁徙，则有毡车，任载有大车，妇人乘马，亦有小车"。

2. 放牧使政权组织与游牧系统紧密结合

部落是游牧民族基本的社会生活单位，部落划分主要沿袭于草地 - 家畜 - 人居的自然范围，往往有一个或几个小流域构成的自然 - 社会生态系统，类似于农耕区域的村落。草原政权组织都以部落为单位组成，部落以类似酋长为领导，部落之间交流也较农耕村落更为频繁，或是联姻或是征战。

3. 游牧可以强化军事能力

游牧中驱赶成千上万的牛羊转场，需要较农耕民族更为严格的组织性与纪律性，长期的迁徙使草原民族具有高度的机动性。草原民族所建立起来的军事政权，其军事能力往往异常强大，在我国北方从战国时期崛起的匈奴政权到清朝时期的噶尔丹，对南方农耕民族的侵袭、掠夺不断。他们凭借严明的军事纪律与迅疾的机动性，常常轻松越过农耕民族的边墙，满载掳掠的财产、人丁而归，其强大的军事力量至元清两代得到充分体现，游牧民族开拓了中国历史上最大的版图。

4. 游牧赋予了草原民族性格

游牧生活的移动性使草原民族具有与生俱来的忍耐力与冒险精神，常常需要跨越高山大漠找寻水草丰茂之地，奔驰上千公里而不息。迁徙中经历的各种磨炼，养成了草原民族坚毅、进取、豁达的民族性格。

5. 游牧激发了游牧民族的绘画创作

绘画是最古老、最直接的思想表达形式，文字起源于绘画。最早可溯源到新石器时代的宁夏大麦地岩画，这是一部游牧民族的史诗记录，其中与放牧有关的岩画不胜枚举。在 1 800 年前的和林格尔汉墓壁画中也有北方草原地带的牧马、牧牛和牧羊图，畜群规模很大，按牲畜种类分类放养，畜牧放养技术已经相当发达。

6. 游牧影响了游牧民族的文艺创作

充足的时间、开朗的个性，使游牧民族的诗歌大多自由活泼、通俗易懂，区别于农耕民族诗歌严格的韵律。隋唐以来，尤其宋元时期，北方游牧民族相继入主中原后，带来的胡曲番乐与汉族地区原有的音乐相结合，孕育出元曲。与律诗绝句和宋词相比，元曲有较大的灵活性，语言俚俗，灵动自由，表现手法上抒情直切，酣畅淋漓，开创了我国文学史上的一个高峰。

7. 游牧影响了游牧民族的舞蹈

舞蹈是人类社会生活的肢体语言，以弥补文字和语言表意的不足，早期社会尤为重要。与大自然紧密结合的放牧给了游牧民族肢体语言以丰富的灵感，或模拟雄鹰盘桓的雄武，或模拟妇女挤奶的柔美，或向往直抒胸怀的长天大野，都是舞蹈重要的元素。更为鲜明的是对马的热爱，以马为素材的舞蹈、音乐随处可见，蒙古族舞蹈“沙乌尔登”中，舞者用双肩强弱鲜明的震颤及在平面上绕圆来表现骏马的奔驰，用双肩细碎的抖动来表现平稳、均匀的走马。哈萨克族的“哈拉卓尔噶舞”，一人饰马，一人扮骑手，动肩扭腰，配合默契，诙谐逗趣。而“护羊斗熊舞”则将牧人保护羊群、斗杀黑熊这一放牧情形惟妙惟肖地演绎到舞蹈中。

8. 游牧赋予草原游牧民族对自然资源的感悟

对于牧场、牲畜等生产资料的珍视，形成了游牧民族朴素的自然伦理观——敬畏自然、珍爱动物。迁徙的生活，受自然环境的影响较定居生活更明显。雪灾、瘟疫、冰冻、旱灾以及怪异天相等，都能严重影响牧民生活，使他们对这些事物产生了敬畏，仰赖自然的恩赐，表现为宗教上的万物有神论，或是对某种具体自然事物的图腾崇拜。

二、草原文化的起源与传承

（一）草原文化的起源

草原文化的形成和发展是人类文明历程中的一个巨大进步，其起源与草地畜牧业的发展密不可分。关于草地畜牧业的起源，几十年来一直是学者们争论的焦点。Khazanov（1984）称关于草地畜牧业的起源有三种观点：18 世纪和 19 世纪，诸多学者（Montesquieu、Herder、Condorcet、Mortillet、Lubbock、Morgan 和 Engels）认为，草地畜牧业是由原始狩猎进化而来，当狩猎者开始在草地上驯养和牧养一些受伤、虚弱和年幼的动物时，他们就开始转变为牧人，这种生产方式早于农耕业；20 世纪后半叶，部分学者（Bacon、Lattimore、Vainshtein）认为，农人首先开始饲养动物，狩猎者向邻近的农人借用其驯养的动物，主要原因是流动的狩猎者无法持续保持高速运动去追杀猎物，而且猎物的种群快速变化使其难以在短期内被驯化；与这两种观点不同的是，一些学者认为早期的人类必须使生计多样化以应对气候变化（Toynbee，1935；Zeuner，1956）和人口增长（Lees and Bates，1974；Spooner，1975；Gilbert，1975）的压力，如一些狩猎者转变为牧人去驯养和牧养动物。尽管这些观点表明，承载草原文化的草地畜牧业的源起是多因素综合作用的结果，难以用单一因素去解释，但主流观点认为草地畜牧业由原始狩猎进化而来（见图 1-3）。

图 1-3 内蒙古阴山地区的狩猎岩画（与现代的跟群放牧很相似）

草地畜牧业及其文化——草原文化起源的具体时间在学者之间还没有定论，部分学者认为，公元前 9000 年前后非洲东北部最早出现草地畜牧业——牛的牧养，但是有可靠数据表明公元前 6000 年前后南美洲安第斯山脉出现了美洲驼和羊驼的牧养（MacDonald and MacDonald，2000）。在公元前 2000 年的上半叶，牧人族群 Amorites 开始在近东牧养牛、绵羊、山羊和驴（Cribb，1991）。非洲撒哈拉以南地区的草原牧业文化可以追溯到第一个在非洲之角记载血液和牛奶饮品的格言（Pliny），实际上这个地区草地畜牧业的起源早于这个时间。根据考古记录，公元前 4500 年—公元前 4000 年前东非和西非出现了草原牧业文化（Marshall，2000）。

（二）草原文化的传承

迈锡尼文明（公元前 16 世纪—公元前 11 世纪）由伯罗奔尼撒半岛的迈锡尼城而得名，这是古希腊青铜时代的最后一个阶段，其主要史料来源于《荷马史诗》，故名荷马时代。这时，古希腊氏族制度解体，奴隶社会开始出现，呈现了大面积的农田和果园种植、马牛羊的饲养、狩猎及战争掠夺等经济模式，这是生产力水平发展的表现，社会繁荣，亟须建立更强大、更稳定的社会秩序，这种有序的生产方式也体现在畜牧业上。

当时社会饲养的家畜种类齐全，役用畜有马、骡用于驾车，牛用于犁地；提供畜产品的还有牛、猪、绵羊、山羊，生产方式均为放牧。马、骡的饲养主要是为了拉车，而不是骑乘，说明当时骑具还没有出现。驾车的牲口除马外，出现了骡子。在古希腊史诗《奥德赛》中，曾这样描述了主人公奥德修斯在草地畜牧、生产的情景："我前往宽广的厄利斯，那里放养着我的 12 匹母马，哺喂着从未上过轭架的骡子，吃苦耐劳的牲畜；我想驯使一头，赶离它的群伴。马在平时进行草原放牧，在高强度利用之后要及时补饲精料——大麦。"贵族拥有多种家畜，这是其财富和身份的象征，奥德修斯在陆架上有 12 群牛，同样数量的绵羊，同样数量的猪，以及同样多的山羊，熙熙攘攘，由他雇用的外邦人和派去的劳工牧放。在这座岛上，它的边端，饲放着遍地走的山羊，11 群之多，放管者是受他信赖的仆役。

绵羊和山羊除生产畜肉外，还能生产鲜奶、乳酪、羊毛以及作为褥垫的板皮。《奥德赛》中记述着："他弯身坐下，挤取鲜奶，他的绵羊和咩咩叫唤的山羊，顺次一头接着一头，随后将各自的羔崽填塞在母腹下面。他把一半的白奶凝固起来，放入柳条编织的篮里，作为乳酪藏存，让那另一半留在桶里，以便随手取来，尽情饮用，作为晚餐"。甚至，有些男性贵族也参与牧业生产，不仅用镰刀刈割青草饲喂家畜，还要驱牛犁地。男主人公奥德修斯向别人夸口道："去那草地之上，手握弯卷的镰刀，你我一样，以便验察谁更能吃苦耐劳，有充足的食物。从早到晚，每人都有大片的青草要割。我们亦可比赛赶牛，哪种最好的壮牛，体格硕大，颜色黄褐，吃足草料，同样的年龄，均等的拉力，劲儿非同一般。我将选用一块四顷的田地，犁头得以切开的泥土，那时，你会见我不停地犁走，留下笔直的沟洼。"

荷马时代畜牧业的繁荣与当时广阔的放牧地、宜人的自然条件、丰富的物种多样性、敬畏自然的生态伦理思想是分不开的。放养型的畜牧业生产不仅较种植业具有较低的劳动强度、生产成本、可持续性，还具有人神共享的普遍意义。在《荷马史诗》中可以看到农牧结合的盛况，这说明在 3 000 多年前人类已经清除了地中海条件下的原始森林，广泛开垦农田，农牧并举，这是生产的进步，在当时的条件下有助于城市和社会的发展。

三、草原文化的传播与分布

（一）草原文化的传播

草地畜牧业及其文化起源的中心和传播路线逐渐明确（Khazanov，1984），但在起源问题上仍有些争论。有些学者支持单中心起源说，他们认为，9 000 年前亚洲西南部扎格罗斯山地区（伊拉克北部和伊朗西北部）出现了山羊和绵羊的牧养（Miller，1998）；伴随着较早出现的谷物种植（亚洲西南部），畜牧业以这个地区为中心分别向北方和东方发展。有些学者支持多中心起源说，他们认为，6 000 年前在俄罗斯西南部肥沃的草原上出现了马的牧养，游牧作为一种生活方式开始在中亚地区（包括蒙古）扩展，一些牧人迁徙到喜马拉雅山西麓的高寒草甸上开始游牧（Miller，1998）；中国青藏高原的草原文化始于大约 4 000 年前古羌先民的游牧活动，其后裔之一——藏族继承和发展了该区的草原文化；中国内地关于草原文明的记载始于夏朝，北方牧民把动物的皮毛制成地毯献给皇帝（公元前 2205—公元前 1766 年）；在印度次大陆地区，3 500 年前起源于俄罗斯南部的库尔干草原游牧文化向该区扩展，不仅带去了游牧文化，也带去了印欧语言（Miller，1998）。

在尼罗河流域和北非地区，牧业文化可能通过现代柏柏尔人的祖先传播到非洲大陆其他地方（Blench，2001）；在非洲南部，虽然草原文化源起的途径和时间没有统一的认识（Bousman，1998），但普遍认为公元前 2000 年前铁器时代先出现了羊的牧养，之后出现了牛的牧养（Blench，2001）；在南美安第斯山地区，公元前 6000 年出现了美洲驼和羊驼的牧养（MacDonald and MacDonald，2000）。纵观全球不同牧业群体的社会文化特征（语言、传统、放牧方式），彼此存在很大差别。因此，我们认为多中心起源说能更好地解释草地畜牧业和草原文化在全球的扩展和传播。

（二）草原文化对世界文明的影响

在欧亚大陆的荒漠原野上，有五个区域最先闪烁出文明之光，即两河流域、尼罗河流域、印度河流域、黄河流域和爱琴海的克里特岛，史称“五大文明”。黄河流域的文明与其他区域的文明互通主要是通过“丝绸之路”实现的，而草原游牧民族正是这条举世闻名的“丝绸之路”的缔造者。“丝绸之路”按今天的观点看来，从黄河流域沿陆路一直西行，到河西走廊的尽头可分数道向西：一条朝罗布泊方向，沿塔克拉玛干大沙漠南缘至帕米尔高原；另一条取道罗布泊东北方向，经天山东南角沿天山南麓西行，抵达帕米尔高原。这两条道路可以从帕米尔高原进入费尔干那盆地（今塔吉克斯坦、乌兹别克斯坦和吉尔吉斯斯坦的交界处）再进入锡尔河和阿姆河的沙漠绿洲地区。“丝绸之路”。从河西走廊向西经哈密，从西北方向进入天山以北的草原，沿天山北麓行，越伊犁河、楚河、塔拉思河流域，由锡尔河进入阿姆河以北的农耕区，经今阿富汗向南亚行，经今土库曼斯坦越伊朗、伊拉克到地中海。从塔拉思河也可向西北沿锡尔河而下，进入欧亚草原，向西到东欧。这条绵长的穿越游牧区域的“丝绸之路”把古老的中国与世界联系在一起。

对于草原游牧民族开辟了“丝绸之路”的具体事实，2017 年 5 月美国圣路易斯华盛顿大学的 Frachetti 等在世界顶级学术刊物杂志 *Nature*（《自然》）上发文《游牧生态塑造了亚洲“丝绸之路”的高原地理》，他们采用“（水）流量积累”模型，结合无人机拍摄和 3D 建模等技术，将“丝绸之路”上的城镇、村庄遗址、动植物遗骸和散落的物品结合成复杂的网络，纳入社会网络分析，比较不同地点或地点集群之间社会联系的强弱，得到了 750 ～ 4 000 m 海拔上牧民游牧每年的迁徙路线，并通过对比高原“丝绸之路”遗址位置，提出“丝绸之路”是从古代牧民和他们的牲畜上下山寻找新牧场的路径中形成的。对牧民来说，选择路径最重要的并不是最快或者最省事的路径，而是沿途拥有丰富草场和水源的地点，游牧民的季节性迁移形成了非随机的路径，确定了后来“丝绸之路”的地理条件。换言之，尽管“丝绸之路”是一个穿越中亚的古老贸易路线网络，但最初是由游牧民族 4 000 多年前的迁移活动塑造的。

由于草原游牧民族开辟的“丝绸之路”，早在公元 2 世纪以前，中国南方的丝绸就大量流入匈奴地区。汉代新疆民丰出土的蜡染花布残片就出现了龙的形象，显然是从中原一带传播过去的。丝绸不仅传到西域，而且源源不断地流向中亚、西亚一带，尽管这时塔里木盆地已是定居农业区，但丝绸的西去，不论是通过河西走廊还是北方草原，都得先通过草原地区，才能到塔里木盆地及中亚河中地区。草原“丝绸之路”带动了西域与中原及西域与中亚等国经济贸易的发展，特别是牧业区域经济的发展。在“丝绸之路”沿线逐渐形成并发展了较高程度的城市文明，如碎叶、明布拉克（即千泉城）、伊克尔克兹（双河城）、石什（塔什干）、坦罗斯、巴拉萨衮、俱兰、美尔克、别失八里、轮台、蒲类、阿力马里等城市，这些草原城市的形成对游牧区域的历史发展做出了突出的贡献。贸易交换促进了游牧区域与中原区域，游牧区域与中亚、南亚以及欧洲全方位的交流。农耕民族的生活方式、文化习俗必然给草原游牧民族带来深刻的影响。伊斯兰教通过“丝绸之路”传播到中亚和哈萨克草原后，各突厥民族放弃了原有的古突厥文，开始使用阿拉伯文，这样使中亚各国同阿拉伯、波斯等国的经济文化的往来更为密切。

处在中亚腹地的草原区域是“丝绸之路”的必经之地，由于其处于中西方的咽喉之地，其文化出现了中西合璧的态势，体现在建筑风格、工艺装饰、文学艺术等诸多方面。中国和波斯是贸易伙伴，彼此互相渗透，文化也相互交流和影响。中原及西域的艺术在波斯的艺术中有不同程度的渗透，西域的艺术中也潜含、渗透着波斯文化的因子。中原地域的人文、精美的艺术及中亚的伊斯兰文化的艺术渗透到西域的玉器中，约在公元 10 世纪波斯西部的挂毯就体现了中原文化的影响。

可见，草原游牧民族开辟的“丝绸之路”，成了东西方商贸往来、文化交流、技术传播的主要载体，对推动世界文明起到了十分重要的作用。

（三）草原文化的现代分布

在全球范围内，草原文化存在于除南极洲外的地球各大洲干旱半干旱地区、高寒地区和高纬度地区，包括撒哈拉沙漠以南非洲地区、南非、中亚（涵盖喜马拉雅山区和青藏高原）、欧洲北部（包括俄罗斯北极地区）、南美洲中部、北美洲西部和大洋洲。目前，从非洲大陆、阿拉伯半岛到亚洲和南美洲的高原地区，全球面积 25% 以上的地区都有草地畜牧业生产和草原文化分布。尽管草原文化的载体——草地畜牧业主要见诸发展中国家或地区，但部分发达国家或地区（如北美西部、澳大利亚、新西兰等地）的草地畜牧业和草原文化也闻名于世。在全球尺度上，草地畜牧业及其承载的草原文化已经或正在发挥着提供牧业生产和生态服务、保障贫困地区人口的生计和生活、传承历史悠久的牧业文化和文明等多重功能。

亚洲的草原占世界草原面积的 25%（Kerven，2006），欧亚大草原分布于欧洲北部到太平洋地区，是欧亚大陆上草原生物区系的重要组成部分。在欧亚草原牧区，一些独特的族群（如藏族、蒙古族、哈萨克族等）牧养着绵羊、山羊、马和牛等常见牲畜和一些独特的牲畜，如牦牛、双峰驼和驯鹿（Kerven，2006）。在亚洲，中国牧民的数量最多（约 1.95 亿人），但这个数量远低于中国的农业耕作者。草地畜牧业是中东及南亚干旱和半干旱地区的主要农业生产系统之一（Gura，2006），伊朗、约旦、阿富汗、巴基斯坦、伊拉克、叙利亚的干旱地区草地畜牧业是主体产业，草原文化因而占据十分重要的地位。在南亚喜马拉雅的一些地区，受海拔和地形限制无法进行农业生产，草地畜牧业依旧是不丹、尼泊尔、印度喜马拉雅山区和巴基斯坦喜马拉雅山区的支柱产业，草原文化依然是该区主要的文化体系（Dong et al.，2009）。

草原文化遍布于整个非洲大陆。北非拥有广阔的草原，主要是干草原和撒哈拉荒漠（Dutilly-Diane，2006）。北非的干草原又称为“羊的世界”，牧养小反刍动物（绵羊、山羊）是干草原上稳定物价的传统方式。据统计，阿尔及利亚、突尼斯、摩洛哥的畜牧业生产系统中小反刍动物（绵羊和山羊）分别占牲畜总量的 48%、62%、75%（Dutilly-Diane，2006）。东非是草地畜牧业广泛分布的地区，占肯尼亚国土面积 80% 的干旱半干旱地区为牧业生产区（Pastoralist Thematic Group，2001）。乌干达的牧业生产从西南地区的姆巴拉拉延伸至东北地区的卡邦，覆盖了全国 51% 的国土面积。坦桑尼亚的牧业经济支撑着 10% 的全国人口，马尼亚拉、阿鲁沙、多多玛、新吉达、希尼安加和姆万扎等地区主要实行草地畜牧业（Odhiambo，2006）。苏丹（包括南苏丹）20% 的人口实行草地畜牧业，牧业生产产值占全国动物产值的 80%（Sin，1998）。在西非，草地畜牧业主要分布在布基纳法索、马里、毛里塔尼亚、尼日尔、塞内加尔和乍得等萨赫勒地区的国家（Wane，2006），尽管这些国家的草地畜牧业规模较小，但是通过家畜的流动性放牧和自然资源（草地）的持续利用促进了国民经济发展。在南非和非洲之角，草地畜牧业广泛分布于索马里、埃塞俄比亚（见图 1-4）、博茨瓦纳、津巴布韦、南非、纳米比亚、马拉维和赞比亚等国家。

草地畜牧业是南美洲地区非常重要的一种生计方式和生产系统，其承载的草原文化也源远流长。南美洲山区（尤其在安第斯山区）牧养骆驼科动物（美洲驼、羊驼、小羊驼、原驼）的草地畜牧业具有悠久的历史（Westreicher et al.，2006），当前南美洲的草地畜牧业主要存在于海拔 3 700 ～ 5 000 m 的安第高原半干旱地区，主要包括阿根廷、玻利维亚、智利和秘鲁四国的安第斯山区（Westreicher et al.，2007）。在安第斯山脉中段，玻利维亚和秘鲁是南美洲草地畜牧业历史、文化、地理中心（Westreicher et al.，2006）。在玻利维亚的安第斯高原地区，羊驼的牧养是草地畜牧业的主要形式。在秘鲁的安第斯高原地区，全国70%的绵羊、美洲驼、羊驼和肉牛立足于此，维持了全国41%的人口生计。阿根廷和智利的牧业生产占据了安第斯山区南部的边缘地区，智利北部和阿根廷南部牧养山羊，阿根廷北部牧养骆驼科动物。

图1-4　埃塞俄比亚的牧民与家畜

在北美洲，草地畜牧业是山地和大平原重要的生产方式之一（Huntsinger et al.，2010），其承载的草原文化也主要分布于这些地区。在美国西部，草地畜牧业依赖美国森林服务局管辖下的高原地区和土地管理局管辖下的低地草原和沙漠等公地资源（Sulak and Huntsinger，2007）。美国农场主在春季和夏季将牧群迁移到高原草场，冬季将牧群迁移到低地草原或沙漠（见图1-5）。在美国加利福尼亚州和得克萨斯州，农场主拥有私营土地进行牧业生产。这些地区的牲畜所有者，夏季雇用牧羊人、雇用牛仔，迁徙到山区，在高山牧场牧养牛羊，或者通过汽车定期向住在高山上的农场主运输马匹（Huntsinger et al.，2010）。阿巴拉契亚山脉南部，牧民在以野燕麦为主的植被稀疏覆盖的山顶牧养家畜，尤其是羊的牧养。

图1-5　美国中西部大平原的牧民与家畜

在欧洲大多数地区，草地畜牧业主要存在于高山、干旱或土壤贫瘠的地区（WISP，2007），这些地区拥有高自然价值的生物多样性或独特的植物和动物区系，也是草原牧业文化的传承地区（Biber，2006）。奥地利的高山牧场上，季节性游牧的牧民用全国1/4的土地牧养牛羊。瑞士的高山牧场相当于全国耕地面积的35%，通过季节性游牧牧养着大量的牛羊。在英国（包括威尔士、苏格兰、英格兰和爱尔兰），多数地区仍存在季节性游牧，牧民用卡车将牧养的牛羊从低地迁移到高原。在北欧斯堪的纳维亚半岛地区，牛和羊仍是季节性游牧的主要牲畜，部分地区可以接收牧养的驯鹿。

大洋洲具有广阔的草场来开展草地畜牧业（Earl and Jones，1996）。澳大利亚的现代牧场系统中除了草场较少的城市和沿海地区，其他地区仍然存在着自由放牧（Earl and Jones，1996）。在新西兰，草地畜牧业主要活动在高海拔地区，牧场面积占新西兰国土面积的 1/3（Lambert and Snow，2011）。因此，草原文化也广布于这些国家和地区。

四、中国草原文化的起源与分布

（一）中国草原文化的起源

草原文化是中华文化的重要组成部分，主要分布在我国的北方地区，是中华各区域文化中分布最广的区域文化。与全球草原文化的起源相似，对于中国草原文化的起源，学术界尚无统一定论。早前，学术界普遍认为（严文明，2000）："进入青铜时代，中南部和东南部分别出现了朱开沟文化和夏家店下层文化，两地的关系也逐渐密切起来……此后气候向干冷期转变，其中尤其是西部地区的变化最为明显。人们不得不缩小农业的比重而逐渐向畜牧业转化，一些具有游牧特征的器物开始出现。类似的情况也发生在内蒙古以西的宁夏和甘肃等地……由于这些从半农半牧状态中分化出来的游牧民族大批进入北方大草原，当地原有居民的生计方式也迅速由狩猎转为游牧经济。"其后，部分学者的研究结果将中国草原游牧业的起源向后推移，他们认为北方长城地带游牧文化因素的出现或者向游牧专业化的转型是在春秋战国时期。王明柯先生认为春秋晚期鄂尔多斯地区部分从事混合经济的人群完成向游牧专业化的转向，其前有可能向阿尔泰地区的游牧民学习了游牧观念和技术，至战国时期形成游牧的生计方式。乌恩先生认为中国北方游牧业的形成是在春秋中期偏早，而且有可能是在中国境内独立产生的。林沄先生认为北方长城地带游牧文化带的最终形成是在战国中期，与游牧的北亚蒙古人种的大批南下有关，生计方式由狩猎一农业混合经济转向游牧经济，其主要证据在于：

第一，凿刻在山巅危崖或幽谷陡壁上的古朴的阴山岩画展示了牧人的生活图画：或在牧马，或在牧羊，或在牧牛，反映了动物排列有序、羊群马群的特点分明。这是描述这一时期狩猎已转向游牧文化的最好例证。

第二，北方草原区（鄂尔多斯）以及农牧交错区（如陕西省神木县）已经挖掘的战国晚期到汉初的墓葬中，发现了以动物为文饰的青铜器以及青铜武器和车马器。学术界普遍认为，家畜牧养业的兴起是在青铜文化的背景下展开的，马的驯化和牧养是草原游牧业兴起的关键。因此，可以推断草原游牧业的兴起是在青铜文化的背景下展开的。

第三，西周到春秋战国时代的夏家店上层文化（典型的北方青铜文化代）墓葬中，出现了大量的马、牛、羊骨骼，表明蒙古草原开始进入游牧时代。在甘青地区，已经发现的辛店文化和卡约文化的大批墓葬都有驯牲的习俗，以牧羊为主。在青海湖以西的诺木洪文化遗址中，出土了大量的兽骨和毛皮制品，晚期还发现了大型的圈栏和牦牛骨骼。这些都实证了中国北方草地畜牧业兴起于春秋战国时期。

自战国时代到秦汉时期，匈奴在北方草原崛起，建立了统一的强大政权。西晋以后，北方草原民族向中原内地迁移并建立政权，进入了“五胡十六国”时期。东晋时期，鲜卑逐渐壮大，入主中原，建立了北魏政权。五代之际，契丹统一北方，建立了辽政权。此后女真人在北方崛起，推翻了辽、北宋政权，建立了大金政权。在元、清两朝，蒙古族、满族不仅统一了北方草原地区，而且建立了包括长城内外的疆域空前广阔的统一政权，巩固了统一的多民族国家。在此期间，草原文化通过与中原文化长期碰撞、交流、吸收、融合，今天已经演变成为以内蒙古为主要集聚地、蒙古族文化为典型代表、历史悠久、特色鲜明、内涵丰富的文化体系。在文化类型上，这个以北方游牧文化为支撑的草原文化体系，与中部的农耕文化和南方山地游耕文化一起构成我国三大类型经济文化区。草原文化不断参与中华文化的构建与发展，积极地融入博大精深的中华文化体系之中，三大文化交相辉映，使中华文化成为一个多元一体、丰富耀眼的文化体系。

（二）中国草原文化的分布

中国草原文化是在特定地理范围内形成和发展的地域文化，农牧交错带是草原文化和农耕文化的分界线。农牧交错带是大体以 400 mm 年降水量等值线为界的生态过渡带，以东、以南是以种植业为主的农区，以西、以北是以畜牧业为主的牧区。从经济地理角度来看，农牧交错带也是中国人口密度的分界线，著名的胡焕庸线（人口密度分界线）与农牧交错带高度吻合。《先锋国家历史》杂志社出版的《发现西部》一书中写道：胡焕庸线是一条文明分界线：它的东部是农耕的、宗法的、科举的、儒教的……一句话，是大多数人理解的传统中国；而它的西部则是或游牧或狩猎，是部族的、血缘的、有着多元信仰和生活方式的非儒教中国。胡焕庸线以西是唐代边塞诗描写的景象，那里是游牧民族粗犷、豪迈、辽远的风情；以东则是农耕文明主流的小巧玲珑、秀美细腻和略显局促的景象。以胡焕庸线或农牧交错带为分界线，中国草原文化区域分布于包括从大兴安岭以西到帕米尔高原以东，阿尔泰以南至昆仑山以东、横断山以西的广大区域，涵盖青藏高原、黄土高原和内蒙古高原的全部区域，行政边界涉及黑龙江、吉林、辽宁、河北、内蒙古、山西、陕西、宁夏、甘肃、青海、新疆、四川、云南、西藏等省区。在这一广大的区域范围内，虽然不同民族在不同时期所创造的文化不尽相同，但都是以草原这一地理环境为载体，并以此为基础建立起内在的联系，形成具有复合特征的草原文化。

中国草原文化按照其分布区分为五个草原文化亚区，每个草原文化亚区都代表不同的草原文化类型。

（1）蒙古高原型游牧文化，这是一种典型的草原文化，其分布于亚洲北部，大体上为大兴安岭以西、长城和祁连山以北、阿尔泰山脉以东、西伯利亚以南的广大地区。

（2）青藏高原型草原游牧文化，这是另一种典型的草原文化，其分布范围主要是昆仑山—阿尔金山—祁连山一线以南，喜马拉雅山以北东到横断山等广阔的地区。

（3）黄土高原—黄河上游型草原游牧文化，这是古代中国的主要草原文化承载地之一，主要地域为太行山以西、秦岭以北、长城以南的地区。

（4）西域山地河谷型草原游牧文化，主要分布于新疆北疆地区的低地和河谷区域。

（5）西域绿洲半农半牧型文化，主要分布于新疆南疆地区、河西走廊、内蒙古西部地区沙漠周围的河谷平原和山前地带及绿洲地区。

这些地区形成了一个半月形的游牧文化圈，构成了中国的草原文明。我国历史上的游牧民族包括东胡、鲜卑、匈奴、柔然、羌族、突厥、回纥、吐蕃、契丹、室韦、蒙古等，以及现在的游牧民族包括蒙古族、藏族、柯尔克孜族、哈萨克族、鄂温克族、裕固族等共同创造了草原文化的辉煌，从而确定了草原文化在中国文明史乃至在世界文明史上的地位。

第二节 生态文明

一、文化与文明的关系

从意识和文化范畴寻找生态文明的踪迹，有助于深刻了解文明、生态文明的内涵，增强历史责任感，有助于结合现实国情，实事求是地将其发扬光大。

文化和文明的关系一般可以理解为：文明是文化的内在价值，文化是文明的外在形式。文明是一元的，是以人类基本需求和全面发展的满足程度为共同尺度的，如中华文明；文化是多元的，是以不同民族、不同地域、不同时代的不同条件为依据的，如中华文明中的农耕文化（中原）、游牧文化（北方）、渔业文化（南方）、山地文化（西南）。

从使用习惯来看，“文化”一词较“文明”应用广泛，例如，“学习文化”“文化水平不高”中所说的“文化”是指一般的知识和运用文字的能力。考古发现、社会意识形态也称为“文化”或“文明”，有混用现象，如“远古文化”或“远古文明”，“东方文化”或“东方文明”，“西方文化”或“西方文明”，“仰韶文化”或“仰韶文明”等。

从文化的内涵来看，“文”与“化”本来是两个词，“文”原指各色交错的纹理，引申为包括文字在内的各种象征符号，又具体化为文书典藉、文章、礼乐制度，与“武”对应的文治、文事、文职，又用以表述自然现象的脉络，组成“天文”“地文”“水文”等专词；用以表述人伦秩序，则组成“人文”。把两者并联使用，较早见于《易·贲卦》:“刚柔交错，天文也。观乎天文，以察时变；观乎人文，以化成天下。”在这里，“人文”与“化成天下”紧密联系，“以文教化”的思想已十分明确。随着时间的流变和空间的差异，现在“文化”已成为一个内涵丰富、外延宽广的多维概念，成为众多学科探究、阐发、争鸣的对象。而《现代汉语词典》对“文化”的解释其中一条是：“人类在社会历史发展过程中所创造的物质财富和精神财富的总和，特指精神财富，如文学、艺术、教育、科学等。”从以上表述可以看出，文化是一种意识在人类头脑中的反映，具有抽象性。但现在看来，它也应该是可看得到的实物。

从文明的内涵来看，“文明”之“文”，指文采、文藻、文华；“明”指开明、明智、昌明、光明。联合而成的“文明”，其意为：从人类的物质生产（尤其对火的利用）引申到精神的光明普照大地，唐人孔颖达疏解《尚书·舜典》“睿智文明”说“经天纬地曰文，照临四方曰明”；孔颖达疏解《易·乾·文言》“见龙在天，天下文明”说“天下文明者，阳气在田，始生万物，故天有文章而光明也”，便揭示此种意蕴。“文明”一词在中国的广泛出现始于明治维新时期以后，日本学者在介绍西洋术语时，注意了对文化与文明两词的区分，以“文化”译“culture”，以“文明”译“civilization”，而与“文明”对译的英文词“civilization”源于“城市”，表示城镇生活的秩序与原则，是与“野蛮”“不开化”相对应的概念。明治维新的中心口号之一“文明开化”，在这个时期日本有关文明史观的翻译书和日本人自著出版甚多，“文明”成为流行语，吃“文明饭”（西餐）、跳“文明舞”（西式交谊舞）、拄“文明棍”（西式拐杖）成为一时风尚。黄遵宪、康有为、梁启超等采纳日本这一译词。胡适 1926 年刊发《我们对西洋近代文明的态度》一文，全面区分了“文明”与“文化”，他将文明（civilization）定义为“一个民族应付他的环境的总成绩”，将文化定义为“一种文明所形成的生活方式”。这些定义对中国人的文化研究无疑是一种积极的、向精确化方向的引导。

文化与文明都是人类现象，但二者所涵盖的历史内容又有差异：“文化”的本质内涵是“自然的人化”，人通过有目的的劳作，将天造地设的自然加工为更适宜生存和发展的、为人类所用的环境，这种变化的累积就是文化。而“文明”则是文化发展到较高阶段，或泛指对不开化的克服；或泛指超越蒙昧期（旧石器时代）和野蛮期（新石器时代）的历史阶段。进入“文明”阶段的标志有三点：文字发明与使用、金属工具发明与使用、城市出现。故中国的文化史长达百万年之久，而进入创制并使用文字和金属工具的文明时代约 4 000 年。

简而言之，文化内容广泛，历史悠久，而文明专指文化中有别于过去的、对社会发展促进意义较大的物化形态。

二、生态文明的概念与特征

（一）生态文明的定义

生态文明是人类文明发展的一个新的阶段，即工业文明之后的文明形态；生态文明是人类遵循人、自然、社会和谐发展这一客观规律而取得的物质与精神成果的总和。生态文明是以人与自然、人与人、人与社会和谐共生、良性循环、全面发展、持续繁荣为基本宗旨的社会形态。

党的十九大报告指出：“人与自然是生命共同体，人类必须尊重自然、顺应自然、保护自然。”生态文明是人类为保护和建设美好生态环境而取得的物质成果、精神成果和制度成果的总和，是贯穿于经济建设、政治建设、文化建设、社会建设全过程和各方面的系统工程，反映了社会的文明进步状态。

生态文明强调人的自觉与自律，强调人与自然环境的相互依存、相互促进、共处共融，既追求人与生态的和谐，也追求人与人的和谐，而且人与人的和谐是人与自然和谐的前提。可以说，生态文明是人类对传统文明形态特别是工业文明进行深刻反思的成果，是人类文明形态和文明发展理念、道路和模式的重大进步。

（二）生态文明的内涵

近现代以来，随着科学技术的飞速发展，自然资源利用能力提高，物质生产极大丰富，人类消费数量激增，这又极大地促进了物质生产，意识形态的“人定胜天”、极端自由主义、拜金主义高涨，而我们赖以生存的自然环境却因为生物资源过度消耗、“三废”增加而出现了生态失衡，表现出了气温持续升高，水灾、旱灾频繁，生态失衡，经济衰退、政治动荡的不和谐现象。这说明极端强调工业文明难以实现人与自然的和平相处。“人类和自然界正走着一条相互抵触的道路”，这句话是有 99 位诺贝尔奖获得者参加的全世界 1 571 名科学家联合发表的《世界科学家对人类的警告》一文中的第一句话，它说明现代工业文明所带来的负面影响正危及人类社会的生存。如果我们不能调整发展思路和步伐，不能形成“天人合一”、与自然和谐相处的发展观，人类将面临灭顶之灾。

摆在人类面前的生态问题接踵而来，森林面积缩小、沙漠面积扩大、土壤侵蚀、土壤退化、物种消失，还有二氧化碳水平上升、地下水位下降、气温升高、河流干涸、同温层的臭氧耗减、破坏性的风暴增多、冰川融化、海平面升高、雾霾持续，等等。为了防止地球环境的恶化，人类所获得的知识和大自然相比还很有限，人类必须通过改变自己的生产和消费方式来扭转这种趋势，除此之外，别无他法。人类的活动具有能动性。让大自然可持续发展，就是让人类社会得以可持续发展。

不控制人类在物质消费上的上限，生态平衡将难以实现。如果有朝一日中国的每个家庭都拥有一辆汽车，就像今天的美国那样，那么中国每一天将需要石油 8 000 万桶，这样的消费量比现在全世界的石油总产量还大；又如，如果中国的人均纸张消费达到美国的水平，那么中国所需要的纸张就将超过全世界现在的纸张总产量；如果中国的海产品消费跟日本处于同一水平上，中国对海产品的需求量将超过全世界的渔获量。因此，形成生态文明的发展观，也是可持续发展的必然结果，这是华夏大地上历史和现实的唯一选择，即放慢发展速度，降低个人消费水平，修复自然恢复力，提高人类社会及其环境的可持续发展能力。

生态文明的内涵就是从物质和意识形态两个领域的建设出发，人类有节制地利用自然资源，达到老子说的“天之道，利而不害”的状态，使自然资源在满足当代人利用的同时，也不影响后代人的发展，形成与自然环境相和谐的局面，这既是可持续发展的核心思想，也是生态文明、生态和谐的主要内容。也就是通过可持续发展之路，达到生态文明的目的。

生态文明的内涵可以从四个方面理解。

（1）广义的角度。生态文明是人类的一个发展阶段。人类至今已经历了原始文明、农业文明、工业文明三个阶段，在对自身发展与自然关系深刻反思的基础上，人类即将迈入生态文明阶段。广义的生态文明包括多层含义；第一，在文化价值上，树立符合自然规律的价值需求、规范和目标，使生态意识、生态道德、生态文化成为具有广泛基础的文化意识；第二，在生活方式上，以满足自身需要又不损害他人需求为目标，践行可持续消费；第三，在社会结构上，生态化渗入到社会组织和社会结构的各个方面，追求人与自然的良性循环。

（2）狭义的角度。生态文明是社会文明的一个方面。生态文明是继物质文明、精神文明、政治文明之后的第四种文明。物质文明、精神文明、政治文明与生态文明这“四种文明”一起支撑和谐社会大厦。其中，物质文明为和谐社会奠定雄厚的物质保障，政治文明为和谐社会提供良好的社会环境，精神文明为和谐社会提供智力支持，生态文明是现代社会文明体系的基础。狭义的生态文明要求改善人与自然的关系，用文明和理智的态度对待自然，反对粗放利用资源，建设和保护生态环境。

（3）生态文明是一种发展理念。这种观点认为，生态文明与“野蛮”相对，是指在工业文明已经取得成果的基础上，用更文明的态度对待自然，拒绝对大自然进行野蛮与粗暴的掠夺，积极建设和认真保护良好的生态环境，改善与优化人与自然的关系，从而实现经济社会可持续发展的长远目标。

（4）制度属性的角度。生态文明是社会主义的本质属性。生态问题实质是社会公平问题，受环境灾害影响的群体是更大的社会问题。资本主义的本质使它不可能停止剥削而实现公平，只有社会主义才能真正解决社会公平问题，从而在根本上解决环境公平问题。因此，生态文明是社会主义文明体系的基础，是社会主义基本原则的体现，只有社会主义才会自觉承担起改善与保护全球生态环境的责任。

（三）生态文明的特征

生态文明的理念具有四个鲜明的特征。

一是在价值观念上，生态文明强调给自然以平等态度和人文关怀。人与自然作为地球的共同成员，既相互独立又相互依存。人类在尊重自然规律的前提下，利用、保护和发展自然，给自然以人文关怀，生态文化、生态意识成为大众文化意识，生态文明成为社会公德并具有广泛影响力。生态文明的价值观是从传统的“向自然宣战”“征服自然”，向“人与自然协调发展”转变；从传统经济发展动力——利润最大化，向生态经济全新要求——福利最大化转变。

二是在实践途径上，生态文明体现为自觉自律的生产生活方式。生态文明追求经济与生态之间的良性互动，坚持经济运行生态化，改变高投入、高污染的生产方式，以生态技术为基础实现社会物质生产系统的良性循环，使绿色产业和环境友好型产业在产业结构中处于主导地位，成为经济增长的重要源泉。生态文明倡导人类克制对财富的过度追求和享受，选择既满足自身需要又不损害自然环境的生活方式。

三是在社会关系上，生态文明推动社会走向和谐。人与自然和谐的前提是人与人、人与社会的和谐。一般来说，人与社会的和谐有助于实现人与自然的和谐；反之，人与自然的关系紧张也会给社会带来消极影响。随着环境污染侵害事件和投诉事件数量的逐年上升，人与自然之间的关系问题已成为影响社会和谐的一个重要制约因素。建设生态文明，有利于将生态理念渗入经济社会发展和管理的各个方面，实现代际、群体之间的环境公平与正义，推动人与自然、人与社会的和谐。

四是在时间跨度上，生态文明是长期艰巨的建设过程。中国正处于工业化中期阶段，传统工业文明的弊端日益显现。发达国家200多年出现的污染问题，在中国快速发展的过程中集中出现，呈现出压缩性、结构型、复合型的特点。因此，生态文明建设面临着双重任务和巨大压力，既要坚持发展工业，又要走生态文明之路，这决定了建设生态文明需要长期坚持不懈的努力。

三、生态文明的历史渊源

（一）中华多元文化的互动与融合

在中华民族多元文化一体化的格局中，草原游牧文化与中原农耕文化一直处于互动和交融过程中。秦汉统一中国后近2 000年间，经历了几次少数民族统治的政权，主要是鲜卑人建立的北朝，契丹人建立的辽朝，蒙古人建立的元朝，满族人建立的清朝。各自的开国史都经过古国、方国、帝国这“三部曲”，建立的统一的多民族国家是中国国家形成的重要类型，可称为中国国家发展三模式中的“续生型”。正如苏秉琦在《中国文明起源新探》中所述：“中国北方民族所建立的续生型国家虽晚走一步，却是骑马得天下，是在汉族积聚区得天下，统治的是汉族人，继承的是汉文化，汉文化从此长了翅膀，更有活力了。”这一观点完全摒弃了传统的史学家的论调，苏秉琦认为“‘五胡乱华’是个贬义词，但它与欧洲人所谓的‘蛮人入侵’不完全是一回事，五胡不是野蛮人，是牧人，他们带来的有战乱，还有北方民族的充满活力的气质与气魄。”[①]

在漫长的战争、割据、统一等历史过程中，草原游牧文化与中原农耕文化既互相交融又互动互利，共同谱写了伟大的中华民族文化史。在漫长的历史长河中，不管是和平的主动迁徙还是战争的被动移民，牧业区域的人口和农耕民族的人口总是在不停流动和融合之中。仅在汉末，就有北匈奴百余部近50余万人归附汉朝，有的直接融入汉民族中。而北方游牧民族也把他们在战争中所俘虏的大批工匠融于少数民族之中。有被迫迁徙的，也有民间自发迁徙的。自秦汉以来，草原游牧文化对中原农耕文化一直产生着深刻的影响。逐入中原的鲜卑、建立辽国的契丹、建立金朝的女真也都融于汉族和其他北方草原民族之中。元代大量蒙古人融于汉人之中。因此，顾炎武在《日知录》里否定了“用夏变夷”的传统说法：“华宗上姓与毡裘之种相乱，惜乎君子徒诵‘用夏变夷’之言，而无族类辩物之道……今代山东氏族出于金、元之裔者多矣。”

① 引自：苏秉琦，中国文明起源新探，三联书店，1999年，第163页。

草原游牧文化与中原农耕文化在交融互动的过程中，一方面草原民族在汉化，另一方面汉族在“胡”化。秦汉时期，匈奴的主要经济基础是草原畜牧业，农产品和手工业产品都不能自给，为了补充日用品的不足，迫切要求用牲畜等物与中原进行交换。史载：“匈奴自单于以下皆亲汉，往来长城下。”自公元前 133 年匈奴与汉朝虽拒绝和亲，又不时发生战争，但是关市往来从来没有停止过，民间贸易不管封建统治者如何封闭、如何阻隔，但是代表两种不同类型的文化源源不断地交流。元代统治者政府曾经发动 10 次发调汉军民到边疆屯垦，对此政府给予优惠政策，发给他们农具、耕牛、种子、衣服甚至钱币，使北行省开垦耕田 6 400 亩。元代还迁徙了大量长期生活在北方的少数民族到西北、西南地区，其中除蒙古族外，还有回族、维吾尔族等少数民族，这些北方草原游牧民族的迁徙不仅巩固了北方的统治，而且把北方的科技和文化带到了西北和西南的边疆地区。

草原游牧文化和中原农耕文化的互动和融合不仅体现在社会、政治、经济等方面，而且还表现在农业、牧业生产技术和科学理念的交融。据记载，汉代中原地区曾引进匈奴的许多优良畜种，形成“驴、骡、骆驼，可使衔尾入塞”的局面。这些优良的马匹不仅提高了农耕民族的生产力，而且巩固了国防，因此出现了赵武灵王的“胡服骑射”。另据记载，汉代统治者给降服的胡人以衣食供给等优厚待遇，主要是因为他们掌握了娴熟的养马技术。赵武灵王改胡服的目的是骑射，巩固国防，其结果是富国强兵。善于骑射的楼烦人曾被汉高祖编为一军，汉武帝时期出征的军马有 10 万计。随着“胡服骑射”的不断推广，北方游牧民族的大批马匹涌入了中原，匈奴人精良的养马技术也传入了中原，汉朝出现了“长城以南，滨塞之郡，马牛放纵，畜积布野”的新局面。

在草原游牧文化向中原农耕文化传播的同时，农耕民族先进的农业生产技术和文化也向草原游牧地区传播。例如，在公元前 2 世纪—公元前 1 世纪的诺颜山第 23 号匈奴墓室中发现了农作物的种子。另外，其他的许多匈奴墓葬中都出土了大量的谷物、农具及盛贮谷物的大型陶器。在内蒙古和林格尔东汉墓壁画中，还发现了牛耕图。从出土的如镰、铧等农具的制式，以及建楼存谷、使用汉人凿井的情况来看，匈奴的农业生产深受汉人传统农业科技文化的影响。这一时期的匈奴人还向汉人学会了凿井的技术，据《汉书·匈奴传》记载，秦时进入该地的汉人就曾帮助匈奴人“凿井筑城，治楼以藏谷”。正是草原游牧文化和中原农耕文化的相互交融和渗透，推动了整个中华文化的发展，也推动了古代生态文明的发展。

（二）中国古代农耕文化的生态智慧

中华文明之所以能够保持几千年延绵不断的持续发展，在环境和资源方面，中国古代社会发展基于人与自然和谐关系上的环境意识与现代可持续发展的意义相契合，有效地防止了人的过度物化，抑制了人对自然毫无节制的掠夺，从而保证了中国古代文明发展的可持续性。中国传统文化蕴含着丰富的生态智慧，提出了极为丰富的环境保护与生态资源利用等方面的思想，这些思想被统治阶级通过制定法律制度和设置政权机构的方式固定下来，以指导人们的实践，约束人们的行为，规范社会生产活动，为后人留下了宝贵的精神遗产。

1. 古代先贤的环境保护思想

在中国古代先贤们纷纭繁杂的思想流派中，遵循自然规律、保护生态环境、持续利用资源的思想，作为一支重要力量贯穿于中华文明发展进程。中华文明历经磨难，穿越千年岁月尘封而仍旧生生不息，福泽后人，这种与自然和谐相处的原则发挥了重要的作用。中国古代的“天人合一”是一种重要的哲学思想和自然观。这里提到的“天”，不同于西方的“上帝”，而是指自然界和自然界的客观规律，人与自然环境的关系被称为“天人关系”。“天人合一”的生态理念弥散于最具代表的道家和儒家之中。

道家是以老子和庄子为代表的中国古代哲学流派。道家哲学比较系统地论述了“天人关系”，人与天地万物是统一的不可分割的整体，“天道”与“人道”是和谐统一的，“道”既是自然万物所遵循的规律，也是人类行为应该遵守的法则。肯定人是自然界的一部分，对中国古代环境伦理思想的发展产生了极其深远的影响。老子说“道生一，一生二，二生三，三生万物”，强调“道”是人和天下万物的本源，是宇宙的普遍规律，这体现了人与自然的和谐统一。

儒家是中国传统文化的主流，儒家文化在对待自然的态度上，从根本上讲与道家是一致的。儒家也认为人是自然界的一部分，人对自然应采取顺从、友善的态度，以求人与自然的和谐为最终目标。但儒家也与道家有所不同，儒学主要关心的是人，在肯定“人道”本于“天道”的同时，又肯定人为万物之灵，可以尽“人事”以与天地参。在此基础上，儒家提出了丰富的合理开发利用和保护自然环境的思想，在这些思想中孕含着中国传统的环境道德观念。儒家认为“仁者以天地万物为一体”，尊重自然就是尊重人自己，爱惜其他事物的生命，也是爱惜人自身的生命。儒家代表人物孔子认为，天是一个有着道德倾向并与人有着不可分割的联系的天。“天人合一”中“天”的含义是合自然之天与天命之天而言的。而人与自然之“天人合一”的中心就是顺应自然，不过，这里所谓“自然”的含义，并非是指“自然界”，而是指自然界的本然法则与状态。儒家另一位代表人物荀子在其《天论》篇中提出“天有其时，地有其财，人有其治，夫是之谓能参”，荀子认为，只有顺其自然，才能掌握天时，利用万物，强调只有尽人、物的自然之性，方能参与天地之化育。他的“人定胜天”思想，也是建立在不违天时、顺应自然的“天人合一”的思想认识基础之上的。

中国古代先贤的环境保护思想不仅世代口口相传，而且著书记载以警后世。早在周代，《逸周书·聚篇》提出：“早春三月，山林不登斧，以成草木之长。夏三月，川泽不入网罟，以成鱼鳖之长。”据《国语·鲁语》记载，当时在思想上重视动植物资源的保护，而且已经有了比较有力的具体措施。东周的管仲不仅认识到保护生态环境的重要性，主张对山泽林木实行国家垄断，而且把保护山泽林木作为对君王的道德要求。《史记·殷本纪》中包含了环境保护思想的萌芽，注意到了不要进行破坏性的捕猎。汉代杨孚在《异物志》中主张，广泛保护珍稀野生动植物，从而更好地保护自然资源和生态环境。这些主张都充分体现了遵循自然规律、保护生态环境的生态文明思想。《吕氏春秋·义尝》中写道："竭泽而渔，岂不获得，而明年无鱼；焚薮而田，岂不获得，而明年无兽。"汉代刘安在《淮南子》中指出："孕育不得杀，壳卵不得采，鱼不长尺不得取，彘不其年不得食。"这些颇有见地的思想主张强调人类的生产活动要建立在维护资源再生能力的基础之上，体现了保护生态环境、维护生态平衡、永续利用自然资源的生态文明思想。

2. 古代环境保护的法律法令

中国古代颁布了一系列保护自然资源与生态环境的政府法令，统治阶级通过法律制度的方式把人与自然和谐相处的一系列思想主张固定下来，约束人们的行为，规范社会生产活动。

西周（公元前1046年—公元前771年）颁布的《伐崇令》规定"毋坏屋，毋填井，毋伐树木，毋动六畜，有不如令者，死无赦"，被誉为"世界最早的环境保护法令"。此外，周代还制定了保护自然资源的《野禁》和《四时之禁》。秦朝（公元前221—公元前206年）颁布的《田律》，是迄今为止保存最完整的古代环境保护法律文献，它有一部分专门讲述资源与环境保护，包括古代生物资源保护的所有方面。在条款中规定耕田者不许砍伐山坡上的树木，捕鱼者不许用毒药捕鱼，猎人不许捕杀幼鸟和未成年野生动物。

汉唐时期自然资源和生态环境保护方面的理论和实践已发展到较高水平，统治阶级十分重视国土合理开发利用与环境整治问题。尤其是在唐代，山林川泽、苑囿、打猎、城市绿化、污水排放、郊祠神坛、五岳名山等都纳入政府管理的职责范围，《唐律》详细、具体地规定了保护自然环境和生活环境的措施及对违反者的处罚标准。据《旧唐书》记载，当时的政府还把京兆、河南两都四郊方圆300里划为禁伐区或禁猎区，通过设置"自然保护区"的方式来保护自然资源与生态环境，这对保护祖国的秀丽山川起了很大的作用。经济与文化的繁荣与发展，使大唐不仅成为中国古代封建经济空前繁荣的朝代，而且也成为当时闻名于世的大帝国。毋庸置疑，唐代的生态文明思想与环境保护措施在其中所起的作用也不容忽视。

宋元时期特别是北宋十分重视资源与环境保护方面的立法、执法，官府屡次颁布这方面的禁令，保护的对象包括山场、林木、植被、河流、湖泊、鸟兽、鱼鳖等诸多方面。明清两朝的法律则多沿用唐律，都有资源和环境保护方面的法令并有所发展。

3. 古代环境保护的体制机制

虞衡是中国封建王朝权力部门内部设置专门掌管山林川泽的机构，其职责包括制定相关方面的政策法令，掌管山林川泽中林木蒲苇等野生用材、鸟兽鱼鳖等野生动物以及野果野菜等蔬食的保护与利用，只允许在一定时节采猎，禁止在鱼兽材木孕育滋生之时采猎。因朝代不同，其名称、级别、职责也略有差异。就名称而言，包括山虞、泽虞、野虞、兽虞、水虞等；就官职而言，有虞师、虞侯、虞人等。

据《尚书》记载，中国最早的虞产生于帝舜时期，第一个虞官是伯益。周代的虞衡制度在《周礼》有所记载，对虞衡官职及职权设置都很明确。秦汉时期，虞衡称为少府，但其职责仍为管理山林川泽等。隋唐时期，虞衡职责有了进一步的扩展，管理事务范围不断扩大。据《旧唐书》记载，虞部“郎外员中郎之职，掌京城街巷种植、山泽苑圃、草木薪炭供顿、田猎之事。凡采捕渔猎，必以其时。凡京兆、河南二都，其近为四邻，三百里皆不得弋猎采捕”。

据《宋史》记载，宋代虞部职责主要有：掌管山林川泽政令，掌管苑囿，掌管矿业冶炼。《明史》记载的明朝虞衡职责还包括保护农业生产和名胜古迹。清代虞衡吏司职责与明代类似。

综上所述，中国古代很早就建立了类似于今天环境保护的虞衡制度，并一直延续至近代，可以说这一制度是中国对世界自然资源管理做出的制度性贡献。中国古代的虞衡制度既管环境保护，又管农业及冶炼等生产，把保护与开发结合起来，应该说是保护与发展相互协调的雏形，这对于今天的环境保护工作也具有借鉴意义。

（三）中国古代草原游牧文化的生态理念

中国古代的历史变迁，是在草原游牧文化和中原农耕文化（黄河文化和长江文化为代表）的共同作用下完成的，两种文化的碰撞在带来战争和割据的同时，也促成了中华民族的统一。因此，历史上草原游牧文化和中原农耕文化相互影响、相互渗透、相互融合，共同组成了博大精深、丰富多样而又充满活力的中华文化。古代中原地区农耕民族的生态智慧对草原游牧民族的生产、生活方式产生了一定的影响，反过来，古代草原游牧民族的生态理念也对农耕民族的生产、生活方式产生了一定的影响。

历史上活动在中国境内的草原游牧民族虽然代有更迭，但这些民族的游牧方式却几乎是相同的，即从匈奴人、突厥人到蒙古人既走着由草原民族—游牧帝国—世界征服者的道路，也依托草原随水草而迁过着传统的游牧生活。匈奴人是中国历史上最早的草原游牧民族，其发展与生活方式均是在草原环境背景下形成的。据《汉书·匈奴传》记载：“（匈奴）逐水草迁徙，无城郭常居耕田之业，然亦各有分地。”这段记载记述了匈奴人游牧生活的基本特点，“逐水草迁徙”是游牧生活的主要环节，草原生态的自然特征决定了草原载畜量的有限性，因为没有哪一片草场经得起长期放牧，因此当游牧业一经产生就与移动性生活相伴而行。为了追寻水草丰美的草场，游牧社会中人与牲畜均作定期迁移，这种迁移既有冬夏之间季节性牧场的变更，也有同一季节内水草营地的选择。在匈奴人“逐水草迁徙”的游牧生涯中，还表现了另一个特点，这就是“各有分地”。从表面上看，游牧社会的随阳而迁是空间上的无序行为，实际上无论家庭还是部族都“各有分地”，在他们长期的游牧生活中已经通过习惯与利益的认同形成了固定的牧场分割。虽然草原民族不像农耕民族常年束缚在小块土地上，但无论是“逐水草迁徙”，还是“各有分地”也都将他们的生活与土地联系在一起，故当东胡人向冒顿单于索宝马、索爱妾时，单于均予之，唯索及瓯脱外弃地时，单于怒道：“地者，国之本也，奈何予人。”遂东袭东胡，获胜而归。由此可见，“逐水草迁徙”与“各有分地”是可以代表游牧方式的基本环节。

“逐水草而居”是草原民族的基本生产与生存方式，这一点在各类历史文献中留下了清楚的记载，从表1-2可以看出历史上活动在中国境内各主要草原民族在这一基本问题上的共同性。“逐水草而居”是牧人对草原生态环境的适应方式，而环境适应又与资源特性直接相关，草原虽然属于可再生资源，但没有任何一个牧场经得起长期放牧，若要保证在草原生态背景下被牲畜啃食过的牧草能够及时恢复，保证草原上牧放的牲畜能够繁衍不断，必须适时转移放牧地，追寻丰盛的牧场驻牧，在游牧中满足牲畜对草、对水的需求，牧人对牲畜的需求。因此，从这个意义上讲，“逐水草而居”不仅包含牲畜对牧场因时而动的选择，也包含了在不同环境背景下各类草场的利用特征。

表1-2　中国古代主要草原民族及其游牧方式

民族	存在时期（鼎盛时期）	文献资料记载的游牧方式	文献资料出处
匈奴	战国及秦汉时期	居于北蛮，随畜牧而转移	《史记·匈奴列传》
乌桓	西汉、东汉时期	随水草放牧，居无常处，以穹庐为舍，东开向日，食肉饮酪，以毛毳为衣	《后汉书·乌桓传》
鲜卑	西汉、东汉、魏晋南北朝	广漠志野，畜牧迁徙，射猎为业	《魏书·序纪》
吐谷浑	魏晋南北朝	恒处穹庐，随水草畜牧	《魏书·吐谷浑传》
突厥	隋唐	被发左衽，穹庐毡帐，逐水草迁徙，以畜牧射猎为食	《北史·突厥传》
回纥	隋唐	居无恒所，随水草流移	《旧唐书·回纥传》
吐蕃	隋唐、宋（后变为藏族）	其畜牧，逐水草无常所	《新唐书·吐蕃传》
奚	南北朝、隋唐	随逐水草，颇同突厥	《北史·奚传》
契丹	五代十国、宋	逐寒暑，随水草畜牧	《北史·契丹》
蒙古	唐、宋、元、明、清至今	自夏及冬，随地之宜，行逐水草	《元史·兵志》

四、生态文明的当代使命

（一）生态文明产生的背景

生态文明理念的提出，是基于对工业文明中不可持续发展模式的反思。人类社会经历了漫长的原始采集、狩猎和农耕文明阶段，直到200多年前，工业革命开始席卷西方世界，工业文明迅速成为占据支配地位的文明形态。在为人类带来空前物质财富的同时，建立在资源、能源大规模消耗基础上的工业文明发展模式，也给工业国家带来了严重的环境污染和生态破坏。

在过去30年间，伴随全球经济一体化的浪潮，工业化呈现出前所未有的迅猛发展态势。跨国资本将高污染、高能耗、高风险的生产过程转向发展中国家，在不改变发展模式的情况下，减轻了发达国家的环境压力，却大大加重了发展中国家的环境负担，环境污染问题蔓延到全球各个角落。然而，全球气候变化使得任何国家都无法独善其身，如何应对二氧化碳带来的温室效应，成为摆在全球各国领导者面前的紧迫问题。

从人类文明演替的进程和规律看，犹如农耕文明替代原始文明、工业文明替代农耕文明一样，以一种新的生产力和生产方式为动力，以一种新的人与自然关系及人与人关系为核心，以解决工业文明所固有的环境与发展矛盾为目的的新的文明形态必然要登上人类历史的舞台，这就是生态文明。

在当代中国，生态文明建设面临严重的资源环境问题，针对经济增长的资源环境代价过大的严峻现实，要以可持续发展理念为基础，从人类社会文明形态演替的角度，以中国传统文化为背景，站在国家执政理念的高度，在对人与自然、人与人及人与社会之间的本质关系的认识过程中形成生态保护和修复体系。

生态文明建设是中国特色社会主义总体布局的重要组成部分。中国特色社会主义是以中国基本国情为基础的经济、政治、文化、社会、自然等方面之间相互协调发展的社会形态和制度，它的内涵和发展要素是随着中国社会发展进程而不断丰富和扩展的。当经济增长的资源环境代价过大，资源环境问题已成为中国经济社会发展的“瓶颈”时，生态文明建设必然也必须成为中国特色社会主义建设布局的重要一环。

建设生态文明社会要将经济社会发展与人口、资源、环境、人与自然、人与人、人与社会之间的关系纳入一个有机的框架之下，通过发展实现人与自然的和谐和人的全面发展，根本着眼点是运用新的发展思路提高经济增长的质量和效益，实现中国经济社会的科学发展、可持续发展。2005 年，国务院发布的《关于落实科学发展观　加强环境保护的决定》指出，要靠科技进步，发展循环经济，倡导生态文明，强化环境法治，完善监督体制，建立长效机制，建设资源节约型和环境友好型社会，努力让人民群众喝上干净的水，呼吸清洁的空气，吃放心的食物，在良好的环境中生产生活。

实施可持续发展战略迫切需要生态文明建设。从人类发展整体转型的角度，从中国特色社会主义建设治国方略的层次，生态文明提供了更全面、更彻底、更深入、更有力的思想观念和方法论指导。在中国经济快速增长中资源环境代价过大的严峻形势下，建设生态文明对中国的可持续发展显得非常迫切。

生态文明建设是中国解决生态环境问题的必然选择。中国的基本国情是人口多、底子薄，资源相对不足，环境承载能力有限，同时又处于工业化、信息化、城镇化、市场化、国际化深入发展的历史进程。在这样的国情下，中国生态环境形势相当严峻，而造成这一严峻形势的因素复杂而深刻，包括粗放的经济增长方式、以煤为主的能源结构和重化工工业结构、巨大的人口规模和消费转型、快速的城市化、经济全球化以及对自然的价值观等诸多经济社会文化因素，形成了罗马俱乐部所称的“世界问题复合体”。而且，这些因素在短期内难以转变，对资源环境的压力将继续扩大。建设生态文明才能从根本上协调人与自然、人与人之间的关系，彻底解决生态环境问题，达到标本兼治的目的。

（二）生态文明建设的战略布局

关于生态文明建设，党的十八大报告第八部分提出了“优、节、保、建”四大战略。

1. 优化国土空间开发格局

按照人口资源环境相均衡、经济社会生态效益相统一的原则，控制开发强度，调整空间结构，促进生产空间集约高效、生活空间宜居适度、生态空间山清水秀，给自然留下更多修复空间，给农业留下更多良田，给子孙后代留下天蓝、地绿、水净的美好家园。加快实施主体功能区战略，推动各地区严格按照主体功能定位发展，构建科学合理的城市化格局、农业发展格局、生态安全格局。提高海洋资源开发能力，坚决维护国家海洋权益，建设海洋强国。

2. 全面促进资源节约

要节约集中利用资源，推动资源利用方式根本转变，加强全过程节约管理，大幅降低能源、水、土地消耗强度，提高利用效率和效益。推动能源生产和消费革命，支持节能低碳产业和新能源、可再生能源发展，确保国家能源安全。加强水源地保护和用水总量管理，建设节水型社会。严守耕地保护红线，严格土地用途管制。加强矿产资源勘查、保护、合理开发。发展循环经济，促进生产、流通、消费过程的减量化、再利用、资源化。

3. 加大自然生态系统和环境保护力度

实施重大生态修复工程，增强生态产品生产能力，推进荒漠化、石漠化、水土流失综合治理。加快水利建设，加强防灾减灾体系建设。坚持预防为主、综合治理，以解决损害群众健康突出环境问题为重点，强化水、大气、土壤等污染防治。坚持共同但有区别的责任原则、公平原则、各自能力原则，同国际社会一道积极应对全球气候变化。

4. 加强生态文明制度建设

把资源消耗、环境损害、生态效益纳入经济社会发展评价体系，建立体现生态文明要求的目标体系、考核办法、奖惩机制。建立国土空间开发保护制度，完善最严格的耕地保护制度、水资源管理制度、环境保护制度。深化资源性产品价格和税费改革，建立反映市场供求和资源稀缺程度、体现生态价值和代际补偿的资源有偿使用制度和生态补偿制度。加强环境监管，健全生态环境保护责任追究制度和环境损害赔偿制度。加强生态文明宣传教育，增强全民节约意识、环保意识、生态意识，形成合理消费的社会风尚，营造爱护生态环境的良好风气。

（三）生态文明建设的创新思想

党的十九大报告强调，建设生态文明是中华民族永续发展的千年大计。必须树立和践行“绿水青山就是金山银山”的理念，坚持节约资源和保护环境的基本国策，像对待生命一样对待生态环境，统筹山水林田湖草系统治理，实行最严格的生态环境保护制度，形成绿色发展方式和生活方式，坚定走生产发展、生活富裕、生态良好的文明发展道路，建设美丽中国，为人民创造良好生产生活环境，为全球生态安全做出贡献。

党的十九大报告指出，人与自然是生命共同体，人类必须尊重自然、顺应自然、保护自然。我们要建设的现代化是人与自然和谐共生的现代化，既要创造更多物质财富和精神财富以满足人民日益增长的美好生活需要，也要提供更多优质生态产品以满足人民日益增长的优美生态环境需要。必须坚持节约优先、保护优先、自然恢复为主的方针，形成节约资源和保护环境的空间格局、产业结构、生产方式、生活方式，还自然以宁静、和谐、美丽。生态文明建设的创新思想主要包括四个方面。

1. 推进绿色发展

加快建立绿色生产和消费的法律制度和政策导向，建立健全绿色低碳循环发展的经济体系。构建市场导向的绿色技术创新体系，发展绿色金融，壮大节能环保产业、清洁生产产业、清洁能源产业。推进能源生产和消费革命，构建清洁低碳、安全高效的能源体系。推进资源全面节约和循环利用，实施国家节水行动，降低能耗、物耗，实现生产系统和生活系统循环链接。倡导简约适度、绿色低碳的生活方式，反对奢侈浪费和不合理消费，开展创建节约型机关、绿色家庭、绿色学校、绿色社区和绿色出行等行动。

2. 着力解决突出环境问题

坚持全民共治、源头防治，持续实施大气污染防治行动，打赢蓝天保卫战。加快水污染防治，实施流域环境和近岸海域综合治理。强化土壤污染管控和修复，加强农业面源污染防治，开展农村人居环境整治行动。加强固体废物和垃圾处置。提高污染排放标准，强化排污者责任，健全环保信用评价、信息强制性披露、严惩重罚等制度。构建政府为主导、企业为主体、社会组织和公众共同参与的环境治理体系。积极参与全球环境治理，落实减排承诺。

3. 加大生态系统保护力度

实施重要生态系统保护和修复重大工程，优化生态安全屏障体系，构建生态廊道和生物多样性保护网络，提升生态系统质量和稳定性。完成生态保护红线、永久基本农田、城镇开发边界三条控制线划定工作。开展国土绿化行动，推进荒漠化、石漠化、水土流失综合治理，强化湿地保护和恢复，加强地质灾害防治。完善天然林保护制度，扩大退耕还林还草面积。严格保护耕地，扩大轮作休耕试点，健全耕地草原森林河流湖泊休养生息制度，建立市场化、多元化生态补偿机制。

4. 改革生态环境监管体制

加强对生态文明建设的总体设计和组织领导，设立国有自然资源资产管理和自然生态监管机构，完善生态环境管理制度，统一行使全民所有自然资源资产所有者职责，统一行使所有国土空间用途管制和生态保护修复职责，统一行使监管城乡各类污染排放和行政执法职责。构建国土空间开发保护制度，完善主体功能区配套政策，建立以国家公园为主体的自然保护地体系。坚决制止和惩处破坏生态环境行为。

（四）生态文明建设的主要任务

建设生态文明实质就是要建设以资源环境承载力为基础、以自然规律为准则、以可持续发展为目标的资源节约型和环境友好型社会。

中国生态文明建设的战略思路是：坚持和谐原则，为提升人的素质、促进人的全面发展创造安全、健康的生态环境；坚持循环原则，依据生态规律，从根本上解决发展与资源环境有限的矛盾；坚持协调原则，与中国经济、政治、文化、社会建设同步；坚持适度原则，为人类社会长远发展预留空间、积蓄潜力；坚持优先原则，实施严格的环境保护措施，加快推进经济发展方式转变和经济结构调整，提升经济发展质量；坚持人文原则，把重要生态系统看作是与人类密切相连又具有独立存在价值的生命体，给自然生态以平等态度和人文关怀。目前，中国生态文明建设的重大任务有以下几个方面。

1. 形成符合生态文明建设要求的生产方式和消费方式

目前世界上大多数国家的生产方式与人们的消费方式是不合理的，现在的发展是不可持续的过度发展，而我们的消费往往也形成了很大的浪费。在中国，为了拉动 GDP 而大批兴建的钢铁制造、电解铝等企业造成了极大的产能过剩，这对环境的破坏是不言而喻的。

生态文明提倡的是可持续发展，一种朴素、节俭的生活状态。这并非要求人们放弃优越的生活，而是要抓住历史机遇，利用好保护环境的契机。政府要加快经济发展方式转变，改变高消耗、高污染、低效率的发展方式，主动选择低消耗、低污染、高效率的生产生活方式，把经济开发活动控制在环境可承受范围内，促进人与自然和谐发展。发展绿色经济、循环经济和低碳经济。发展绿色经济和绿色产业，发展清洁能源和可再生能源，提高资源利用效率，最大限度地减少污染物排放。按照“减量化、再利用、资源化”的原则，开发和推广节约、替代、循环利用和减少污染的先进适用技术，加强技术改造和设备更新，促进循环经济发展。开展低碳经济试点，培育以低碳排放为特征的新的经济增长点，倡导绿色消费。

2. 加快推进可持续发展的体制建设

保护环境必须依靠制度，没有完善的环境保护制度，生态建设、可持续发展都会成为空谈。政府要健全资源有偿使用制度、生态补偿机制和严格的环境保护目标责任制。将生态环境的效益纳入对领导干部的考核将有力地推进环境保护事业的发展。同时，要深化资源价格的改革，加快建立反映市场供求关系、资源稀缺程度、环境损害成本的生产要素和资源价格形成机制，推进资源性产品价格和环保收费改革，不断完善绿色环境经济政策。优化发展，构建科学的决策机制和管理机制。

3. 抓好主要污染物减排

目前中国环境污染依然非常严重，政府必须严格控制各污染物的减排工作。经过多年的强力推进，各地城镇环境基础设施和企业治污设施建设步伐大大加快，在污染防治的工程技术保障能力大幅度提升的情况下，减排工作的中心任务是狠抓城镇污水处理厂和企业治污设施正常运行；以火电行业为重点，大力削减大气污染物排放量，以造纸行业为主攻方向，重点削减水污染物排放量；强化减排目标责任制，严格实施各项处罚和问责措施。通过更加扎实的污染减排工作，推动环境质量的稳步改善。

4. 解决危害人民健康的突出问题

随着经济社会的发展和生活水平的提高，人们对环境问题越来越关注，对环境质量的需求越来越高，满怀许多新盼望。发展的目的是让人们过得更加幸福、安康，然而目前的环境状况显然不能够让人们满意。我们坚持环保为民，解决关系民生的突出环境问题，让人民群众喝上干净的水，呼吸清洁的空气，吃放心的食物，既是建设生态文明的具体任务，也是在全社会树立生态文明观念的积极推动力。

5. 让江河湖泊等重要生态系统休养生息、恢复生机

面对严峻的水环境状况，让不堪重负的江河湖泊休养生息。这是生态文明理念的具体体现，体现了给江河湖泊以人文关怀的思想。让江河湖泊休养生息，需要实行严格的环保措施，以环境容量和生态承载力为依据，确定发展方式和发展规模；尊重自然规律，充分发挥生态系统的自我修复能力，逐步改善生态环境退化的状况；综合运用工程、技术、生态的方法，加大生态环境保护和建设力度，促进生态系统良性循环；运用法律、经济、技术和必要的行政手段，解决长期积累的水环境问题。在抓好让江河湖泊休养生息的同时，着手谋划让海洋、湿地、草原、森林等重要生态系统休养生息的政策措施。

6. 树立弘扬生态文明理念

推进生态文明建设需要得到全社会的广泛关注、共同参与和大力支持。必须加强宣传、教育和培训，不断增强各级干部和广大群众的环境意识，大力弘扬人与自然和谐相处的价值观，提倡从我做起，形成全社会热爱环境、保护环境的良好氛围，推动全社会牢固树立生态文明发展理念，使生态文明建设成为每个家庭和每个公民的自觉行动，生态文明才能从宏伟蓝图变为生动的现实。

7. 积极应对气候变化等全球性环境问题

当今世界多极化、经济全球化深入发展，推进生态文明建设还必须积极应对气候变化等全球性环境问题。不能关起门来搞建设，要进一步扩大开放，统筹国内国外大局，积极推动环境保护对外合作交流，承担与经济社会发展相适应的国际环境义务。树立积

极的国际形象，“以外促内，以内带外”，发挥国际国内环保措施的协同效应，促进中国经济发展方式转变和经济结构调整，真正把保持经济平稳较快发展和加快经济发展方式转变有机统一起来。通过广泛深入的环境领域国际交流与合作，维护国际环境利益，谋求良好的国际发展空间。中国要坚持共同但有区别的责任原则，承担与发展中国家地位相适应的责任，积极参与应对气候变化国际合作，帮助发展中国家提高应对气候变化的能力，继续为应对全球气候变化做出贡献。

（五）生态文明建设的主要途径

1. 用生态文明理念进一步深化对环境保护的认识

中国探索和推进生态文明建设，经历了一个从自发到自觉的历史过程。生态文明既是对传统发展模式的深刻反思和升华，也是对未来持续发展的美好向往和憧憬。人类发展史就是一部文明进步史，也是探索人与自然的关系史。人与自然的关系整体上反映着人类文明和自然演化的相互作用及其结果。面向未来，一种以解决工业文明所固有的环境与发展矛盾为目的，在更高层次上实现人与自然、环境与经济、人与社会和谐的文明形态——生态文明已登上人类发展的历史舞台。

建设生态文明，先进的生态伦理观念是价值取向，发达的生态经济是物质基础，完善的生态文明制度是激励约束机制，可靠的生态安全是必保底线，良好的生态环境是根本目的。它具有鲜明的特征：在价值观念上，强调尊重自然、顺应自然、保护自然；在指导方针上，坚持节约优先、保护优先、自然恢复为主；在实现路径上，着力推进绿色发展、循环发展、低碳发展；在目标追求上，努力建设美丽中国；在时间跨度上，需要长期艰巨的建设过程。

生态文明建设的薄弱环节是环境保护，突破口也是环境保护。环境问题是一个发展道路、经济结构、增长方式和消费模式问题。正确的经济政策就是正确的环境政策，反之亦然。用生态文明理念来看环境保护，要着重把握以下几点。

第一，必须把环境问题放在以人为本的中心中践行，它要求清洁发展、节约发展、安全发展。如果经济发展了，物质丰富了，人却变成了不健康的状态，那是对现代化的一种讽刺。人民的要求是既能开上好车，也能喝到干净水，呼吸新鲜空气，而不是虽然能开好车，却喝污染的水，呼吸污浊的空气。

第二，必须把环境问题放在整个国民经济发展全局中来看。经济发展关系人们生活水平的高低，环境保护关系人们能否生存。国内外有两条教训值得吸取：一是西方发达国家曾走过的“先污染后治理”的老路，在中国走不通；二是一些地方把经济发展与环境保护割裂开来，经济发展与环境保护的路子越走越窄。必须从经济发展全局来看环境保护，不能以牺牲环境换取经济增长。

第三，必须把环境问题放在再生产全过程中来看。现代社会的生产、建设、流通、消费各个环节，都不同程度地利用资源、影响环境，单独在一个或几个方面推行环境保护，很难从根本上解决生态环境问题。这就要求从生产、流通、分配、消费全过程来加强环境保护。

第四，必须把环境问题放在经济全球化深入发展的大局中来看。当前，世界各国的竞争已经从传统的经济、技术、军事等领域延伸到环境领域。全球环境仍处于持续恶化状况，环境问题已经成为影响国际政治经济关系的重要因素。

2. 准确把握中国环境保护的主要进展和严峻形势

近年来，中国的环境保护工作着力于解决影响发展和损害群众健康的突出环境问题。统筹推动主要污染物排放削减、环境质量改善、环境风险防范和城乡环境公共服务均等化，为培育壮大生态经济、改善生态环境质量、提升社会生态文明意识等发挥了重要作用。需要清醒地认识到，中国环境形势局部虽然有所改善，但总体恶化尚未遏制，形势依然严峻，压力持续增大。由于经济增长方式粗放，导致中国经济增长的资源环境代价过大。发达国家一两百年出现的环境问题，在中国近40年内快速集中地出现，老的环境问题尚未解决，新的问题接踵而至。

3. 充分发挥环境保护在生态文明建设中的主导作用

环境保护作为生态文明建设的主阵地和基本国策，作为建设美丽中国的着力点，取得任何突破和成效，都是对生态文明建设的积极贡献。站在新的历史起点上，进一步推进生态文明建设，必须从以下几个方面入手。

一是做好顶层设计，研究制定生态文明建设中长期远景规划、优先领域和重点任务；同时，改革和建立与生态文明建设相适应的体制机制，建立生态文明建设目标体系，推动生态文明建设的整体性制度创新。

二是构建中国绿色经济发展体系，全面推动发展方式的绿色转型，包括构建中国绿色经济发展的战略目标与框架、法律法规与政策保障体系，强调经济结构优化调整和政府管理职能转变，建成以绿色生产、绿色消费、绿色贸易和绿色投资等为主要内容的绿色经济体系。

三是以建立低碳工业体系为抓手，引领经济发展方式的绿色转型。低碳工业化是对传统经济模式与重工业化发展路径的重要变革，也是实现绿色发展转型的重要抓手。应积极制定低碳工业化发展规划，加大对战略性新兴产业的支持力度，促进技术创新与应用等。

四是构建绿色贸易体系和绿色投资体系，以绿色供应链的创新实践推动绿色转型。投资和贸易是拉动经济增长的重要因素，也是造成许多环境问题的直接原因。应充分考虑以绿色贸易、绿色投资体系引导发展方式的绿色转型。同时，要以绿色供应链等具体措施和实践带动绿色转型。

五是推动建立可持续消费模式，充分发挥公众、媒体的力量，“倒逼”绿色转型。可持续消费是绿色经济的推动力，是决定中国绿色转型能否成功的重要终端环节。应充分利用媒体的力量，调动公众积极参与和构建可持续消费，推动整个发展方式的绿色转型。

六是实行严厉的环境保护制度，建立健全与现阶段经济社会发展特点和环境保护管理决策相适应的环境法规、政策、标准和技术体系。凡是污染严重的落后工艺、技术、装备和产品一律淘汰；不符合环保要求的项目不许兴建；破坏环境的违法行为一律受到严惩。

七是广泛行动，动员全社会力量保护环境。要广泛开展环境宣传教育，多形式、多方位、多层面宣传环境保护知识、政策和法律法规，弘扬环境文化，倡导生态文明，提高全民保护环境的自觉性；要加强部门协作，环保部门要协同其他部门共同建设环境保护事业；加强社会监督，公开环境质量、环境管理、企业环境行为等信息，维护公众的环境知情权、参与权与监督权；健全公众参与机制，发挥社会团体作用，为各种力量参与环境保护搭建平台，鼓励公众检举揭发各种环境违法行为，推动环境公益诉讼。

第三节 草原生态文明

一、草原生态文明的概念

（一）草原生态文明的定义

草原生态文明或草原文化生态文明是指人类为了生存和发展，形成的正确认识和处理人类社会与草原生态系统相互关系的理念、态度及生活方式，以实现人与草原的相互和谐，以及为达到这种和谐做出的所有努力和取得的物质文明与精神文明总和。

（二）草原生态文明的内涵

从中外草原文化发展的历程来看，草原生态文明的核心理念是崇尚自然、珍爱生命、追求人与自然和谐共生，它是草原民族生生不息、世代传承的一种强大精神力量。作为人与自然和谐相处的文化，草原文化蕴含着人与自然和谐发展的生态哲学思想，是人类可持续发展的战略选择。从我国古代曾经出现过的西戎、匈奴、鲜卑、突厥、契丹、女真等多个游牧民族的草原文化，到当代主要生活于北方和西部的蒙古族、藏族、裕固族和哈萨克族等少数民族的草原文化，都是世代生息在草原地区的先民、部落、民族共同创造的一种与草原生态环境相适应的文化。主要体现在三个方面。

1. 人与自然互相平等

草原是生态共同体中的一个部分，而人类又是生态共同体中的有机体，因此，人类在一切活动中都要从认知和行动上承认草原生态系统的系统价值，承认它的创造性价值，承认没有草原生态系统的价值就没有人类自己的价值。人类要尊重草原上的一切生命，尊重这些生命的价值和它们作为一个整体的价值。只有这样，草原人民才会得到草原造物主的尊重。

2. 人与自然是合作关系

近代以来，人类与草原之间的矛盾却从原有的和谐变得日益尖锐。是因为人们长期以来过分陶醉于对自然草原的改造和胜利，而忽视了大自然对人类的报复。滥垦、滥牧、滥采等掠夺式的生产方式，容易使草原生态系统出现各种各样的问题。

3. 人与自然之间和谐相处

当前大力提倡和谐社会，而和谐社会的最终基础是人与自然的和谐相处，这正是生态文明的重要内涵。草原文化的初衷旨在提倡人、草原、社会的相互和谐，倡导人们不仅要尊重和敬畏草原，而且应当科学和合理开发草原，保护草原生态环境，提高人们的生活质量，促进社会发展。如果草原区没有人与自然关系的和谐，就不可能有草原生态文明的出现。

二、草原文化的生态文明思想

草原文化是世代生活在草原地区的众多族群的智慧结晶，贯穿、凝练于草原民族生产方式、生活方式、风俗习惯、宗教信仰、文化艺术、伦理道德、美学与哲学、法规与律令等诸多方面。在现代中国，以蒙古族、藏族、裕固族和哈萨克族为代表的草原文化，从生产方式、生活方式以及与之相适应的风俗习惯、社会制度、思想观念、宗教信仰和文学艺术等方面，深刻阐释了草原文化的生态文明思想，明确反映了草原文化是一种尊重自然、崇尚自然的文化。这主要体现在以下几个方面。

（一）尊重自然的生态伦理思想

生态伦理思想是草原文化的精髓，也是草原民族的精神信仰。草原民族在长期的游牧活动中逐渐认识和感悟到，草原是一个系统的、复杂的、相互关联的大系统，因此草原游牧民族普遍对大自然有一种崇拜的心理，并形成了信仰自然的原始宗教如“萨满教”“苯教”和强调善待生命的“藏传佛教”，认为草原上的一草一木、飞禽走兽、河流湖泊都有灵性和神性，不能轻易扰动、捕杀和破坏，严禁在河水、湖泊中洗涤污物及便溺，否则就会受到神灵的惩罚。不仅如此，他们生活习性的细微之处也凝聚着生态之魂，体现着对自然生态环境的深层关怀。他们建筑住宅尽量少用木材，以减少对自然界的破坏；他们用于取暖和炊事的燃料是牛羊粪和枯树枝。这种简约的生活方式蕴含着对自然资源的节约和对生态环境保护的朴素思想。

（二）适宜的自然利用方式

游牧是草原资源合理利用的适宜方式，体现了对自然的高度依赖和有效利用。草原区一般地处干旱区、半干旱区或高寒区，自然条件严酷、生态环境脆弱、生产力波动性较大，决定了“逐水草而居”的游牧利用方式是最适宜的利用方式，以饲养马、牛、绵羊、山羊及骆驼为主的草原畜牧业为经济支柱。这种游牧生产并非像人们通常想象的原始、落后，实际上具有其合理性、必要性和先进性。草原游牧活动是遵循着自然规律而进行的周期性、循环性的科学运动，能够保障草场的均匀利用和均匀施肥，保障草场、牲畜和人类的健康，有力阻止超载过牧、乱砍滥垦和草场退化。这种生产方式实现了“人—草—畜”的动态平衡，使三者在变动状态中追求草原生态系统的整体效应，从而实现草原经济社会的可持续发展。

（三）有效的生态治理手段

草原文化对自然环境的保护思想是理性的，它注重通过社会规范约束人们的行为、引导人们树立正确的生态观来进行生态保护和生态建设。在草原民族的历史上，出现过多部保护自然资源的法律法规，严禁挖掘草地、遗火、春夏季狩猎和污染水源等行为。同时，在长期的草原游牧生产活动中，形成了诸多乡规民约和习惯法，严格规定了草场放牧家畜的数量、游牧转场的时间等，并对蓄意破坏草场、盗猎、破坏水源等行为制订了严厉的惩罚措施，反映了草原游牧民族保护生态环境的自觉意识。

三、草原生态文明建设

（一）草原生态文明建设的必要性

华夏大地上人类利用草原资源的历史悠久，已有1万多年的文明史。中国远古部落中，炎帝、黄帝两大氏族组成了华夏集团，顺黄河散布于中国的北方及中部地区。华夏集团战胜山东地区的蚩尤后，又将分布于湘、鄂、赣一带的三苗部落赶至西北、西南边地一带，三苗部落等可能演化为夏王朝后出现的匈奴等游牧民族。

传统意义上的草原畜牧业完全依赖于草地植物的生产能力，逐水草而居，生产活动完全依赖于自然环境季节动态变化，天人合一，这是其最基本的特点。因此，当代现存的传统畜牧生产区，其生态环境相对优越，草地生产得以持续。这个过程中积淀下来的草原地区关于生产、生活、历史等方面的文学艺术、法律、服饰、建筑，都可归入宏观的草原文明范畴；其中关于草原生产的知识、经验以及法律法规的挖掘、整理和创新，都会为当代草原生态建设提供重要的方法和思想，并依照现代科学技术进行草原环境重建，这些工作可称为现代草原文明建设，这也是当代草原人的重任。

科技是把双刃剑，任何战胜自然的行为都将在后来展现为更加巨大的负面效应，所以敬畏自然是利用好自然的前提。现实已经证明，广大以工业文明为主的地区，自然环境令人担忧。进入19世纪以来，特别是蒸汽机的发明，极大地推动了工业革命的进程，人类改造自然、利用自然资源的能力提高，社会生产力发展，人口增加，城市扩张，耕地锐减，建设用地增加，这部分被消耗的土地资源的替代物只能来自森林和草原的开垦。以草本、乔灌木为主的植被逐渐转化成农田后，高投入带来了高产出，这种投入既包括资金的高密度注入，也包括环境资源如土壤营养、地下水的快速消耗，其产出既有粮食和经济作物，也有大量的化肥、农药；原有的生物链受损，人类社会生产的"三废"不能被自然界正常稀释和消化，最终使生态环境日益恶化。草原地区的环境温度升高、河流水量减少，草地第一性生产能力下降，第二性生产能力也必然受到影响。由于社会的发展，农业、牧业的生产成本和生活资料也不断增加，作为主要经济来源的草原畜牧业的压力也随之增加，草原的过度利用也成了必然结果，草原退化也是不可避免的。

草原生态文明建设任务紧迫，任重道远。现代社会的人们享受现代工业文明成果，汽车、火车、飞机为人们提供了便利的交通，这是草原时代交通主要靠马匹时期绝对不敢想的事情；信息工程又为人们提供了快捷的信息服务，地球成了"地球村"，衣食住行的物质条件极其发达，这种物质文明是当代人生活的基础。因为消费具有不可逆性，这种生活模式在牧区不断扩展，所以来自人类社会的压力也在与日俱增，如何在不影响当代人生活水平的前提下遏制草原退化，这是我们面临的挑战。

（二）草原生态文明建设的内容

生态文明是指人类在生产、生活过程中为实现人与自然之间的和谐所做的全部努力和所取得的全部成果，生态文明表征着人与自然相互关系的进步状态。生态文明是人们正确认识和处理人类社会与自然环境系统相互关系的理念、态度及生活方式，是人类走出"以人类为中心"的怪圈，建立人与自然和谐共处的新的文明发展进程。历史发展证明，草原文化是与生态文明相适应的文化。草原文化作为人与自然和谐相处的文化，蕴含着人与自然和谐发展的生态哲学思想，是人类可持续发展的战略选择。我国自20世纪90年代提出"可持续发展方针""环境友好型社会建设""和谐社会建设""生态文明建设"的目标，生态文明建设理论已成为与社会发展相适应的中国先进文化建设的有机组成部分。同样，草原文化的不断深化发展，也需要从中吸取丰富的营养与强大的动力。

草原文化以和谐为价值基础，为人类的和谐发展、为和谐社会的构建提供精神支持。草原文化的精神财富，是生态文明建设重要的价值资源。草原文化独特的核心理念是崇尚自然、珍爱生命，追求人与自然和谐共生。这个理念作为草原民族生生不息、世代传承的一种强大精神力量，对草原文化的发展产生了深远的影响。草原民族置身于自然当中，为我所用但绝不竭泽而渔。敬畏自然、珍爱生命的生态意识，与大自然友好的相处、和谐共生的亲情意识，对大自然知恩图报适度索取的节制意识，对大自然爱护有加、担当责任的自律意识等，这是草原文化的生态之魂，也是现代生态文明建设的重要价值资源，对我国生态文明建设极具参考和借鉴意义。

随着中国经济建设的高速发展，生态环境问题日趋严重，环境污染、生态破坏、水资源短缺等问题也危及草原地区的可持续发展。草原退化、水资源枯竭、生物多样性减少等草原生态环境问题是过去几十年草原地区“黑色”发展道路的恶果。同时，草原文化遇到了前所未有的冲击和挑战。面对当代草原社会的急剧变革，如何进一步发掘草原文化的合理内核，继承和发扬草原民族的优秀文化，进而深入探讨草原文化的历史命运、文化变迁、现代转型和未来走向等问题，以及如何看待草原文化与生态建设的关系，已经成为草原文化研究与进一步发展必须解决的问题。因此，如果不走人与草原和谐发展的绿色道路，中国的草原文化和草原资源都将面临消解和枯竭的危险。

如何在草原上创建绿色的发展道路，生态文明的构建是重中之重。在构建草原生态文明的探索中，对既有文明所体现的优秀生态思想的博采，是必不可少的。通过对这些蕴含在草原文明中的生态伦理思想的研究和探讨，可认识到现今的理念、认识和生产生活方式的不足，为草原生态文明建设指明方向并且提供方法论的指导。在认识上，要培养草原生态文明意识，把对草原生态系统的尊重与敬畏作为我们展开一切活动的前提，树立对草原生态系统自身价值的尊重，摒弃只注重其工具价值的错误做法。必须将维护草原生态系统作为出发点，切实地创造和维持草原生态系统的完整性、稳定性，哪怕是减慢经济增长速度或是损失部分人的经济利益。在行动上，要将人与草原生态系统的和谐作为草原生态行为的目标。建设草原生态文明，必须采用符合草原生态规律的生产和生活方式，促进人与自然的和谐共存和永续发展。

本章小结

草原文化是草原居民（人）、草原和家畜之间相互依存、相互影响的自然 - 社会生态耦合系统。草原文化的形成和发展是人类文明历程中的一个巨大进步，其起源与草地畜牧业的发展密不可分。在中国漫长的历史过程中，草原游牧文化与中原农耕文化既互相交融又互动互利，共同谱写了伟大的中华民族文化史。生态文明是以可持续发展理念为基础，从人类社会文明形态演替的角度，以中国传统文化为背景，站在国家执政理念的高度，在对人与自然、人与人及人与社会之间的本质关系的认识过程中形成的理论。草原文化是与生态文明相适应的文化，草原文化的精神财富是生态文明建设重要的价值资源。草原文化的生态之魂是现代生态文明建设的重要价值资源，对中国生态文明建设极具参考和借鉴意义。

第二章　蒙古族的草原文化与生态文明

勤劳智慧的蒙古族在辽阔的蒙古高原上世世代代繁衍生息，在长期的游牧生产中，游牧蒙古族人领悟到大自然是包括人类在内的万物赖以生存的摇篮，人与自然是水乳交融、密不可分的关系。这种人与自然和谐相处的生态智慧始终贯穿、凝练于蒙古族的生产方式、生活方式、风俗习惯、宗教信仰、文化艺术、伦理道德、美学与哲学、法规与律令等诸多方面。

第一节　蒙古族草原文化的形成与发展

一、蒙古族的族源与分布

蒙古族自称“蒙古”（英文为Mongol），意为“永恒之火”。“蒙兀”是“蒙古”一词最早的汉译名，始见于唐代。多数学者认为，蒙古族的起源和演变过程为：突厥→东胡→鲜卑（乌桓）→室韦（鞑靼）→蒙古。成吉思汗长子之后裔阿布尔·哈齐认为，蒙古族源自突厥—乌古斯部的一支，这是因为突厥人崇拜的图腾是狼，蒙古人崇拜的图腾也是狼，而且蒙古语和突厥语都属于阿尔泰语系。

“蒙古”最初只是蒙古诸部落中的一个部落名称，额尔古纳河畔是蒙古族的历史摇篮。约在公元7世纪，蒙古部落从额尔古纳河流域开始向西部蒙古草原迁移。12世纪，这个部落繁衍的子孙分出了乞颜、扎答兰、泰赤乌等许多部落，散布在今天的鄂嫩河、克鲁伦河、土拉河的上游和肯特山以东一带。当时在蒙古草原和贝加尔湖周围的森林地带，还有塔塔儿（鞑靼）、翁吉剌、蔑儿乞、斡亦剌、克烈、汪古诸部等。13世纪初，铁木真经过多次征战，终于完成了蒙古地区诸部的统一大业。1206年春，铁木真召集贵族及诸诺颜（官员）在鄂嫩河源举行“忽里勒台”（议会），宣布建立“伊克蒙高勒·兀鲁·思”（即大蒙古国），尊号“成吉思汗”。从此，蒙古高原及其相邻地区群雄林立、互相争伐的局面得以结束，近百个大小不一、各有名号的诸部都统一在蒙古帝国之下，按照统一的法律和军事行政机构组合起来。由此，“蒙古”也从一个部落的称谓变成蒙古高原各部落的总称，形成了统一的蒙古民族共同体。

蒙古族被称为草原马背民族，是一个富有传奇色彩且英勇善战的民族，对亚欧历史进程产生过巨大影响。13 世纪中后期，蒙古族除在中原建立大元朝（1271—1368 年）、奠定现代中国多民族国家版图外，还曾在中亚、中东地区建立钦察汗国（1242 年建立，也称金帐汗国，统治俄罗斯诸公国长达 240 年）、伊利汗国（也称伊儿汗国，1264—1388 年统辖波斯地区）、察合台汗国（1225—1321 年统治河中地区）和窝阔台汗国（1225 年建立，今新疆西部地区，后并入察合台汗国）、帖木儿帝国（1501 年被昔班帝国取代，统治中亚地区 100 余年）、昔班帝国（13 世纪中叶由昔班所建立的蓝帐汗国经数度起落演变，最终成为今乌兹别克共和国）及蒙兀儿帝国（也称“蒙兀儿斯坦”，存在于 15—16 世纪，大致辖天山以西，包括巴尔喀什湖及其以东以南地区，还包括与明朝始终对峙的北元蒙古诸部，即漠南鞑靼部、漠北喀尔喀部、西部卫拉特或称“瓦剌”、厄鲁特、卡尔梅克等）、蒙古联盟及其 18 世纪中叶被清朝军队征服的准噶尔汗国等。1526 年，帖木儿后裔巴布尔在南亚建立了莫卧儿（莫卧儿也为“蒙古”谐音之译）帝国，长期统治印度（包括现在的巴基斯坦和孟加拉国），直到 1858 年才宣告结束。

当前，全球蒙古族约有 820 万人，主要分布在中国（接近或超过 500 万人）、蒙古国（约 240 万人）、俄罗斯（约 70 万人）。中国境内的蒙古族主要分布于内蒙古自治区，全区现有蒙古族人口 380 万人，其余多分布于新疆维吾尔自治区巴音郭楞蒙古自治州、博尔塔拉蒙古自治州、和布克赛尔蒙古自治县，辽宁省喀喇沁左翼蒙古族自治县、阜新蒙古族自治县，吉林省前郭尔罗斯蒙古族自治县，黑龙江省杜尔伯特蒙古族自治县，甘肃省肃北蒙古族自治县，青海省海西蒙古族藏族自治州，也有一部分蒙古族聚居或散居于云南、河北、北京等省市。

二、蒙古族的语言文字

蒙古族有本民族的语言文字（见图 2-1），蒙古语属阿尔泰语系蒙古语族，蒙古族方言差别不大，可分为内蒙古、卫拉特、巴尔虎—布里亚特三种方言，其中内蒙古方言分布最广，使用人数占我国蒙古族总人口的 90% 以上。

图 2-1　蒙古族文字

蒙古文已有近千年的历史，今天在中国蒙古族中使用的蒙古文字有两种，即胡都木蒙古文和托忒蒙古文。胡都木蒙古文，历史上称为“回鹘式蒙古文”，因为它是在回鹘文字母或叫畏兀字母的基础上创制的。胡都木蒙古文主要是在历史推进过程中逐步改进、变化的。胡都木蒙古文共有 31 个字母，包括元音字母 7 个、辅音字母24个，辅音字母中的最后7个字母是专门用来拼写外借词的。胡都木蒙古文从左至右竖写，没有大写小写之分，是拼音文字，在蒙古族聚居区被广泛使用。托忒蒙古文是17世纪中叶由卫拉特蒙古学者扎牙·班迪达根据卫拉特方言特点，在胡都木蒙古文的基础上创制的一种文字，现在托忒蒙古文只在新疆蒙古族中使用。元世祖时西藏僧人八思巴应忽必烈之令创造了蒙古新文字，称八思巴文，一度在蒙古族聚居地区推行，后渐停止使用。

三、蒙古族的宗教信仰

自古以来，“长生天”（腾格里）是蒙古族崇拜的最高对象和一切权力的来源。蒙古可汗们的诏书里，开头就用“长生天底气力”一语。在《蒙古秘史》一书里，有许多处记载成吉思汗祭天祝祷之事。在当时的人看来，可汗受命于天，婚姻、做事要得天助，死后也要走上天路。为此人人敬天畏天，而不敢做背天之事。这是衡量人心的尺度，也是社会公认的标准。其宗教的宇宙观形成了萨满教，因此萨满教是游牧文化的基础。

萨满教是蒙古族等民族共同信奉的宗教，各民族的萨满教信仰开始于氏族社会末期。由于当时社会生产力的低下，对自然现象的不理解，人们认为经常带来灾害的山川、河流、日、月、风、雨、雷等和人一样有生命、有意志，从而产生对它的崇拜，这种崇拜实质上是对自然力的崇拜。当时蒙古族的萨满教已发展到了神灵崇拜阶段，即认为一切自然物都由神灵主宰，神灵居于自然物内，崇拜的对象不是物体本身而是主宰这些物体的神灵，同时也对先祖的魂灵进行崇拜。萨满教中的“萨满”是通古斯语族的语言，原意为“因兴奋而狂舞的人”，在蒙古语中有“知晓”“通晓”的意思。在这里萨满指的是那些能够传达天意或能够与神灵沟通的人。萨满教的自然神系统以无生命的自然事物和自然现象之神为主。在萨满教的观念中，宇宙万物、人世祸福都是由鬼神来主宰的，所以在萨满教的自然神系统中，天地神系统占首要地位，如地神，也称地母女，掌握万物生长，要对它进行祭祀，祈求丰收、保佑平安；天神（腾格里），即长生天，掌管人世间的万事万物。蒙古族的敖包，一般认为是天神、土地神、雨神、风神、羊神、牛神、马神等神灵居住的地方，大多在山岗、山顶、路旁等地用石块、沙土堆成圆形的土包，蒙古语直译为“堆”，每年按季节举行祭祀仪式，由萨满司祭，他们祈求敖包保佑牧业生产。除此之外，蒙古族认为土地、山川、丘陵、湖泊等均由各神灵分别掌管。因此，在萨满教的自然观中，自然是神格化和人格化的观念体系，自然崇拜有着一定的伦理基础和逻辑基础。正因为萨满教崇尚的是自然万物有灵论，并且常常把自然事物本身同神灵等同看待，因而蒙古族对待自然往往是爱护有加，是自然而然的生态保护论者。因此，蒙古族具有优良的生态保护意识传统，反对草原、森林、湖泊、河流的滥垦、滥伐和污染。正是在这种优良的传统意识的维护下，蒙古族的游牧地带能够保留下来“蓝天白云、草原森林、湖泊河流、一片绿色净土”的自然景观。

3世纪初叶，喇嘛教（藏传佛教）开始传入蒙古地区。蒙古上层改信宁玛派喇嘛教

（红教），但广大牧民仍信仰萨满教。6 世纪后，许多王公贵族开始接受格鲁派喇嘛教（黄教），并积极在牧民中传播。清乾隆以后，对喇嘛教更采取全面保护和奖励的政策，清朝政府不仅鼓励各盟旗兴修大批寺庙，而且由蒙古王公亲自修建庙宇。喇嘛教在蒙古游牧社会中流行起来，一直到现在喇嘛教在游牧地带仍为蒙古族的主要宗教。在蒙古族游牧文化中，喇嘛教所呈现的因果法则、慈悲心怀，对整体性的把握、调和的原则，孕育了人、畜、草协调关系的生态哲学，此种生态哲学在一定程度上促使人们维护自然的平衡。佛教传入后，萨满教逐渐衰微，许多王公贵族信奉了藏传佛教，但是萨满教继续在民间流传，成为平民的宗教。萨满教观念的继续存在及表达，客观上是人们对人与自然关系一种朴素的自然哲学。藏传佛教普及后，在蒙古族的心里，在天上之上又加上了佛，也就是在原有的尺度上，又加上了佛教的教义与要求。现在，中国境内的蒙古族信教的群众基本上信仰喇嘛教，但从事草原畜牧业的民间群众还保留有古代萨满教的许多成分。

第二节　蒙古族的草原生产文化

一、蒙古族聚居区的自然资源

（一）内蒙古自治区

内蒙古高原平均海拔 1 000 m 以上，高原占内蒙古自治区总面积的 53.4%，山地占 20.9%，丘陵占 16.4%，平原与川地占 8.5%，河流、湖泊、水库等水面面积占 0.8%，平原与川地中沙漠或半沙化地带约占 10%。内蒙古自治区境内主要山脉有阴山、大兴安岭、贺兰山等三大山系。全区有大小河流近 1 000 条，主要有黄河、西辽河、嫩江、额尔古纳河四大水系；水面面积大于 100 km^2 的湖泊有呼伦湖、贝尔湖、达里诺尔、乌梁素海、岱海、黄旗海、查干淖尔、居延海等。

内蒙古全区由于受地理位置和地形影响，形成了以温带大陆性季风为主的复杂多样的气候。春季气温骤升，多大风天气；夏季短促，温热，降水集中；秋季气温剧降，秋霜冻往往过早来临；冬季漫长严寒，多寒潮天气。全年太阳辐射量分布从东北向西南递增，降水量由东北向西南递减。大兴安岭和阴山山脉是全区气候差异的重要自然分界线，大兴安岭以东和阴山以北地区的气温和降水量明显低于大兴安岭以西和阴山以南地区。

内蒙古草原（地）辽阔而宽广，草原（地）总面积达 $8\,666.7\times10^4$ hm^2，可利用草原（地）面积达 $6\,800\times10^4$ hm^2，占全国草原（地）总面积的 1/4，位居全国五大草原之首，是中国重要的畜牧业生产基地。内蒙古现有呼伦贝尔、锡林郭勒、科尔沁、乌兰察布、鄂尔多斯和乌拉盖等六大著名草原，生长有 1 000 多种饲用植物，其中饲用价值高、适口性强的有 100 多种，尤其是羊草、羊茅、冰草、披碱草、野燕麦等禾本科和豆科牧草非常适于饲养牲畜。从类型上看，内蒙古东北部的草甸草原土质肥沃，降水充裕，牧草种类繁多，具有优质高产的特点，适宜于饲养家畜，特别是养牛；中部和南部的典型草原（干草原）降水较为充足，牧草种类、密度和产量虽不如草甸草原，但牧草富有营养，适于饲养马、牛、羊等各种牲畜，特别适于养羊；阴山北部和鄂尔多斯高原西部的荒漠草原，气候干燥，牧草种类贫乏，产草量低，但牧草的脂肪和蛋白质含量高，是小畜（如山羊）的优良放牧场地；西部的荒漠草地很适合发展骆驼的饲养。内蒙古草原（地）饲养的三河马、三河牛、草原红牛、乌珠穆沁肥尾羊、敖汉细毛羊、鄂尔多斯细毛羊、阿尔巴斯绒山羊等优良畜种在区内外闻名遐迩。

（二）新疆维吾尔自治区

1. 巴音郭楞蒙古自治州

巴音郭楞蒙古自治州（以下简称巴州）位于新疆维吾尔自治区东南部，州府所在地为库尔勒市。巴音郭楞在蒙古语里意为“美丽富饶的流域”。巴州东邻甘肃、青海，南倚昆仑山与西藏相接，西连和田、阿克苏地区，北以天山为界与伊犁、塔城、昌吉、乌鲁木齐、吐鲁番、哈密等地相连。全州行政面积为 482 665 km^2，占新疆总面积的 1/4，是中国面积最大的自治州，现辖八县一市，即轮台、尉犁、若羌、且末、焉耆、和静、和硕、博湖县及库尔勒市。巴州共有 41 个民族，少数民族人口近 50 万人，占总人口的 45% 以上，其中蒙古族人口约 4.5 万人。巴州地域辽阔，草原资源非常丰富，有野生动物 70 多种，鸟类 264 种，野生植物主要有芦苇、甘草、紫草、羌活、党参、雪莲、罗布麻、麻黄等。

2. 博尔塔拉蒙古自治州

博尔塔拉蒙古自治州（以下简称博州）位于新疆维吾尔自治区北部，州府所在地为博乐市。博尔塔拉在蒙古语里意为“青色的草原”。博州东部与塔城地区相连，南部与伊犁地区相依，西北部与哈萨克斯坦共和国接壤，边境线长 385 km。博州地处亚欧大陆腹地，准噶尔盆地西南边缘。东西长 315 km，南北宽 125 km，总面积 2.7 万 km^2。全州共有蒙古族、汉族、维吾尔族、哈萨克族、回族等 38 个民族，少数民族占 30% 以上。博州历史上曾是“丝绸之路”北道的重要通道，被誉为“世外之灵壤”，境内有全国第二大陆路口岸——阿拉山口口岸，是中国对外开放的重要门户。全州属温带大陆性气候，日照时间长，昼夜温差大，地形由东向西呈坡形逐渐增高。博州土地总面积为 2 493 433.3 hm^2，已开发利用土地 1 948 272.9 hm^2，未利用土地 545 160.3 hm^2，土地开发利用率为 78.14%，已开发土地中饲用草地为 1 597 370.25 hm^2，占已利用土地面积的 82%。

（三）青海省海西蒙古族藏族自治州

海西蒙古族藏族自治州（以下简称海西州）因在青海湖以西故称“海西”，州府所在地为德令哈市，德令哈在蒙古语里意为“辽阔的金色原野”。海西州北邻甘肃省酒泉地区，西接新疆巴音郭楞蒙古自治州，南与青海玉树藏族自治州、果洛藏族自治州相连，东与海北藏族自治州、海南藏族自治州毗邻。全州东西长837 km，南北宽486 km，总面积30.09万 km^2，占青海省总面积的45.17%。州域主体为著名的柴达木盆地，地势平坦，土地集中连片，光热水土条件较好。草原野生动植物资源丰富，有野牦牛、野驴、白唇鹿、雪豹、藏羚羊、黑颈鹤等39种国家一级、二级保护动物及500多种药用动植物资源。海西州草原旅游资源十分丰富，江河源头、雅丹地貌、昆仑山口、万丈盐桥、唐代吐蕃墓葬群、可可西里自然保护区、都兰国际狩猎场等闻名遐迩，境内的主要山脉——昆仑山、阿尔金山、祁连山吸引着成千上万的中外游客前去观光旅游。

（四）甘肃省肃北蒙古族自治县

肃北蒙古族自治县位于甘肃省河西走廊西北段的南北两侧，是甘肃肃北蒙古族祖祖辈辈繁衍生息的地方。自治县县府所在地党城湾镇坐落于河西走廊西南侧祁连山北端。肃北蒙古族自治县辖地分为南北两部分，自治县南北两地总面积6.67万 km^2，占全省总面积的14%，是甘肃省地域最辽阔的边陲县。该县北部马鬃山地区距自治县县府所在地党城湾镇500 km，位于河西走廊西北段，东临内蒙古自治区额济纳旗，西接新疆维吾尔自治区哈密市，南连瓜州、敦煌、玉门三县市，北与蒙古国为邻。该县中部与敦煌、安西、玉门三县市相邻，该县东部与甘肃省玉门市及肃南裕固族自治县相连，该县南部与青海省海西蒙古族藏族自治州的德令哈、天峻两县市接壤，该县西部紧邻阿克塞哈萨克族自治县。

二、蒙古族聚居区的草原资源保护与建设

（一）草库伦建设

蒙古族牧民在其生产实践中创立了“草库伦”这一草原保护与建设方式。草库伦就是将草地用栏杆或藩篱围起，防止牲畜进入，在围栏内用人力更新草地植被的设施（见图2-2）。草库伦起源于何时，已无法考证。元代蒙古族诗人达溥化《宫词》曰：“墨河万里金沙漠，世祖深思创业难。却望阑干护青草，丹墀留与子孙看。”其中，“阑干护青草”指的正是草库伦。可见，最晚在元世祖时代草库伦已得到了运用。元世祖对草库伦的重视，在客观上也起到引导王族亲贵进行草库伦建设的作用。草库伦可以保护放牧场，使放牧场得到休养，在保护生态的同时，对草原畜牧业的稳定发

图2-2　草库伦

展起到了十分重要的作用。

（二）饲草饲料储备

饲草饲料储备是蒙古族牧民在漫长的牧业实践中，逐渐发展起来的一种草原建设方式。对于蒙古族牧民在其游牧生产中何时开始进行饲草饲料的储备已较难考证，但是布里亚特蒙古人很早就有秋季打羊草以用于冬季饲养牲畜的习惯。有学者指出，北魏《齐民要术》养羊篇所记述的补饲养羊技术，是黄河中下游地区劳动人民自身在生产实践中总结提炼，并且借鉴北方牧民畜牧生产的经验方法的结果，是农耕民族和游牧民族在文化上不断交汇融合的产物。《金史·阿鲁罕传》也曾记有阿鲁罕因马匹“瘠弱多死”而采用饲补技术的事例，表明金代已在畜牧业中使用了饲草饲料储备技术，与饲草饲料储备相关联的是牲畜棚圈的使用。蒙古族牧民较早采用的饲草饲料储备与牲畜棚圈建设，在草原建设中起到了调丰补缺的作用。

（三）草原掘井

生产和生活设施的建设是草原建设的重要内容，蒙古族牧民对草原游牧生产中的生活设施建设给予了足够的重视。在蒙古帝国统治时代，政府出资出力掘井以使百姓在漠北草原安居乐业。据《蒙古秘史》称，窝阔台大汗曾命察乃、委吾儿台于草原地区掘井，“又旷野之地，除野兽而无所有焉，宜使百姓宽绰居之。乃以察乃、委吾儿台二司营者为首，使在旷野掘井、而甃之”，这一工作似乎取得了较好的成效，窝阔台大汗甚至将其作为自己的四大功绩之一——“又再为之者，俾掘井于无水之地而出水，使众百姓得水草之便矣……继我父合罕之后，益此四事焉”。窝阔台大汗的这一做法得到了元代一些帝王的效法。元世祖忽必烈和英宗硕德八剌都曾派兵于漠北掘井。在较少有游牧的草原地区掘井，可以使草原资源得到更为充分的利用，可以缓解原有草原资源的使用压力。

（四）草原防火

蒙古族牧民对草原防火极为重视，这在其不同时代的习俗和法令中多有体现。宋代彭大雅《黑鞑事略》在记述蒙古人的习惯法时称“遗火而炙草者，诛其家”。其惩罚可谓严厉。蒙元时期《阿勒坦汗法典》规定“失荒火致死人命，罚三九，以一人或一驼赔偿顶替。烧伤断人手足，罚二九；烧伤眼睛，罚一九。烧伤面容，杖一，罚五畜。因报复恶意纵火者，杖一次，罚九九”。此处的“一九”是蒙古族法律中常见的牲畜计数单位，是指二匹马、三头牛和五只羊。而“二九”“九九”等皆是“一九”的倍数。所谓的“顶替”则是指赔偿一只骆驼或一人到死者家里劳动以帮助死者家属维持日常生计。该条法令对因过失引发火灾和恶意放火给予了区分，同时对火灾造成人身伤亡的不同情况也做了严格的规定。《卫拉特法典》在注重对引发火灾者惩罚的同时，更注重草原火灾的扑灭和对在火灾中进行施救者的奖励。该法典规定“如有人灭掉已迁出（无人居住）的鄂托克之火，向（遗火人）罚要一只绵羊。从草原荒火或水中救出将死之人，要一五畜”。该法典所谓的“一五”与前述的“一九”相同，也是牲畜的计数单位，包括一匹马、一头牛、二只羊。可见，蒙古族在长期的草原生产实践中，形成了草原防火意识和经验。

三、蒙古族聚居区的草原放牧家畜资源

（一）马

蒙古族牧民主要饲养的是蒙古马。早在 4 000 ～ 5 000 年前，蒙古族的先民就已驯化了马。如《汉·匈奴传》记载“居乎北边，随水草而转移，其畜之所多，则牛马羊”。《元代畜牧业概观》记述约翰·普兰诺·加宾尼说蒙古人“拥有牲畜极多，骆驼、牛、绵羊、山羊，他们拥有如此之多的公马和母马，以致我不相信在世界的其余地方能有这样多的马”。蒙古族传统的交通工具主要是马、骆驼以及木轮车，牧民在迁徙、狩猎、放牧时都要骑马，马已成为蒙古族游牧生活中不可缺少的一部分。“马是男子汉的翅膀”，蒙古族牧民与马相伴一生，无论童叟均以马代步。蒙古马具有惊人的速度及耐力，蒙古马不仅是蒙古人的交通工具，同时也是蒙古族文化的重要组成部分，13 世纪蒙古人骑马驰骋亚欧大陆，征服很多国家或部族，建立了强大的蒙古帝国。

图 2-3　蒙古马

蒙古马体高约 128 cm，体长约 133 cm，胸围约 154 cm，管围约 17 cm（见图 2-3）。蒙古马因分布地区环境条件不同，而形成了几个主要类群，如乌珠穆沁马、都河马、乌审马、百岔“铁蹄”马等。乌珠穆沁马产于内蒙古锡林郭勒盟乌珠穆沁草原，体型结构匀称，体格较大，多走马，是蒙古马中的最好类群。百岔“铁蹄”马产于内蒙古赤峰市（原昭乌达盟）的百岔沟，产地多山，马匹善走山路，步伐敏捷，蹄质坚硬，有“铁蹄”之称。乌审马产于内蒙古乌审旗沙漠，体质干燥，体格小，善于在沙漠中驰骋。用蒙古马培育的新品种有三河马等。

（二）羊

蒙古绵羊和蒙古山羊是蒙古族饲养的主要家畜。蒙古绵羊是我国古老的三大粗毛绵羊品种之一，体质结实，适应性强，能耐极粗放的饲养管理条件，是我国数量最多、分布最广的粗毛绵羊品种（见图 2-4）。蒙古绵羊原产自蒙古高原，现分布于东北、华北和西北等地。蒙古绵羊因分布地区不同，外形和性能差异较大，公羊有螺旋形角，母羊

多无角；耳大下垂，鼻梁隆起，体格中等，短脂尾；农区的被毛多为全白色，毛质较好，牧区的被毛全白色很少，头、颈和四肢毛为黑色或褐色。成年公羊体重35～50 kg，母羊30～40 kg；秋季或入冬发情配种，年产1胎，产羔率105%～110%；每年春、秋季剪毛2次，平均剪毛量1～1.5 kg，毛呈辫状结构，长6～12 cm，净毛率50%以上，屠宰率45%～50%。蒙古人的衣、食、住、行都离不开羊，羊肉、羊奶是蒙古人的主要食品，羊毛、羊皮是做服装的原料，而羊毛不但做服装而且也是做蒙古包不可缺少的材料。利用蒙古绵羊和蒙古山羊培育的优良品种有乌珠穆沁肥尾羊、敖汉细毛羊、鄂尔多斯细毛羊、阿尔巴斯白山羊等。

图2-4 蒙古绵羊

（三）牛

蒙古族饲养的牛主要是蒙古牛（见图2-5）。蒙古牛是中国黄牛中分布最广、数量最多的品种。耐粗、耐寒、抗病力强，能适应恶劣环境条件。蒙古牛分布在东北、西北、华北等中国北方地区，大部分为干草原、半荒漠和荒漠地带，间有戈壁和少数沙丘。蒙古牛主要产区多为高原和山地，海拔在1 000～1 500 m，为典型的大陆性气候，年平均气温0～6℃，年降水量150～450 mm，无霜期80～150天。肃北地区的蒙古族也饲养牦牛，能在海拔3 200～4 800 m的地区生活，其胸廓发达，心肺发育指数大，心指数为0.45～0.63，肺指数为0.96～1.40。寒冷季节，牦牛胸部腹侧下、粗长毛根部着生密而厚的绒毛，借以保护胸腹内脏器官、外生殖器官、乳房及各关节，以防受冻。在牧草缺乏的冬春季节，牦牛利用其长而灵活的舌，舐食灌丛、落叶、根茬以及残留在凹处的短草，极耐艰苦，并具有宜于爬山的四肢和似马蹄铁样的硬质蹄壳，随处都可自如攀登。

图2-5 蒙古牛

（四）骆驼

蒙古族主要饲养的骆驼是阿拉善双峰驼（见图2-6）。阿拉善双峰驼是我国历史最久、

图 2-6 阿拉善双峰驼

数量最多、分布最广的一个品种，主要分布在内蒙古的阿拉善左旗、阿拉善右旗、额济纳旗、乌拉特后旗、乌拉特中旗和杭锦旗，甘肃省的瓜州县、肃北蒙古族自治县和民勤县，青海省的乌兰县等地。阿拉善双峰驼体质结实，结构匀称，骨骼坚实，肌肉发达有力，个体大小中等，体型呈典型的长方形，头短而宽，头位水平，高昂过体。眼大明亮，耳小平展，额顶毛长约 10 cm，颈长 90 ～ 100 cm，呈“乙”字形弯曲。胸深而宽，背短腰长，后腹向后上方收缩，双峰皇丘状挺立，高 30 ～ 40 cm；乳房小，呈四方形，尾长约 40 cm；前肢直立如柱，关节强大，筋腱明显，后肢呈轻度刀状肢势。蒙古族生活的地区多半位于干草原、荒漠草原或荒漠区，运输比较困难，在这种条件下，使用骆驼驮运最为适当，而且骆驼载重量也超过其他牲畜，一向被誉为“沙漠之舟”，因而一些有骆驼的人家，多用骆驼转场搬迁和驮运货物。此外，骆驼奶、骆驼毛和骆驼绒等也是牧民的生活必需品，可以说骆驼在蒙古族牧民的生活中起着很大的作用。

四、蒙古族聚居区的草原利用方式

蒙古族牧民把一定区域内的牧场划为春、夏、秋、冬四个营地，四季轮牧。每个营地又划分为若干放牧段（阿寅勒），每放牧段内又划分若干放牧点（敖特尔），敖特尔意为“流动放牧”。牧民在每个放牧点上只能居住 15 ～ 20 天，在此时限内按四方八面方位轮牧。四季轮牧路线首尾相接，周期循环，牧民在驱赶畜群行走时保持一定的队形和速度，不但保证牲畜吃饱，还要尽可能地吃到新鲜牧草。牧民通过这些措施对草原轻度利用，使牧草得以恢复再生，让草原保持经久不衰、永续利用。

（一）季节转场

牧场按季节可分为春、夏、秋、冬四个牧场。“转场”就是依牧草生长周期和气候的变化，有序地为牲畜转移草场，它是一种按季节每年进行十几次的循环轮牧的过程（见图 2-7）。春天把羊群赶放到山坡或山下平原地带，夏天转到高山深处，秋天到山腰，然后留一片草地，打草储存让牲畜冬天吃，冬天在山脚下羊圈周围放牧。每年 4 月底至 5 月初，大批牲畜又必须从冬季牧场出发，开始新一年的转场生活。

（二）转场距离

蒙古族游牧地带牲畜转场是根据气候的变化对放牧营地进行季节性更换。由于不同

图 2-7 牧民转场

放牧营地的自然气候环境、地形和地势、水源等条件不同，牧草的类型和生长发育状况也会有明显不同。“夏天到山坡，冬天到暖窝”，这就是牧业生产活动中的牲畜转场对气候变化的一种适应，也是为了给牲畜选择一个良好的气候环境。牧民们在长期的实践中，认识到部分山地草原和山麓地带草原在水热条件的垂直分布上存在着一定的差异，因此在安排牲畜转场时，还结合了中小地形的局地小气候特点（如坡向、谷地走向等），暖季草地选择在海拔较高的高山、阴坡、岗地或台地，冷季草地多选择在海拔较低的向阳、背风的坡地、谷地或盆地。放牧营地因地势而设，每处 3 ～ 5 户，相距数里，一家一户以游牧为主。宿营地之间的距离为 4 ～ 6 km，最远的地方 50 ～ 120 km。由于地区各季草地相距各异，山区牧民每次转场路程不超过百公里，半牧半农区的牧民转场路程一般在 30 km 以内，草原、戈壁地区的牧民转场路程往往较远，近则几十公里，远则几百公里。

（三）转场路线和转场过程

“几峰峰骆驼一个家”是蒙古族牧民生活的真实写照。每年蒙古族牧民都要赶着牲畜在春、夏、秋、冬四季牧场转移，这个过程叫“转场”。按气候的寒暖、地形的坡向、牧草的情况，分成四季牧场，实行转季放牧，利用和保护放牧草地。转场有牧道，邻里之间、牧村之间往来也有马路，草地不能随便践踏。通常在各类草地之间都有固定的、大小不等的、坦险各异的牧道相通。牧民在山区转场必须按牧道行走。按牧道转场，畅通无阻，既安全又能防止转场牲畜肆意践踏牧草，破坏草原。不按牧道转场，随意践踏他人草原，甚至有可能引起纠纷，要通过牧委会或族长调解解决。

为了合理利用草地资源，使牲畜在全年不同时期都能获得较好的饲草供应，在蒙古族传统游牧活动中，一般每年从春季开始都要进行牲畜转场。在一些气候、植被条件差异较大的地方，一年要进行四次转场，称为四季营地；而在一些地势平坦，气候、植被条件差异较小的地方，一年只进行两次转场，即冬春营地、夏秋营地间转场。冬春营地称为冷季草地，夏秋营地称为暖季草地。四季营地以夏、冬季营地为主，而春、秋季营地利用时间较短，属于过渡性营地。两季营地的冷季草地利用时间也长于暖季草地的利用时间。

每年 4 月底 5 月初，牧草开始逐渐生长发育，此时开始草原轮牧，如马群 60 ～ 120 匹为一群，编成数组进行放牧，一般方圆 15 km 的牧地只能满足马群 15 日采食，然后转移别处放牧，过 30 日或 15 日又回到原来的地方进行放牧，这种方式就是草原轮牧。一直到 9 月下旬至 10 月初，水草枯竭，牧民开始赶着马群回迁，男子拉着驮运连子，妇女们则骑着马，赶着大群的牛羊紧跟在后面。到达转场营地，男子卸载行李物品，给驮畜卸鞍，尽早拉好拴羔环套绳和拴驹索套绳等，小孩在附近捡干牛粪和柴木，妇女布置帐房、搭伙做饭。

每次转场的大事就是拆搭蒙古包，熟练的牧民 1 ～ 2 个人就能在 1 个多小时内搭好一顶高约 3 m、占地 20 ～ 35 m^2 的蒙古包。转场途中运输财物的是骆驼，它们的负重能力远胜于马和牛。一个典型的蒙古族牧民家庭在转场中至少需要 4 ～ 6 峰骆驼。转场时，首先把房架和房毡分成若干堆，然后在每峰骆驼身上搭起浩木（驼鞍），接着从第一峰骆驼开始驮运木箱、地毯、被褥和小孩等，从一个放牧营地转移到另外一个放牧营地。

五、蒙古族聚居区的草原畜牧业生产技术

蒙古族牧民为了发展草原畜牧业生产，一年四季以采食天然草地牧草为主，在与大自然适应、搏斗的过程中，练就了合理的畜牧业生产技术。春季的产仔育幼、夏季的抓绒剪毛、秋季的抓膘育肥、冬季的屠宰出售，会受到自然条件的制约，但是合理地利用气候条件、因地制宜，可以获得质高量多的畜产品。因此，自然条件（尤其是气候条件）对草原畜牧业的生产具有十分重要的意义。

（一）适应自然环境的草原畜牧业生产活动

牲畜的生长、发育与自然环境密切相关，因此蒙古族牧民在长期的畜牧业生产中形成了主动适应环境条件的习惯，并由此开展了相应的草原畜牧业生产活动。

1. 光照

太阳光是地球上一切生命过程最基本的能量源泉，对牲畜生长发育也有良好的作用。光照不足就会使牲畜体质减弱，疾病发生；光照充足能使牲畜精神振作，精力充沛，改善血液循环，促进骨骼发育，加速生长。同时，太阳光中的紫外线杀菌力强，对牲畜外伤愈合、细菌防治均有较好的作用。但是，盛夏伏期，强烈的阳光造成畜体散热缓慢，甚至有皮肤受灼伤、膘情下跌等强烈的副作用。因此，蒙古族牧民特别注重在晴朗的春季和初夏对家畜的日照（晒太阳）管理。

2. 气温

家畜的外表直接受气温的影响，适宜的温度下牲畜皮薄、毛短且稀疏，寒冷的气温促进牲畜皮下脂肪增厚，毛长绒厚稠密，皮下汗液发育差，寒冷季节散热力低，有利于保存体内热量，减少营养物质的消耗。因此，蒙古族牧民在选育家畜的时候，一般选择适应环境能力强的品种，坚持自繁自育、汰劣选优。同时，在冬季时会采取圈养、保温等方式增强家畜的抵抗力。

3. 降水

水是牲畜不可缺少的生存条件之一。降水会直接影响牧草的生长发育，而牧草质量

的好坏又直接影响牲畜的质量。降水可使空气清新，洗去畜体的灰尘，使皮毛洁净，减少牲畜患病的概率。但是，连续阴雨有利于寄生虫、病菌的繁殖，直接危害牲畜健康。冰雹、雷电、暴雨、山洪均可造成牲畜死亡。冬季降雪造成白灾，雨雪并降的冷雨天气对剪毛后的牲畜影响较大。因此，蒙古族牧民在饲养家畜的过程中，尽量避免在灾害天气或大雨天放牧，尽量不在雨雪天剪毛。

（二）适应自然环境的家畜繁殖管理

1. 适宜的发情管理

牧区大部分地方夏季短冬季长，枯草期长达半年之久，牲畜对特定环境及其气候有了相对适应，如季节性的发情就是适应性的表现之一。马、牛、羊、骆驼妊娠期有长短，发情配种季节不一，但有一个共同特点，就是产仔期均集中于牧草返青期后，在很短的时期内都能吃上青草，这是自然选择的结果。牛、马发情从气象学上说与短日照转入长日照的时期有关。牛的发情旺季在6—8月，配种时要求天气晴好、暖和、湿润，光照充足。骆驼的发情旺季是严寒的12月至次年1月，此时草原牧区的气温低，气压高，灾害性天气少。母羊发情除受膘情影响外，正好与牛、马相反，反而与长日照转入短日照及低温条件有关。正是基于长期观察和对这些知识的积累，蒙古族牧民形成了母畜发情的适应性管理策略。

2. 适宜的产羔接仔管理

牛、马在4—6月产犊、产驹，羊在3—4月产羔，骆驼在2—3月产仔。放牧饲养的牛、马、骆驼等大牲畜，公母不分，终年混群放牧，随母畜的发情而自行配种，翌年陆续产犊、产驹、产羔。为适应自然气候条件、便于移牧和经营管理，放牧牛、羊多采用人工配种及集中产犊、产羔，产仔后不久即可采食青草，享用温和气候条件，当年可育成体大质优的幼畜。1—2月产的羔羊叫冬羔，冬羔所产时期正值气候持续严寒，初生的幼畜体热调节机能差，皮毛短少，体表几乎裸露，所以在低温寒冷的气候条件下是难以获得较高成活率的。而且，1—2月又是草原的枯草期，不利于产羔、育幼。因此，蒙古族牧民特别重视产羔管理，完全按照家畜的生理特点做好接羔工作。春羔产后，羔羊在较短时期内能吃上青草，母羊膘情好，产奶量也随气候变化而增加。因此，蒙古族牧民多接春羔。

（三）适应自然环境的混群放牧管理

在蒙古族的游牧生产中，混群放牧管理是根据家畜不同的食性特点（如喜食高草的家畜和喜食低草的家畜混群），充分利用草原牧草资源、保护草原生态的一种生产方式。但在混群放牧过程中，难免会发生家畜难以分辨、容易失踪的情况。为了解决放牧时羊群混牧、打野觅食的大牲畜失踪等情形，牧民给牲畜做上烙火印和耳记等标记。牛、羊做耳记，驼、马打火印，也有在羊角上、牛身上打火印。火印大多打在胯上或左脸颊上。

蒙古族牧民使用的火印各式各样，耳记也各有其形。两家火印或耳记相似时，用位置不同和印记大小不同区分。大畜打火印多在春末夏初进行，这时牲畜吃青草，原毛脱落，新毛长出，能烙清楚。骆驼的火印多打在胯上，也有的打在左脸颊上；牛打在角上，秃牛打胯上，也做耳记。马大多在胯上和左脸颊上打火印，一般不做耳记。大畜打火印是两岁以后与打鬃拔毛同时进行。绵羊、山羊打火印是在当年的幼羔产下到 6 月与公羔的去势同时进行。牲畜烙火印和做耳记，除便于辨认牲畜外，还有年度清点新增牲畜的作用，尤其是绵羊、山羊产羔数量多，一时难以掌握准确数字，为幼羔做耳记时每一只羊羔都要抓住过手，牧民就能准确掌握当年的牲畜发展数据。

（四）适应自然环境的畜产品优化管理

1. 剪毛与抓绒管理

抓绒剪毛 1 年进行 1 次，羊在 6—7 月进行，牛在 7 月，骆驼在 5 月下旬至 6 月上旬进行。抓绒剪毛的时间适宜与否，对牲畜的生活有很大影响。如果剪毛过早，羊则抵抗不了寒冷天气的袭击；若过迟则由于温度高，羊呼吸困难，食欲不振，容易发生毛囊炎等，同时绒毛也会自行脱落。牲畜适宜于剪毛的时间，以日平均气温稳定为 10℃的初日开始，即 6 月上、中旬较好。抓绒时气温一般不低于 0℃，同时应选择天气晴朗、风力在 4 级以下的天气。

2. 屠宰管理

依据草原放牧家畜“夏壮、秋肥、冬瘦、春乏”的膘情变化规律，当秋季牲畜体重达到最高峰时，是进行屠宰上市的最佳时期。实际上牧民的经验是第 1 次天气突变，寒潮降临，气温 0℃以下，家畜开始吃霜冻变黄的牧草，膘情达最佳状态，故以日平均气温≥ 0℃的终日为适宜屠宰期。日平均气温≤－ 5℃时期为牲畜膘情维持期，此时期适量屠宰，可多采用人工配种，集中产羔，产羔后不久即可采食青草，获得最好的经济收入，也可减轻冬春草地不足的压力。

六、蒙古族聚居区的草原家畜抓膘保膘技术

（一）绵羊、山羊抓膘保膘

绵羊、山羊对气候、水草的选择性很强，对牧民的放牧管理依赖性很强。因此，牧民根据不同季节选择不同的牧场，采取四季轮牧按期转场的办法，确保抓膘和保膘。羊群经过漫长的冬季，春季膘情较差，尤其母畜受胎产仔，体质较弱，对营养的需求大。春初天然草地枯草稀疏，青草未萌，寒暖多变，风沙较大。春季牧场选择在牧草萌发较

早的阳坡丘陵或平坦宽谷地带，每天先把羊群赶到枯草较茂密的地方觅食，再赶到生长青草的阳坡采食。初放青草时，要控制羊群“追青”消耗体力，防止羊只失散丢失。当牧草已返青，羊群已经吃饱时要早出晚归，逐渐扩大放牧距离。

夏季绵羊、山羊体质好，剪毛后负担又减轻，正是抓“水膘”的有利时机，要尽早离开春季牧场，进入气候凉爽、水草丰美的夏季牧场。夏季牧场要选择在距春季牧场较远、平时不易去的高山山梁地带，以避开蚊蝇和酷热，促进羊群抓膘复壮。夏季放牧时早出晚归，中午天热时归牧挤奶，或是把羊群赶到通风凉爽的高处休息，下午气候变凉时继续放牧，天黑前归牧。当夏季牧场气候转冷、霜冻渐至时，要转入秋季牧场。

秋季放牧是在保持夏膘的基础上，使羊体充分积蓄脂肪，抓“油膘”，为来年安全越冬度春做好充分准备。秋季牧场选择在边缘高山地带，草种杂，草籽多，草的脂肪含量高，羊只抓“油膘”。牧民坚持早出晚归，尽量延长放牧时间，逐水草而居，勤搬迁，充分利用偏远牧场。遇干旱年份，牧民携带简易行装，风餐露宿，逐水草而流动放牧。转入秋季牧场时停止挤奶，使母畜尽早抓膘，以利适时发情受胎。为了减轻冬季牧场的压力，延长在秋季牧场的停留时间，直到地皮开始结冻或开始落雪时再转入冬季牧场。

绵羊、山羊具有极强的合群性，在放牧游走时虽然很分散，但随群行动不会轻易离群，稍有惊动即迅速奔跑集中，因此秋季放牧时羊群要撒开不加约束，任其自由采食，只在必要时用声音或“杜务尔（指令）”来指挥羊群，严防乱赶羊、羊拥挤采食。

进入冬季，白天时间逐渐缩短，牧草枯黄，营养价值显著降低。天寒地冻，羊体热量散失增大，同时母羊处于保胎临产期，育成羔进入第一个越冬期，所以保膘、保胎就成了整个冬季养羊生产的中心任务。牧民将冬季牧场选择在避风向阳、牧草茂密、水源较好的山谷或阳坡低凹处，然后按照先远后近、先阳后阴、先高后低、先谷后平的顺序安排放牧草地。同时为产羔母羊留存充足的放牧草地，并开始公母畜分群放牧。冬季放牧时坚持适时出场归牧，遇有寒流、暴风大雪时就近放牧或停牧。为了防止羊群受冻掉膘，牧民选择背风向阳、日照时间长的山谷做冬季营盘，并随时清除羊只卧息处的积雪。为了避免羊只夜间多尿而场地结冰，冬季羊群归牧时不让羊饮水。

（二）马群抓膘保膘

马群在天然牧场上随季转牧，自由采食和繁殖。这种牧马形式既能适合马的恋群、恋膘、自护和自择水草的生活习性，也利于充分利用平原、河谷和高山的广阔草地。马群随季转牧，夏秋草地选择地势低凹地带和沿河流域，或者牧草受旱较轻、生长较好，气候凉爽、牧草茂盛、水源充足、蚊蝇较少的缓坡山地带。冬春牧场要选择地势平坦的坡缓丘陵或深山宽谷，冬季积雪不厚、开春融雪早、背风向阳、牧草萌发早的地带。马群在一定的区域内自行觅食好草好水，耐粗饲，采食能力极强，昼夜不停采食，夏季炎热时在通风凉爽处集群休息。经物种进化和大自然选择，马肌体坚强而灵敏，所以，牧马人不跟群放牧，定期或不定期地观察马群采食动态及牧草的情况。牧民对骟马的抓膘十分重视。骟马不跟大马群，而是三五结伙而行。牧民搬到夏季牧场，留用少数牧羊乘马，多数乘马放开，让其充分利用夏秋季丰草抓膘，以备冬春乘骑。冬季防止乘马跌膘，给乘马要打铁蹄掌，补饲料。冬季营盘中留有乘马的草地。乘马拴住或上绊放开，让马夜间吃饱吃足，便可继续服役。

（三）牛群抓膘保膘

放牧牛群具有良好的自由采食能力。一般夏秋牧草旺盛季节放牧牛群易上膘，冬季大雪覆盖草地，牛仍能刨雪啃食牧草。草原放牧牛群耐寒性能强，在天然草地上自行采食抓膘。草原放牧牛群一般怕热，畏惧蚊蝇，夏季中午常在阴坡、凉爽高处卧息，有时还站立在河水中避暑避蚊。为了使母牛尽早上膘及发情配种，牧民适时停止挤奶、投群采食。放牧牛群有自寻水草的能力，夏秋抓膘，牧民不跟群放牧，随时查看牛群，根据需要调剂牧场。

（四）骆驼抓膘保膘

骆驼对气候的适应性强，对牧草的选择单一，抓膘保膘的管理相对较为简单。骆驼主要生存于戈壁、丘陵、草地，觅食乔木、灌木、半灌木类牧草，四季轮牧的范围比较小。骆驼春初产羔至夏季脱毛，牧人要跟群放牧。夏末初秋季节起，根据驼群放牧区域的水源及牧草生长情况，采取打野自由采食和跟群放牧两种方式抓膘。在水源充足、区域辽阔、牧草茂盛的地区，牧民将驼群撒野，让其自行寻找水草，自由采食抓膘。骆驼恋群性能好，在撒野期间不易离开放牧区，在此范围内游走采食，上膘较好。骆驼是蒙古族骑驮兼用的重要交通工具，因此，牧人对役用骟驼的抓膘尤为重视。除夏秋牧民搬迁转场时临时抓来役用外，大部分时间骟驼由其自由采食长膘。骆驼的双峰具有积蓄脂肪的特殊功能，只要秋季抓好膘，就能安全越冬度春。

七、蒙古族聚居区的草原家畜收绒剪毛技术

（一）剪绵羊毛技术

剪绵羊毛在夏季进行，这一季节绵羊已采食几个月青草，解除了冬春之乏，体力恢复，开始抓“水膘”，新的绒毛开始生长，原毛与新毛明显脱离，蒙古族称其为“加布斯尔”，即顶毛，此时剪毛最为适宜。绵羊过早剪毛，不好下剪，羊毛剪不净；剪毛迟了，羊毛自动脱落，造成浪费。因此，牧人特别注意适时剪毛，以获得好收益。剪绵羊毛时间要求紧，还要经过抓羊、捆羊、拧毛和捆毛等程序，劳动强度大。剪绵羊毛时，牧民家族的亲友或近邻结伴相助，羊只多的牧民还要雇请数十个人帮忙。剪毛前，牧民要选定剪毛场地，备好手剪等，选择吉日开剪。为了便于剪毛，把羊只要拴系在固定的长毛绳上，然后一一抓来，先剪掉腹部杂毛，再捆绑四肢，剪取羊身上其他部位的毛。

牧民聚集在一起剪羊毛时十分热闹。青年牧人为了显示其剪羊毛功夫，互相比赛，

争先恐后。剪羊毛期间由户主承担剪毛者的饮食，宰羊、准备奶食品，让剪羊毛的牧人吃好。剪羊毛不但劳动强度大，而且户主特别要求羊毛剪得干净整齐，又不能把羊皮剪破。雇人剪毛时，每剪 10 只羊，户主给剪毛者付 1 只羯羊毛作为报酬。家庭或近邻相互帮助时不付羊毛，以劳务还工的办法解决报酬。羊毛剪完了还要拧毛，两人为一组，把蓬散的羊毛拧成十几米长的细毛股并盘卷起来。牧人剪羊毛时要留足擀毡、捻线等生产、生活用毛，其余的羊毛捆成方块，以备交换、出售时运送。因运输路途遥远，为防途中羊毛散落，捆毛时要反复捆绕，每捆毛重量要相等。

（二）山羊剪毛技术

山羊毛在夏季剪收。剪山羊绒毛比较简单。历史上蒙古族不单独抓山羊绒、剪山羊毛，绒毛混剪。不剪母山羊毛，只剪羯山羊毛。一家一户各自操作，不必请他人相助。现在牧民只抓山羊绒，一般不剪山羊毛。

（三）骆驼拔剪绒技术

拔剪骆驼绒毛采取现脱现收的办法。春节过后，公驼和骟驼脖子上的素毛和膝毛先剪取，腹背的绒毛则采取随顶随收的办法，持续3个月。骆驼到了春末夏初才能吃饱青草，新毛生长，原毛松动，牧民在早晚时间，把骆驼身上脱落的绒毛随时收拾，有的牧民将未调驯的骆驼集中在一起，请亲友帮忙一次性拔剪，其他的骆驼毛到 7 月中旬时全部收尽。

（四）打马鬃毛、尾毛技术

马鬃毛是蒙古族搓制绳索的重要原料之一。由于马力大，跑得快，不易抓捕。到夏季，牧民请亲戚朋友帮助，收剪马鬃尾和给马打烙印同时进行。马匹数量多的牧户，聘请青年牧民相助剪鬃尾、打烙印，付适当的报酬。产驹母马和公马的鬃尾不打剪，骟马和未骟割的小公马、尚未到产驹年龄的小母马的鬃尾都要打剪。

八、蒙古族聚居区的草原家畜选种技术

（一）种羊选定

绵羊、山羊是蒙古族聚居区经营数量多，肉、毛、奶兼用的畜种。绵羊、山羊种畜是从当年公羔中选定。先观察种畜公羔的父系和母系的性能。父系的要求是体格大，绒毛厚而长，四肢健壮，尾肥大，采食、恋群性能好，所配母羊受胎率高等。母系要求健壮、毛长，受胎、产乳、认羔、采食和合群性能好。种畜公羔在成年母畜所产公羔中选留，二齿或老年母畜所产公羔不宜选种。种畜公羔要体质良好、毛长而密，脖颈粗而短，初露乳角根粗，爱动活泼，性欲旺盛。公羔性成熟早，产后 2～3 个月内有追逐母羔的性

行为，外生殖器完整，无隐睾等；毛色正，毛色要全白或黑头、褐头等，忌全黑或花色。经过一个时期的认真观察和反复比较，在公羔去势季节择优而留。

（二）种马选定

种马从马驹开始观察，到了 4 岁投群配种年龄时选定。种马的要求是体格健壮，肩胛高，脖子粗，四蹄整齐而厚圆，采食、合群和护群性能良好，习性温和，没有恶癖，性欲强，外生殖器完整，无隐睾。肃北蒙古族十分讲究乘骑走马，所选种马和其上一代马不但要具备善走性能，而且必须是对侧步，不选定颠步式种马。种马毛色要求黑色、褐色、枣红色或白天额、四蹄白等。而海骝色、花色和白色不作种马。种马要从壮年的母马所产马驹中选定，初产母马或老母马所产马驹中不选留种马。

（三）种牛选定

以产肉、乳的牛为主。种牛要求体格高大丰满，母牛习性温顺、产乳性能好。种牛性成熟比较晚，从牛犊开始观察，到 5 岁投群配种时选定。要求种牛体格健壮，锐角对称，绒毛厚长，毛色纯黑，不选白色和无角公牛。

（四）种驼选定

种驼是从驼羔开始观察，到了 5 岁投群配种年龄时正式选定。种驼要求体格大、健壮，后腿肌肉丰满，蹄底平而结实，素毛长而绒厚，双峰大而直；没有胡吼乱叫、喷吐肚粪的恶习；采食、护群性能强；性欲旺，无隐睾等。除观察所选种驼和它的上一代外，还要观察所选公驼的同代或上代骟驼的外形及持久耐力、生产性能。种驼的毛色要求以杏黄色、白色和红褐色为主，不选定黑色种驼。

九、蒙古族聚居区的草原家畜配种技术

蒙古族牧民对各类牲畜的配种非常重视。他们围绕公畜膘情、公母搭配和适时配种等重要环节，加强牲畜的配种管理。母畜能否全配满怀，关键在于公畜，而公畜的关键又在于膘情。绵羊、山羊公畜没有固定的发情时间，春末夏初吃饱春草就有发情行为。为防止种畜乱交配、跌膘，影响适时配种和按季产羔，牧民采取公畜与母畜隔离管理的办法，把公畜隔离在羯羊群里放牧。也可在公羊的腹部吊上一块“扣儿”，即避孕布片，阻其乱配。牛、马、驼等大牲畜，公畜都有其发情季节，无须对公畜进行控制管理。但配种前不役用公畜，让其自行觅食增膘。

1. 配种合理搭配公母畜

一只种绵羊配备 30 ～ 40 只绵母羊，一只种山羊配备 50 ～ 70 只母山羊，一头公牛配备 10 ～ 15 头母牛，一匹公马配备 15 ～ 20 匹母马，一峰公驼配备 10 ～ 20 峰母驼。

实际配种时，牧民根据种畜的体质膘情，可增加或减少母畜数量。配种期间种畜跌膘乏弱，要及时补饲料，恢复体力，确保配种。若种畜因病死亡、丢失或被狼吃掉，要暂借种畜投群，或投放预备种畜来补充。种畜少了不行，多了也不行。蒙古族牧民有一句俗话："管家多了事难成，公羊多了空怀多。"其意为牲畜的公母搭配必须严格把握，否则适得其反。

2. 准确地测算牲畜的发情季节和母畜的怀胎期，确定各类牲畜的配种时间

绵羊、山羊秋季配种，冬末春初产羔，要按时投放种畜，进行配种。牛、马和骆驼等大畜自行按期发情配种，无须人为的控制和管理。公马不和近亲交配，具有自行组合母马群的特性。在各类牲畜中，骆驼的配种较为特殊；公母驼寒冬发情、交配。公驼（冬季）交九开始（公历12月左右）有发情的表现，不时口吐白沫，每日少觅食饮水，自行"减肥"；到了（冬季）四九、五九（公历1月中旬左右）则进入高潮。此时公驼用尾巴将自己的尿蘸上，频频甩到后峰上，不吃不喝，专寻母驼交配。公驼发情期间不许小公驼和骟驼接近母驼群，有些习性凶烈的公驼为躲避驼群接触，把母驼群赶至几十千米外的偏僻山沟中交配。两峰公驼争夺交配的母驼时极为壮观，它们口吐白沫，扬头磨牙，后腿叉开，颈部伸直，频频蘸尿甩打后峰，相互示威一阵，然后猛冲而来，互压颈部，还用肩部彼此对抗，并伺机咬对方的腿和尾巴。经过一番较量后，败者夹尾逃遁，胜者穷追不舍。公驼发情季节，牧民十分谨慎，为了预防公驼伤人、伤驼，在公驼发情初期给它戴上笼头，拴上鼻棍绳；当公驼进入发情高潮期时，把母驼和其他骆驼分群管理，把母驼群赶到家门上，夜间把公驼拴住，白天放开跟群。公驼发情结束后膘情大跌，双峰塌落，自行离群逃遁，单个觅食，到来年的秋冬恢复体力，膘肥体壮时又自行回来跟驼群采食。

十、蒙古族聚居区的草原家畜接生育仔技术

（一）接羔育羔

绵羊、山羊接羔育羔是发展畜牧业的一项关键性生产活动，此时也是蒙古族牧民最为忙碌的季节。

1. 接羔工作

首先，要选定接羔营盘和草地。为了确保母畜产羔期间的饮水、采食，要选择水源充足、植被茂盛、地势平坦的宽谷做接羔草地。每年的接羔结束后尽早搬迁转牧，以便为接羔草地的植被生长创造条件。夏季牧草生长旺季要严加保护接羔草地，不让其他牲畜进入接羔牧场采食。

其次，分群管理。为了便于产羔母羊少走路、多采食、保膘情，利于产羔和奶羔，在临近产羔时把母羊和羯羊单独组群，分群管理，羯羊群要在远离接羔草地的边缘地带放牧。

再次，要搞好接羔前的准备工作。为了预防疾病传染，接羔前要把羊场上的骨骸、粪便等杂物清除焚烧，把羊粪灰撒在场地上，用柏树叶烟熏装羔毡袋，对连羔绳消毒。牧民将日用食品、牲畜饲料及燃料等备足备齐，以保证接羔工作顺利进行。

最后，全力接羔。绵羊、山羊产羔时间比较集中而短暂，数百只母羊在 15 天内就产完，每日产羔数十只不等，此时牧人要昼夜忙碌。白天要跟群放牧，随产随接，夜晚要通宵值班，以防幼羔冻伤或死亡。

2. 育羔工作

首先，要进行母子对认。不认羔的母羊多了既增加牧民的劳动负担，又影响仔畜的成活，因此，牧民非常注意产羔母羊的母子相认之事。如果气候不是十分寒冷，母羊产羔后不急于把幼羔抱走，便于相互对认；若天气寒冷，则把幼羔立即装入接羔毡袋里。为了便于辨认，则在幼羔和母羊身上的同一方位打上同一颜色的记号。母羊不认羔，也有许多原因，有的母羊膘分差、体力弱，无奶或奶水少，就不让其幼羔吮奶；有的母羊因其幼羔刚产下后与其他幼羔混装于一个装羔袋，羊的嗅觉很灵，其羔有异味而不认羔；极个别的母羊有不认羔的遗传恶习。因此，牧人视其原因，采取不同的办法强迫其认羔喂奶。对不认羔的母羊，牧民都采取“一曲动情”以行惩罚的办法，即把不认羔的母羊单独拴住，并抓紧母羊的脖子，牧人哼着悠扬的古调，对母绵羊唱“陶格、陶格、陶格”，对母山羊唱“居格、居格、居格”，边唱边让幼羔吃奶。

其次，要训练喂奶。反复驯养后母羊开始认羔喂奶。有些顽固的母山羊不听劝告，仍不认其羔，则要采取惩罚的办法，把它的尾巴抓住狠劲拧转，并把幼羔的粪便抹在它的嘴唇上，使其疼痛难忍乱吼乱叫，如此反复数次，迫使其“认罪服法”，认羔喂奶。肃北蒙古族的习惯是不让刚产下的幼羔吃初乳（胶奶），因初乳含脂肪高，幼羔吃后不易消化而拉稀，牧人将初乳挤尽后幼羔方可吃奶。另外，对于缺奶的幼羔用小米汤或面汤喂灌，直到幼羔能采食为止。

最后，要做好保暖工作。绵羊、山羊的产羔季节气候比较寒冷，为了防冻保暖，有条件的牧民专门腾出一顶蒙古包圈幼羔；不具备条件者，把蒙古包内左侧一方腾出来，拴幼羔，人畜同住一包充分体现了蒙古族牧民爱畜如子之情。幼羔 10 天后开始采食，这时把羔羊单独组群，由老人或小孩在营盘附近的羔羊草地上放牧。

（二）大家畜接生及育仔技术

马群因大多时间在野外自由采食，牧马人数日内看护一次。在母马产驹季节，牧马人基本上每日进行放牧管理。因为马群有极强的合群性，而且公马有相当强的护群能力，对马群的管护十分得力，不易被野狼侵害。母马产驹季节为春末夏初，气候暖和，不怕马驹冻伤。母马没有难产或不认驹习性，马驹又有很强的自生能力，产后很快就能吃奶奔跑。老弱母马临产时，牧人赶回家，在门前产驹，大多数母马在野外产驹，牧人不必更多地操心管理。

牦牛极耐于高寒地区生存，对气候的适应能力极强，在春季牧场上自由地繁衍产犊，牧人不必有太多的管护。牦牛有很强的自护能力，幼犊自生能力也很强，刚产下就可吃奶，跟母牛奔跑。产犊季节牧人随时前去查看母牛，把牛群赶到草密避风处自由采食产犊。到母牛挤奶季节，牧人把牛群赶回家，拴系牛犊，母牛则自行归牧。

骆驼因产羔季节为冬末春初，气候寒冷。母驼临产前有远处奔跑、不认羔和难产等习性。为防止驼羔冻伤或被狼捕食，母驼产羔季节牧人要跟群放牧，每日细心观察产羔母驼的动态，对于善跑避远的母驼要前腿上绊，对于难产的母驼要及时处理。对不认羔的母驼，牧人用动听的古调唱“扣嘶、扣嘶、听嘶”，几经反复，多数母驼便“含泪悔过”，即可认羔喂奶。因母驼情感甚灵，如远离驼羔或驼羔死亡时，母驼哭叫不停，边叫喊，边挥泪，使牧人也为此动情。对于极个别的顽固者，牧人把它拴系于木桩或柴墩上，数日不让其采食饮水，逼其认羔喂奶。驼羔初生时能力很弱，牧人要帮其认奶头吃奶，还用绳子将其膝盖下部拴住，不让其跟母驼乱跑，10 多天后再戴上小笼头。每日母驼远去采食，驼羔放脱自行饮水采草，母驼归牧后再拴住。驼羔 8 个月开始跟随母驼野外采食。拴系驼羔便于母驼采食后自行寻羔归牧，不必牧人跟驼群放牧，也为了驼羔长大后易于调驯。

十一、蒙古族聚居区的草原家畜公畜去势技术

一般情况下，草原家畜产仔公母数量自然平衡，牧民经常把母羔（犊）留作生产母畜，公畜除选留种畜的少数几个外，都要阉割去势，以作为食用、役用或出售。牲畜种类、生理、性能各异，公畜的留用、阉割季节和手段也有区别。

（一）绵羊、山羊公羔去势

因绵羊、山羊公羔性成熟比较早，出生 3 个月后有追挎母羔之性行为，故当年春末即行去势。公羔去势前，牧民要做好准备工作，去势用的刀把和刀用白哈达缠包，只留刀尖。装公羔睾丸用的木桶，桶沿抹上酥油，桶内倒入少量酸奶等。准备工作结束，牧民请喇嘛选定吉祥之日，届时，凌晨把公羔羊全部抓住，拴在连羔绳上，然后抓住羊后腿，由去势者用左手把公羔阴囊根部捏住，用刀尖在阴囊顶部切一小口，右手把睾丸抽出，并用拇指和食指将切口紧捏几下便可。因绵羊、山羊公羔去势比较简单，各家各户的男人都可操作。牧民对去势之人有“轻手”和“重手”之分，所谓轻手，其所阉割的公羔没有任何不良表现，去势之后公羔立即行走吃草。重手者所阉割的公羔有不良反应，如肚子膨胀、卧爬不起，不食不饮，甚至出血死亡。公羔去势当日不让跟群出牧，也不立即饮水，让其缓慢行走，站立于阴凉处，若有轻微的不良表现，立即用睾丸汤喂灌可消除病症。

（二）公马去势

公马不选择当年马驹去势，要等公马长到 3 ～ 4 岁时才去势，而且对公马去势非常

谨慎。公马去势季节大多在春末，此时公马恰好吃到青草恢复体力，不肥不瘦，蚊蝇未醒，气候适宜。公马生性暴烈，易惊善跑，不便抓捕，去势时要把马群赶到河套或河床悬崖之处围栏，由许多年轻力壮的牧人相助。套马手乘马或步入马群内用套绳套住公马，几名青年牧人把公马按倒在地，几个人压头压身，捆绑四肢。骟匠用骟刀尖在公马阴囊处切开一口，拔抽睾丸，用“撒布西力格”把睾丸根部的精索和血管夹紧，再用花椒水浸泡过的细麻线，把睾丸根部的精索与血管缠绕结扎，用烧红的烙铁将输精管烙断，即被去势。阉割结束后，人拽马尾，向后拖拉，马向前蹦，取其舒筋活络之意。去势后的骟马不能立即投放马群，以防被公马咬踢致伤，数天内拴在家门细心护理，用毡褥搭盖马背，保其体温，以防受凉，每日轻拉慢牵，适量采食饮水。15 天后视其体力，人骑慢溜，以舒展体格，确认其没有不良表现时才跟马群出牧。

（三）公牛去势

公牛长到 2 ～ 4 岁时去势，有益于牛犊生长发育，使其体格健壮，多产肉。其去势操作与绵羊、山羊公羊去势方式类似，把公牛阴囊表皮切开，抽出睾丸，并用绵羊毛缠包阴囊切口处即可。

（四）公驼去势

公驼到 3 ～ 4 岁时，选择寒冷三九天进行去势。公驼去势也专请骟匠操作。还要请数人帮助。将公驼放倒在地捆绑四腿，骟匠用骟刀尖在阴囊表皮处切开一口，挤出睾丸，然后用花椒水浸泡过的细麻线把睾丸根部的输精管和血管反复缠绕结扎，以防出血。公驼睾丸不立即取掉，而是裸露数日，自动脱落。为了防止驼尾与外露睾丸相摩擦，引发疾病，将驼尾用细毛索拴系于后峰。

十二、蒙古族聚居区的草原家畜调驯技术

（一）马匹调驯技术

马既有灵敏温顺的习性，也有胆小易惊之烈性。骑马调训在春末夏初进行。这一季节马群度过冬寒春乏，吃青数日开始抓“水膘”，体力得到恢复，能承受牧人的调驯。调驯的对象选择 3 ～ 4 岁尚未投群配种的小公马和母马，3 ～ 4 岁前齿龄的马匹各器官还未发育成熟，调驯将会影响其正常发育生长。马匹 4 岁以后发育成熟，烈性很浓，力足劲大而不易调驯。

调驯马是青年牧人的拿手好戏，青年骑手用套马绳把生马套住后，在伙伴的相助下将马放倒，而后用套马绳编的简易笼头把马头套住，用毛或皮制的三叉绊绊住腿，然后让其翻身起立，骑手拴住长绳任它乱跳乱蹦一阵，使其慢慢适应绊子和拉绳，以便“去惊”。因刚抓的生马肚子太饱，若猛骑速跑易得病，故当天不急于骑驯，要“吊控”1 天。次

日凌晨骑手给生马戴上马嚼子，马背上搭一块毡垫，并用毛制肚带捆紧，解除马绊，便上马背。

初驯的生马有的受惊疾走直冲，有的就地腾空乱跳，这时骑手左手握紧缰绳，右手抓住肚带绳，任凭生马乱跳乱蹦。待生马跑得精疲力尽时，骑手便跳下马，略停片刻，等到生马恢复体力后再骑上，这时骑手要把缰绳勒住不让它再乱跑，还用手帕打脸颊，指引方向，开始驾驭，让其慢慢顺从骑手。就这样反复数次，到 3 ～ 4 天后开始备上鞍子乘骑，10 天便可驯服，可放开跟马群采食。为了保持生马的行动轻松，调驯期间每日多饮水，少吃草。

驯马时要选择地势平坦、土质松软、植被茂密的地带进行，禁止在乱石深沟或崖头上驯骑，以防生马横冲直撞，失控失蹄而发生意外（见图 2-8）。驯马时严禁骑手乱打胡闹，要经常轻轻抚摸马头和马背，以防马匹养成恶习，不便使用。大多数生马驯服后男女老幼均可乘骑，而极个别的雄烈之马不易驯服，即便是驯服了，只让初驯之人骑用，其他人不易乘骑，蒙古族称这种马为“道希格恩”，即烈性马。这类马精神饱满，膘情良好，长姿美观，持久力强，但是一般人可望而不可骑。

图 2-8 蒙古族青年驯马

（二）骆驼调驯

骆驼体格高大，思维迟钝，骑驮并用，惊恐喷叫，役用时要跪卧，调驯难度较大。骆驼到 3 岁开始调驯，在寒冬腊月进行调驯。调驯骆驼之前先要上鼻棍。骆驼上鼻棍时几个年轻牧民把骆驼放倒，四肢捆紧，再由一名经验丰富的牧民在骆驼鼻孔的前方、上嘴唇的后方，长有几根针茅似的绒毛处用鼻棍的尖头向左朝里扎进去，尖头从右边扎出来后套上一块圆形的皮垫，以便拴系骆驼僵绳。扎骆驼鼻棍时必须要找准那一小空穴位，如果扎偏了，骆驼不便使唤。骆驼鼻棍上好后要拴上缰绳，还要戴上毛绳笼头，就可牵引骆驼。刚开始要拉紧笼头绳，不要硬拉猛牵缰绳，因鼻棍扎上后骆驼鼻子带伤而十分疼痛，防止骆驼以后养成乱吼乱喷的恶习。

待骆驼基本适应之后，开始进行跪卧训练。经过牵引和跪卧训练之后可进行乘骑训练。有些牧民在乘骑训练之前把骆驼要“吊控”数日，其意为骆驼调驯时轻松自如，不费力气；另外，骆驼不易喷吐肚粪，便于调驯。乘骑时让骆驼卧倒，牧民一手轻轻压着骆驼缰绳，骑上去后，再慢慢把驼缰松开，骆驼起身后只是轻轻控制鼻棍绳，抓紧骆驼笼头绳和骆驼前峰，防止被摔掉。调驯骆驼时要特别注意适度掌握和控制驼缰，如果猛拉狠拽驼缰，将会抽掉鼻棍子，使鼻孔豁穿，以后不便役用，或者骆驼养成乱吼乱喷的恶习，也不好役用。驯驼时要注意安全，骆驼后腿长而灵活，调驯时往往受惊而乱踢人，若不慎会造成骑手被伤。

骆驼的驮用调驯比较容易，在骑乘驯服之后，先驮一些不易破碎的粮食之类的货物。大多数蒙古族牧民对骟驼和母驼都进行骑驮训练，骆驼多的牧户对母驼做牵卧训练，不搞骑驮训练。

第三节　蒙古族的草原生活文化

一、衣

蒙古族牧民冬天戴两面有两个耳扇，后面有能够遮风雪、避寒气的长尾扇的尖顶帽子。这种帽子是用羊羔皮或兽皮制成的。夏天戴礼帽或用红色布料缠头。不论男女老幼都穿长袍，腰间扎长绸带。男的喜欢蓝色、紫色、墨绿色和咖啡色的长袍，女的喜欢红色、粉色、淡青色且有大花的长袍。在长袍外喜欢套坎肩，男的短，女的长，都喜欢穿皮靴。蒙古族的衣服称“蒙古袍”，皮靴称“高特勒”。蒙古族的“乌琦”大皮衣是游牧时最实用、最具生态特征的服装。“乌琦”即长外袍，有单棉之分，棉袍多用羊羔皮或兽皮做里子，“乌琦”与高原的自然环境相适应。高原白天日照强烈，温度较高，夜晚气温降低，寒气袭人，一日之间温差很大。长至膝盖的“乌琦”穿脱方便，既可抵御风沙，又可作为夜间的铺盖，极为实用。

二、食

蒙古族牧民的传统食物分为肉食、奶食、面食和蔬菜类食品，其中，以肉食和奶食为主。肉食的来源是牲畜和猎获物，其食用方法也很简单，多以煮食为主，剩余部分多晒成肉干以备以后食用。奶食的来源主要是饲养的各种牲畜所产之奶，鲜奶、各种奶制品（酸奶子、奶皮子、生奶油、乳饼、酥油、酸奶疙瘩、奶酪液、酸凝、黄奶疙瘩、奶豆腐和奶茶、马奶酒、发酵的驼奶等）是牧民日常饮食中绝对不可缺少的食（饮）品。

蒙古族牧民为了适应牧业生产的需要、便于迁徙，十分注意贮藏食物，常常把奶疙瘩和奶酪晾干晒透后，长期保存，作为冬季口粮，也是招待客人的食品。把酥油装进刮净、干透的羊肚里，然后把口扎死，既不渗油，也不走味，放上数年也不变质。长期过游牧生活的蒙古族牧民的乳食种类非常多，他们善于做各种各样的乳制品。这些乳制品都是根据畜乳的性质（如马奶不能干储）与需用的目的（即时饮用、久储、携带、调换口味等）而制作的。至于面食，在传统蒙古族的饮食中是作为辅助性食物而存在的，主要有锅块、油炸的“包尔萨克”、馓子、油饼、面条、炒面、炒米等。另外，季节性差异在传统蒙古族的饮食习惯中也存在，如夏季以奶食为主，冬季以面食、肉食为主。

三、住

蒙古族牧民传统上过着逐水草而居的生活，主要经济来源是牲畜。他们的住所要跟随周边环境的变化而不断变迁，而蒙古包则具有结构简单，易于拆分、搬运，还可以防风防雪的作用。

蒙古包，蒙语称“蒙古勒格日”，意为蒙古人的房子。在辽阔的“三北”边陲，从西部阿尔泰的雪峰到东部兴安岭的绿林，从北部的贝加尔湖到南部的万里长城，都曾经是北方游牧民族纵马征战和自由放牧的大舞台，最适合这种生活方式的居住形式就是蒙古包。有时把蒙古民族称为“毡帐之民”，蒙古包或称穹庐、毡帐。蒙古人在寻找适合自己生活居室的时候，经过千百年来的摸索，终于在窝棚的基础上形成了适用于四季游牧搬迁和抵御北方高原寒冷气候的结构方式，找到了蒙古包这种能够经受大自然考验的居住形式。

蒙古包按“哈那”多少区分规格，“哈那”是包毡壁的木制骨架，一组为一个“哈那”。有10个“哈那”、8个“哈那”、6个“哈那”、4个“哈那”之分。牧民根据家庭人口、生活状况调剂使用。尽管蒙古包的质量、装饰各有差别，但总体结构都是一样的。蒙古包的外用品包括红毡顶、毡顶扶柄、扣绳、毡顶、细绳、捆绳、毡墙、带子、门、门帘等。椽子和“哈那”用扣绳扣紧。毡顶用扎有云头图案的毡子装饰。用芦苇缝制的顶子叫芦苇顶子，冬季防雪，夏季防雨。带子即粗毛扁绳，用以捆扎毡墙，分两行拉紧毡墙。蒙古包的门，冬季作双重用：里门对开，称为风门；外门一扇，安在右侧，叫封闭门。门帘分两种：一种是毡子做的，上有精制装饰图案，冬季使用；另一种是芦苇或柳条做的，夏季使用。蒙古包内常用物品有墙帷子，是白色以外的任意色布，从西墙顺着北墙到东墙围起来。

第四节　蒙古族的草原精神文化

一、蒙古族的草原音乐文化

（一）蒙古族的非物质遗产

蒙古族牧民能歌善舞，草原是音乐的故乡，是歌舞的海洋。草原牧民的音乐歌舞具有丰富、独特、震撼心灵的无穷魅力。在草原的歌唱艺术中，蒙古族的长调、马头琴、呼麦并称为“草原文化三宝”，是蒙古族最典型、最有代表性的文化表现形式。2005年，蒙古族长调民歌被联合国教科文组织列为“人类口头和非物质遗产代表作”。2006年，中国第一个文化遗产日时颁布了第一批非物质文化遗产，蒙古族长调、呼麦、格斯尔、乌力格尔、安代舞、马头琴音乐、成吉思汗祭典、鄂尔多斯婚礼、祭敖包、那达慕等16项特有的非物质文化遗产被列入名录。

（二）蒙古族的音乐

1. 长调民歌

蒙古族的长调民歌是最富代表性的草原音乐表演形式，其曲式结构规模宏大，字少腔长。以锡林郭勒长调民歌为例，多以上下行大二度、大小三度等旋律、音长和节拍形成特有的风格。有的长调民歌在嘹亮的高音区突然煞尾，旋律音程急剧下跌，以此形成长调民歌的辽阔舒展、波澜起伏。长调民歌往往使用衬腔，十分抒情。长调民歌的形成与辽阔的草原背景有着紧密的联系。

2. 呼麦

呼麦是蒙古族古老的民族歌唱形式，纯粹利用人的发声器官，同时唱出两个声部，形成罕见的多声部形态，是世界上颇为少见的“喉音艺术”，被誉为“蒙古族民间音乐的活化石”。呼麦又名“浩林”，原义指“喉咙”，意为“喉音”，是一种借由喉咙紧缩而唱出“双声”的咏唱技法。“双声”指一个人在演唱时能同时发出两个高低不同的声音。呼麦与蒙古族长调民歌、马头琴并列为蒙古族最典型的文化表现形式，是蒙古族悠久历史和灿烂文化的生动艺术表现，相传早在 13 世纪蒙古人说唱英雄史诗艺术时呼麦就十分盛行了。

3. 马头琴弦乐

马头琴是蒙古草原上非常有名的弦乐。马头琴琴首以马为标志，音箱上蒙以马皮，弓弦是用马鬃和马尾制成。马头琴的音色也与骏马有关，它能弹奏出马嘶、马鸣、马奔、马叹、马哀，在悲哀中含有深沉，在悠扬中充满希冀。《清史稿》记载的马头琴为“龙首”，因古代的蒙古人及其祖先称马为“龙种”。

二、蒙古族的草原艺术文化

（一）蒙古族的造型艺术

蒙古族有着悠久的、独特的造型艺术传统，蒙古族的造型艺术表现在人们日常生活的各方面，诸如衣食住行、婚嫁寿宴、年节喜庆、宗教活动、生产劳动等，通过装饰、描绘、镶嵌、织绣等艺术手段，把自然界中美好的东西奉献给人们，以美化人们的生活。蒙古族牧民的衣食住行中用的任何一件物品都与图案有关，在蒙古包的圆顶、墙壁和门，在棚车的帘，在木箱、桌椅、毡子、铜壶、银碗，在马鞍、鞭子、刀，在袍子、靴子、荷包以及在奶豆腐等硬奶食品上都装饰着各种图案纹样。其传统图案有回纹、方纹、火纹、水纹、卷草纹、犄纹、锤纹、盘肠图案等。随着与其他民族的文化交流，也吸收了其他民族的装饰花纹，如龙凤、喜、梅图案，福寿、宝瓶、宝伞、双鱼、各种花卉图案等，并把这些图案融入蒙古族传统图案之中，使其变得更加丰富多彩。

刺绣是蒙古族妇女的专长，她们用彩色丝绒、棉绒、驼绒、牛筋等在绸、布、羊毛毡、牛羊皮上绣花或做各种贴花。刺绣的针法有齐针、散套、施针、接针、分层衔接等。

蒙古族牧民的服饰和一些奢侈品上都有精巧、美观、大方的刺绣。袍子、坎肩、靴子的镶边，帽子、耳套、绣花毡、门帘、鞍鞴、荷包、手袋以及敬奉的佛像等，都是妇女施展刺绣技巧的物品。

金属工艺品用金、银、铜、铁几种原料制作，包括桶、碗、壶、勺、酒器、头饰、马具、火链、刀子等生活用品和佛像、宗教舞蹈道具、供佛的法器等宗教用品。金银匠善于采用錾雕手艺，在金属制品上錾出精美的花纹和图案。雕刻艺术是蒙古族造型艺术中又一美丽的花朵。民族艺人用刀或铲子等工具，对木材、黏土、石块、兽骨等材料进行加工，制造出木桌、木箱、木桶、木碗、茶具、马鞍、马头琴、象棋等工艺精美的用品。蒙古象棋的棋子有骆驼、马、狮子、人等，是人物雕刻和动物雕刻的佳作，造型美观、形象生动，富有草原生活的气息。

（二）蒙古族的铸造艺术

蒙古族牧民用黄金、白银以及宝石在马鞍、马嚼子、马鞍带、马蹬带上面装嵌各种精美的图案，还制作戒指、手镯、耳环、腰带、凤钗和其他新娘头饰等。工艺图案丰富多彩，题材多样。最常见的是日月星辰、动物、花草树木及各种几何图案。蒙古族的金属工艺品朴素大方、实用美观，体现了民族艺人的聪明才智、想象力和创作力。

（三）蒙古族的雕刻艺术

蒙古族牧民具有高超的雕刻艺术，他们早就磨石斧以狩猎，凿石锅以果腹，垒石屋以避寒，佩坠石以避邪。蒙古草原有刻在山崖上的“石书”。1225 年的成吉思汗石、1257 年的蒙哥汗碑铭、1594 年的阿拉坦汗石刻等都是对石刻传统的继承。蒙古族的木雕艺术品也琳琅满目，尤其喜欢在马具上雕刻。常见的还有刮马汗板雕线、手饰匣和刀鞘上的雕刻、马头琴上的木雕、龙笛木雕等。木雕艺术更多地表现在佛的造像上，在牧民的心目中，佛是神圣的，因此佛的造像非常庄严，刀笔也格外细腻。精美的经卷更是木雕的杰作。经卷是雕版印刷。除木雕外，蒙古族还擅长骨雕。牧人用的刀柄、刀鞘、鞍桥饰物、号角、灌角、藏牌、鼻烟壶以及骨坠等多为骨制。常用的盘、碗、酒具、茶具及骨笛等乐器也有用骨雕的。

三、蒙古族的草原体育活动

民间游戏活动在草原游牧民族中占有极为重要的地位，一些竞技体育活动也与狩猎、游牧活动密切相关。蒙古族的竞技体育类游戏活动鲜明地反映出民族的文化特征。许多活动或表现了对草原动物的征服和驯化，代表着勇敢和进取；或演变为对动物的依赖，对自然和生命的崇尚和热爱；或演变为对动物的欣赏，把自己矫健、勇猛、力量、顽强、灵秀、智慧的品格，寄托于与之相伴的动物，变成一种情怀和审美积淀，通过竞技活动再表现出来。

(一)"男儿三技"和"男儿九技"

图 2-9 蒙古族摔跤

蒙古族称骑马、摔跤（见图 2-9)、射箭为"男儿三技",而包括"射箭、赛跑、游泳、抛套索"等内容在内的竞技活动被称为"男儿九技"。蒙古族、哈萨克族的赛马、叼羊活动主要表现的是马术。蒙古族投掷用的布鲁，是其传统的狩猎和自卫工具。后来投布鲁也演变为体育活动。

蒙古族牧民的有些游戏起源与战争有关。在和平时期皇家组织的围猎活动,既是一种娱乐、竞技,更是一种军事训练。实际上,即使是单纯的游戏也包含着对战争做准备或预演的内涵，并成为审美价值观的表现。游牧民族发明的马球、滑雪等活动，则是对世界体育文化的重要贡献。

(二）民间游戏

1. 鹿棋

鹿棋的起源非常久远，在阴山岩画中就已有展示。在阴山苏木图沟畔和乌兰察布草原上，都发现西夏至元代的鹿棋岩画，其形象与蒙古国和林出土的鹿棋十分相似，而与今天的鹿棋稍异。

2. 蒙古象棋

蒙古象棋在蒙语中称"沙塔拉"或"喜塔尔"，是古代蒙古社会就流行的一棋种。其棋盘、棋子布局和比赛规则都与国际象棋相似。

3. 玩儿嘎拉哈

玩儿嘎拉哈，也称"玩儿嘎拉喳"，是游牧民族骨类游戏之一，深为蒙古族所喜爱，后传到汉族地区，流行于儿童娱乐游戏中。"嘎拉哈"即羊膝骨，其玩法多样。蒙古国至今还保留了用"嘎拉哈"卜卦的习俗。

4. 古尔

古尔即牛的髌骨，也叫髀石。击古尔在游牧区有悠久的历史。髀石是在牛髌骨的中心部位灌以金属而制成的。母古尔的重量为 150 ～ 200 g，子古尔的重量为 150 g。

四、蒙古族的节日活动

（一）草原文化盛会——那达慕

“那达慕”是蒙古语的译音，意为“娱乐、游戏”，其前身是蒙古族“祭敖包”，是蒙古族在长期的游牧生活中创造和流传下来的具有独特民族特色的以竞技项目和游艺、体育活动为主的盛会。如今每年农历六月初四或阳历七八月开始的那达慕，是内蒙古、甘肃、青海、新疆等草原上的蒙古族人民一年一度的传统节日。那达慕具有广泛的群众性和娱乐性，更具有广泛和深刻的文化内涵，反映了蒙古族的价值观和审美观。那达慕文化对中国体育史，乃至世界体育史的丰富和完善也都有重要价值。2006 年 5 月 20 日，那达慕经国务院批准列入第一批国家级非物质文化遗产名录。

那达慕有久远的历史，古籍上多有记载。起初只举行射箭、赛马或摔跤的某一项比赛。到元、明时，射箭、赛马、摔跤比赛结合一起，成为固定形式，在蒙古草原地区广泛开展起来，并逐渐成为军事体育项目，把骑马、射箭、摔跤统称为“男儿三艺”，作为士兵和民众素质训练的内容。到了清代，那达慕逐步变成由官方定期召集的有组织、有目的的游艺活动，以苏木（相当于乡）、旗（县）、盟（地区）为单位，半年、1 年或 3 年举行 1 次。

历史上蒙古族的那达慕活动称为“巴依尔或乃日”，即喜庆节日，而“乃日”活动与最初的萨满教有关。在锡林郭勒草原，中华人民共和国成立以前民族传统娱乐活动称为“乃日”，甚至今天，仍然有许多老年人习惯把那达慕称为“乃日”。辽宁阜新蒙古族自治县的资料也表明，那里最早也把那达慕称为“乃日”。在蒙古族历史上，“乃日”活动经历了十分漫长的演化过程，还有许多不同的称谓。其中早期的娱乐活动称为“额日音果勒本那达慕”或“额日音果勒本额日德木”，意为男子三项竞技。现代那达慕称谓是 1948 年和 1949 年分别从呼伦贝尔草原和锡林郭勒草原开始的。

新疆地区蒙古族传统的祭敖包活动称为“塔克勒干”，意为“祭祀、供奉”节。

在古代，卫拉特蒙古每年都要举行一次大型的以部落为中心的祭敖包活动。祭敖包时，同一部落的牧民们都骑着马、骆驼，拿上酒肉等来到本部落的敖包周围。届时，人们先献哈达，然后由活佛或大喇嘛领着众人绕着敖包诵经（此时妇女不能参加），愿老天降福于人间，赐予人们平安无事。如果遇上旱灾，就祈求老天下雨，使大地水草丰盛、五畜兴旺。祭完敖包以后，便开始进行赛马、摔跤、射箭等蒙古族传统的民间娱乐活动。

以前的那达慕大会除“男儿三艺”外，还要进行大规模祭祀活动，喇嘛们要焚香点灯，念经诵佛，祈求神灵保佑，消灾消难。每当举办草原那达慕时，方圆百里的牧民都要穿上节日盛装，扶老携幼，带着蒙古包和日常用品，乘车骑马，从四面八方赶来赴会。远近的商贸小贩也赶来摆上店铺，出售日用品，收购畜产品。现在，那达慕的内容主要有摔跤、赛马、射箭、赛布鲁（投掷）、套马、下蒙古棋等民族传统项目，有的地方还有田径、拔河、排球、篮球等体育竞赛项目。许多地方的那达慕还有武术、马球、乘马斩劈、马竞走、乘马技巧运动、摩托车等表演项目，以及影视放映、图片展览及科技推广等活动，并交流各种农牧土特产、砖茶、布匹、绸缎、日用百货等产品。

（二）草原文化节

1. 中国·内蒙古国际草原文化节

草原文化节已成为我国现代草原文化的重要形式之一。中国·内蒙古国际草原文化节是内蒙古着力打造的草原文化品牌，旨在弘扬草原文化、展示内蒙古草原风采。中国·内蒙古草原文化节自2004年8月在呼和浩特举办以来，已成为草原人民的重大节日，每年都要举办一届，草原文化节已成为草原人民与国内外宾朋互动交流的一次盛会。到2018年，已连续举办15届，活动内容包括文化、经贸、旅游、体育、文艺演出、学术研讨、展览等几十项。

2. 中国·呼和浩特昭君文化节

中国·呼和浩特昭君文化节由内蒙古自治区呼和浩特市委、市政府主办，1999—2018年，共举办了19届。昭君文化节源于民间的昭君庙会，1998年创意定名为昭君文化节，重点为发展草原文化产业，宗旨是弘扬昭君文化、增进民族团结、促进经济发展。

2001年，昭君文化节被国家旅游局评定为全国100个民间艺术活动之一；2005年，昭君文化节被国际节庆协会（IFFA）评为“中国最具发展潜力的十大节庆活动”之一；2008年，在首届节庆中华奖颁奖典礼上，昭君文化节荣获十佳节庆中华奖。呼和浩特市是“草原丝绸之路”的起点之一，也是昭君出塞的地方。借助昭君文化节的东风，呼和浩特市入选为2006年度中国十大节庆城市。

第五节 蒙古族的草原生态文化

生态伦理观念是蒙古族意识形态的重要组成部分，蒙古族牧民世世代代十分重视生态伦理教育和传承。蒙古族游牧文化中的生态伦理内容非常丰富，包括尊重自然、敬畏生命，以环境为根、生命为本，和谐共存三个方面。生态伦理观念主要通过祭祀、英雄史诗、神话故事、诗词、歌曲、格言、谚语以及法律使广大民众接受。

一、蒙古族牧民在畜牧生产中顺应自然的价值观

朴素的游牧生活方式、生活于其中的草原、单调的大自然是游牧民族朴素的世界观及宇宙观形成的主要因素。对大自然的观感以及合理的思考，也多以这些因素为基础。放牧与狩猎在当时均需以集体协作方式进行，这对蒙古民族的集体观念和互相协作精神的形成有决定性的影响。他们所处的环境使他们又同大自然融为一体。然而，当时生产力水平的低下，再加上“过于宽大的大自然，使人类依赖于自然，像儿童依赖引绳一样，这种情形，使人类自身的发展，不成为一个自然的必要”，从而形成顺服自然的价值观。

蒙古族牧民世世代代在蓝天绿地间游牧，与畜群朝夕相处，精通养畜之道，积累了非常丰富的实用知识和实践经验。纵观蒙古族的养畜之道，有两个突出的特点：一是吃苦耐劳。牧民常年累月在高山峻岭、荒漠戈壁上放牧，不惧天寒地冻、烈日酷暑，不分昼夜地守护着畜群。蒙古族牧民为寻求和向往美好生活而舍得付出一生艰辛。二是做事细心。牧民终日与牲畜相处，细心观察各类牲畜的生活习性，对各种牲畜的性别、口齿、年龄、外形、毛色、走势、步态、叫声都有专用名词。而且大小畜和公母都各有其名称。如骆驼：驼羔叫宝图格；一岁的叫陶尔木；两岁公的叫台力格，母的叫夏尔西力布；三岁公的叫古尼,母的叫古恩吉。对牲畜的种种体能特征有丰富的表达语言。牧民不会堆砌辞藻，这种叫法给人的感觉是直观、形象、简捷，它来自牧民观察的细致性和管理上的实用性。

二、蒙古族草原游牧的生态文化特征

游牧民族自身创造了一整套与自然环境相适应的生存技能，又使得自然环境始终保持一种良好的状态。蒙古族游牧文化的生产、生活方式及其技能是以与自然的适应作为前提条件的。适应是通过对牲畜及产品的利用来体现的，适应的目的在于利用。二者的关系也是辩证的，对牲畜及产品利用的扩大体现了对自然的有效适应程度，进而决定了整个生产方式、生活方式对牲畜及其产品的利用行为的实质，造就了游牧文化中的物质生产的基本特征。

（一）游移性

蒙古族非常重视土地和草原的保护，因而采取了以牧民、家畜和自然三要素构成的游牧生产方式。蒙古族在经营畜牧业的生产实践中，根据草地的具体情况和草原家畜的生态特征，采取了依据气候、季节、草地的变化而游动放牧的经营措施。其中，四季营地轮牧是蒙古族牧民在草地资源利用方面的最大特点。除四季轮牧外，更多的是一年里变换两次草地，即冬天的草地（额布乐吉野）和夏天的草地（哈布尔日吉野）。蒙古族牧民除这两种轮牧方式外，在水草不足或遇到自然灾害时，需要走“敖特尔”来解决牲畜的缺水缺草问题。无论是哪种方式，其目的都是为了利用各个草地的季节差异，更大限度地利用草场，也是为了减轻草原和草地的人为压力的一种文化生态模式。这使草原得

到了合理的保护，确保了牧草和水源的生生不息和永不枯竭。人随牲畜移动，以畜群的活动为中心，牲畜到了哪里，人类社会的政治、经济、文化也随着到哪里，人的自主性要服从于畜群的生存需要，人自身的生存和发展需求则降至第二位。

（二）适应性

正如刘钟龄在《蒙古族的传统生态观与可持续发展论》一文中所述："蒙古族人民的游牧生活恰恰构筑了天、地、生、人的复合生态系统，是历史条件下能量流动与物质循环高效和谐的优化组合。游移放牧的完整规范，可以保持草原自我更新的再生机制，维护生物多样性的演化，满足家畜的营养需要，保障人类的生存与发展。所以，在蒙古民族文化中，从意识形态、科学技术、伦理规范、民风习惯、宗教信仰等多方面都蕴含了鲜明的生态观点与环境思维。"从这种意义上讲，蒙古族游牧文化就是生态文化。

适应性是游牧民族在这一环境中生存下来的前提与基础。不论是生产方式、生活方式，还是生产生活技能，都是为了生存的需要而有意主动地创造出来的，其中充满了与自然和谐统一的生存智慧。正是由于游牧文化杰出的适应性特征及游牧民族非凡的适应能力，才使得这片神奇珍贵的土地得以保留至今。当全球性生态危机日益加重，人们不得不开始反思盲目地改造自然"人定胜天"所带来的恶果的时候，古老的蒙古族游牧文化显示出了其难得可贵，其适应特征也显示出科学合理之处。

（三）实用性

适应性特征是就人与自然之间的关系而言的，实用性特征则是对人自身而言，前述的生产生活方式及知识体系无不体现了这一特征。而且我们以后将要看到，正是由于在物质层面上蒙古族生态文化的这种实用性，才为其精神层面、制度层面的生态文化打下了一定的实用性基础。实用性的最大收获就是节约了自然资源，而这恰恰是这片土地最宝贵、最珍稀的东西。游牧民族以自己实用性的物质文化创造，不仅为自己谋得了生存发展的机遇和空间，同时也有效地保持了自然资源的可持续利用。蒙古族的早期装束是畜皮，冬天用山羊绒皮或绵羊皮做衣服、被褥等；春秋两季穿皮毛较薄的羔羊皮衣服；夏天则穿各种去毛的鞣革；靴子是牛皮制作的。在古代蒙古族的装束中，蒙古袍最实用、最具"生态"特征，肥大的下摆一直垂到靴子，骑乘时可以起到护腿的作用；宽松的上身部位，穿着时与身体分离，形成封闭的小气候，在温差大的北方草原上能很好地调节人体温度，在野外露宿或在条件不好的地方借宿时，蒙古袍还可以当作被褥使用；腰带系得宽而紧，避免在坐骑上颠簸对内脏的损害。蒙古族的食物以肉食和奶食为主。肉食的来源是牲畜和猎物，其食用方法也很简单，多以煮食为主，剩余部分多晒成肉干以备今后食用。奶食品主要是鲜奶、奶干、奶油、奶豆腐、奶酒、奶茶等，是游牧民日常饮食中绝对不可缺少的食（饮）品。在牧区，以1只羊的处理过程为例：羊皮当作产品卖掉了，换取急需的生活用品；剩余部分的加工过程是本着"好吃"和"物尽其用"的原则来进行。蒙古族这种生存方式，体现了与自然和谐共处的特征，保护了生态环境，为自己谋得了生存发展的空间，同时有效地保持了自然资源的可持续发展。

（四）简约性

蒙古族牧民一年四季逐水草而移动，经常处于运动状态，这种生活方式不利于大量积累固定资产。若把棚圈、牲畜当作固定资产看待，与工厂化的固定资产有所不同。游牧民的棚圈、畜群处于不断变化的状况中，就游牧经济而言，生产资料和生产工具的划分也相对困难。例如，牲畜一方面是生产资料，另一方面又是生产工具（牛、马都是交通工具，又是草原牧业产品），与此同时牲畜也是牧民生产出来的产品。因此，游牧文化中的资产都具备综合功能。这种综合功能在物质生产方面蕴含了简约特征。一定资产的功能多样化和材料的简约化是辩证的。就产品而言，只有具备多种实用功能，才能简约生产材料。根据简约材料原则设计的一项产品，只有具备多项功能时才能做到物尽其用。

（五）稳定性

草原游牧文化是一种以牧民、家畜和草地（自然）三要素构成的特殊的生产方式。这种生产方式通过家畜对草地的适应来协调或平衡人与自然的关系；并且，由人、动物和环境构成的生态系统中，人必须充当系统的生态因子——调节者、组织者而得以生存。游牧民族在自然面前的这种角色定位以及必须尽量维持生态系统的良性状况而得以繁衍生息的生业方式，当其成为一种长期的历史实践活动时，必然地造就和产生了保护生态和有利于可持续发展的风俗习惯、思想观念和行为方式，从而逐渐形成了丰富多彩的、稳定的生态文化。

良好的自然环境，水草丰饶，风调雨顺，牲畜“只须加以看管和最简单的照顾，就可以越来越多地繁殖起来，供给牧民非常充裕的乳肉食物”。草原干旱，降雨量少，且不平衡，经常遭到“黑灾”“白灾”的威胁和袭击，遇到严冬雪灾，“家畜只能用蹄掘雪求食，若解冻后又结冰，动物不能破冰，则不免于饿毙”。牲畜增长缓慢，天灾人祸，疾病流行，死亡率大增。牧业生产的脆弱性、单一性、流动性等特点，一方面容易创造丰富的动产性财富，另一方面也形成了致命的弱点，大起大落，时好时坏。随着牧草的荣枯，牲畜有规律地出现夏饱秋肥、冬瘦春亡循环往复的现象。因此，必须在生产和生活中树立忧患意识，全面考虑生产和生活条件，一切从长计议，统筹安排。其中，最根本性的问题是合理利用牧场，最大限度地使用紧缺资源。因此，牧场的选择和保护是首要的要求。

三、蒙古族牧民草原管理中的生态智慧

（一）四季草场的合理利用

各个季节的气候和牲畜的膘情不同，蒙古族牧民选择春、夏、秋、冬营地的条件也各不相同。春季对牲畜来说是最为严酷的季节，经过了寒冷、枯草、多雪的冬季，牲畜

膘情急剧下降，抵抗能力减弱。因此，春营地要选择可以避免风雪灾害的草地，以利达到保膘保畜的目的。夏天为了增加牲畜的肉膘，要选择山阴、山丘、山间平川的嫩草地，同时要注意有山顶、山丘可乘凉。秋季为了增加牲畜的油膘，要选择草质好、凉爽的草地，以增强牲畜的耐寒能力。冬营地主要是为了保护牲畜安全度过严寒而漫长的冬季，要选择山阳地带，要特别注意选择牲畜的卧地。俗话说“三分饮食，七分卧地”，说明冬天保膘的重要环节是卧地。

在四季游牧的过程中，蒙古族牧民要根据牲畜的不同特性选择草地，一般是绵羊、山羊、马群选择矮草草地，牛和骆驼要选择茂盛的高草带刺的灌丛草地。根据游牧区地形地貌的特征、植被分布规律及气候特征的差异性，按照春旱多风，夏短少炎热，秋凉气爽，冬季严寒漫长、积雪厚等特点，把草地以平均气温为标准具体划分为四季牧场。平均气温稳定在 0 ～ 20℃时划分为春季牧场，因为这一区域的海拔比较低，是低山丘陵地带，避风遮寒，气候相对暖和，比较适宜羊群保存体力和接羔育幼。植被以禾本科牧草为主，还杂有豆科牧草。≥ 20℃划分为夏季牧场，因为这一区域海拔较高，亚高山、高山草原占据优势，气候相对凉爽，牧草丰富，比较适宜各类牲畜抓膘。植被以禾本科牧草为主。0 ～ 20℃划分为秋季牧场，因为这一区域是以低山丘陵为主的较湿润草原，海拔较低，气候相对凉爽，牧草以豆科、半灌木、蒿属类为主，这些牧草营养丰富，有利于牲畜固膘，为安全越冬打基础。≤ 0℃划分为冬季牧场，因为这一区域是以低山丘陵为主的荒漠边缘草地，主要利用雪水，虽然气候寒冷，但避风性很好，牧草以半灌木、灌木为主。牧草的特点是冬季下大雪不被埋压，对各类牲畜取食有利，便于牲畜安全越冬。蒙古族游牧民对四季草地的划分具有很高的科学性和可操作性。

（二）畜群结构的控制

随着历史的变迁，蒙古族牧民们经过长期的摸索和经验积累，逐渐确立了对四季牧场的区分和利用，形成了在一定的草原范围内，按照季节搬迁流动放牧的习俗。为了充分利用有限的草地资源，应严格控制畜群结构，逐渐减少大牲畜的结构比例，优先发展小牲畜。小牲畜具有利用率高、繁殖能力强、经济效益显著、周转快等特点，适合畜牧业发展的需求；另外具有牲畜损失小、管理方便、适合各类草地放牧等优点。因此，游牧民族应严格控制大、小牲畜间的结构比例来发展畜牧业。把大牲畜、绵羊、山羊、其他畜种年末存栏比例严格控制为 12.8 ：63.9 ：18.3 ：5，从这一结构比分析，大牲畜的比例远远小于小牲畜的比例，这个畜群结构符合减轻对天然草地的践踏压力和提高载畜能力的理论水平。

四、蒙古族牧民的生态保护习俗和禁忌

（一）转场中的环保习俗

蒙古族从儿童开始进行保护草原生态环境的教育，利用寓言、故事、格言、名言、警句、禁忌、儿歌、谜语等多种形式，对儿童进行保护草原、山川、河流、草木等的教育，使他们对山川、河流、草木有敬畏的心理，从小养成保护大自然的一草一木的良好习惯。蒙古族有个流传很久的传说——孩子问妈妈："我们蒙古人为什么不停地搬迁？"妈妈答道："我们要是固定一地，大地母亲就会疼痛，我们不停地搬迁，就像血液在流动，大地母亲就感到舒服。你给妈妈上下不停地锤背，妈妈就感到舒服，假如合并成一锤，固定在一处，妈妈会怎样呢？"这个通俗而又深刻的道理，说明了草原牧民人与自然和谐相处的自然生态观。

蒙古族是世界上最早形成自然保护法律制度和应用法律条例保护草原的民族之一。蒙古族基于畜牧业经济基础和草原生存环境，始终把保护草原放在首要位置，制定出草原的保护法，约束和规范人们的行为。蒙古族草原保护法律分为不成文的习惯法和成文法。习惯法时期，成吉思汗七世祖篾年土敦之妻那莫伦合屯因为另一个部落的札剌亦儿人到她的部落草地掘草根、挖出了许多坑，而与其发生战争，札剌亦儿人战败成为篾年土敦部落的奴隶，以偿还破坏草地的罪过。

（二）对水体和树木资源保护的习俗

蒙古族牧民对水资源的利用也形成了约定俗成的风俗和禁忌，如"禁止人们徒手汲水，汲水时必须使用某器皿""不能在河流源头居住、放牧"等禁忌。这些禁忌对水资源的合理利用起到了有效保护的作用。

蒙古族在漫长的历史发展过程中形成了众多保护草原水资源的风俗和禁忌。蒙古族古代习惯法中有"禁止向水中溺尿"的禁忌。这些风俗和禁忌对草原水资源起到了有效保护的作用。

蒙古族牧民在对树木资源的利用方面，也具有一定的管理方法与约束，曾采取法律的形式对树木的利用加以管理，如有"从库伦边界到能分辨牲畜毛色的两倍之地内的活树不许砍伐，如砍伐，没收其全部财产"等规定。

（三）丧葬习俗对草地资源保护的作用

蒙古族牧民的丧葬习俗也对草地资源的合理运用起到了管理和约束的作用，如丧葬包括风葬、火葬和"密葬"等。他们秘密地到空旷地方，把草根和地上的一切东西移开，挖一个大坑。在这个坑的边缘，再挖一个地下墓穴，尸体入墓穴后，把墓穴前面的大坑填平，把草仍然覆盖在上面，恢复原来的样子。这种"密葬"的丧葬形式并不会对草原带来大的破坏。与此相同，风葬和火葬也是不会对草原造成过大破坏的丧葬习俗。蒙古族的丧

葬习俗，以一种文化习俗对草原资源起到了保护作用。

（四）对野生动物保护的禁忌和法规

除风俗和禁忌外，游牧民族还曾以法规形式对草原野生动物进行保护。辽朝历代皇帝宣布过很多禁猎的法令。辽道宗于清宁五年（1059 年）十一月宣布禁猎，清宁七年（1061 年）四月则严禁吏民畜养用于行猎的海东青鹘。在元朝，世祖忽必烈、成宗铁木耳、武宗海山、仁宗爱育黎拔力八达、英宗硕德八剌、泰定帝也孙铁木耳都曾下达过禁捕诏令，禁捕对象有天鹅、仙鹤、鹰、鹞、鸭、雁等飞禽，所保护的动物甚至包括了蛇、青蛙和麻雀。此外，在古代蒙古族法律中还包括了对救助野生动物者给予奖励的条款。《阿勒坦汗法典》中就明确规定："救出马、黄羊者，每一匹赏绵羊一只。"

（五）蒙古族在草原狩猎中的习俗

1. 狩猎目的

狩猎业一直是蒙古族游牧民的副业之一。蒙古族牧民早期的狩猎目的主要是训练军队官兵，显示部落的军事威力，选拔英雄，是有一定强制性的半军事化活动。随着民族文明程度的不断提高，为保护牧业经济，防止野兽、猛禽对畜群的侵害，逐渐发展成为融防害与娱乐为一体的集体活动。

2. 狩猎活动的管理

为使狩猎活动有序进行，在一个地区内狩猎者要自愿推选出一位具有一定社会威望、狩猎经验丰富并能主持公道者为本地区的狩猎达（掌管狩猎活动者），全面负责本地区的狩猎活动。大型围猎活动的有关具体事宜由地方行政长官和狩猎达根据野兽频繁活动及对畜群经常袭击侵害情况共同研究确定，并对参加围猎的村屯、参加人数、围猎范围、每个村屯负责的围段、前进方向、左右围段合拢的时间及集焦点等事宜做出具体的安排。凡参加大型围猎者必须听从命令，禁止大声呼喊，不得随意追赶捕杀猎物。随着狩猎活动范围的不断扩大和狩猎方式、内容及捕猎工具的不断发展，蒙古族狩猎活动逐渐形成了狩猎者共同遵守的集体活动。

3. 狩猎对象

蒙古先祖在以游牧为主的生活中广泛从事狩猎业。他们把动物分成"清洁"和"不洁"两类，清洁动物是食草动物，不洁动物是食肉猛兽和猛禽。通常蒙古族只猎取最喜欢的"清洁"动物食用。蒙古族认为熊是退化的动物，所以不食其肉；不猎取某些具有特殊标志的动物，如独角黄羊是具有神性的动物；也不多猎取盘羊、鹿、狍等，在猎取时和它们的幼仔一起猎取，否则认为自己将"失去双亲，孤苦伶仃"。若看到上述动物的头领有猛兽追逐，不是射猎，而是救助。蒙古族牧民不用雄盘羊的皮子做睡垫，否则男子和妇女要患不育症。蒙古先祖禁止滥杀滥猎动物，否则鬼魅要缠身，尤其不能射猎被视为圣物的飞禽走兽，认为这些动物是圣人养的，这一意识很强。

4. 狩猎时间

根据草原的气候及环境特点，每年春季为狩猎旺季，从农历正月十六开始到五月十五止。在狩猎季节，狩猎达要根据自己掌握的野兽（猎物）的具体活动规律以及天气情况发布狩猎日期。狩猎日期选定在狩猎季节每月的1日、3日、5日、7日、9日或1日、5日、9日，狩猎日一旦确定，狩猎活动按狩猎达确定的日期和有关要求进行。

历史上，蒙古族还曾通过法律的形式规定了狩猎的时节。在蒙古帝国时代，蒙哥大汗曾下令“正月至六月尽怀羔野物勿杀”，禁猎怀羔期的野兽。元朝建立后，成宗铁穆耳曾下谕旨“在前正月为怀羔儿时分，至七月二十休打捕者，打捕呵，肉瘦皮子不可用，可惜了牲命”“如今正月初一为头至七月二十，不拣是谁休捕者，打捕人每有罪过者”。在这两条法令中，保护野生动物资源成为了限定狩猎时节的目的。哈萨克族、柯尔克孜族在狩猎时间上也有严格规矩，实行春夏禁猎。

除保护野生动物资源的目的外，皇帝登基、新年和皇帝诞辰也成为了影响草原野生动物利用时间权限的重要因素。如蒙哥大汗在其登基之日“要让有羽毛的或四条腿的、水里游的或草原上（生活）的（各种）禽兽免受猎人的箭和套索的威胁，自由自在地飞翔或遨游”，实行禁猎。在这条法令中，新年和皇帝的诞生日都成为了禁止利用草原野生动物资源的时间。

所有这一切说明，蒙古游牧民族自古以来保护自然、爱护自然的意识早已形成。蒙古族认为游牧民族的助手和伙伴——狗也有其神灵。把狗不仅当作“七种财富之一”，而且认为“狗有其主，狼有其神”。蒙古族把狗中罕见、特别值钱的狗称“斯尔坦”，并认为“马之优是白马，狗之优是猎犬”。男子汉应该有三个伙伴，即快马、猎犬和猎枪。

五、蒙古族草原生态文化传承的意义

游牧民族在广袤的上苍赐予的无垠的草地中生活，对放牧草地的利用和保护甚为关心。他们把放牧地的选择与自然的变化紧密地联系在一起，对草地的形状、性质，草的长势、水源等具有敏锐的观察力。有经验的老人，即使在夜间骑马，用鼻子就能嗅到附近的草的种类和土质。在没有人为干扰的情况下，草原生态系统基本上是自我维持，能量规模相对地保持着稳定状态。而放牧制度本身就是人的行为在作用于草地后，在草地上放牧时的基本利用体系。放牧制度规定了家畜对放牧地利用的时间和空间上的通盘安排。每一放牧制度包括一系列的技术措施，使放牧中的家畜、放牧地、放牧时间有机地联络起来。放牧制度有两大类型，一是自由放牧，二是划区轮放。

在传统游牧社会，蒙古族对于放牧草地的利用和保护有着一套合理的方式。他们会从水和草两方面来考虑放牧。从“水”的方面来说，牧场限于沿河流湖泊一带的地方；

从“草”的方面来讲，每一块草地承载的牲畜种类和数量是有限定的。随季节而移动，本质上就是出于对草地利用的有效选择，否则他们不会冒着冬天的严寒和冰雪、早春凛冽的寒风、夏日的酷暑和虫害，逐水草而牧。

蒙古族游牧地带牲畜转场是根据气候的变化对牲畜放牧营地（营盘）进行季节性的更换。由于不同的放牧营地，其自然气候环境、地形和地势、水源等条件不同，使得牧草的类型和生长发育状况有着明显的差异。因此，为了合理利用草地资源，使牲畜在全年各个不同时期都能获得较好的饲草供应，在蒙古族传统游牧活动中，每年从春季开始都要进行牲畜转场。在气候、植被条件差异较大的地方，一年要进行 4 次转场，称为四季营地；而在一些地势平坦，气候、植被条件差异较小的地方，一年只进行 2 次转场，即冬春为一营地，夏秋为一营地。冬春营地称为冷季草地，夏秋营地称为暖季草地。四季营地以夏、冬季营地为主，而春、秋营地利用时间较短，属于过渡性营地。两季营地的冷季草地利用时间长于暖季草地的利用时间。这些具体的时间都是在历史积累和传承的过程中沿袭下来。

20 世纪 50 年代之前，牧民每年于阴历三月，选好无风雨的日子，先在较远距离的牧地放火，以迎春雨期的到来，使牧草得以很好地发芽。5 月初，牧草开始逐渐生长发育。此时搬回蒙古包放牧。马群 500 匹为一群，编成数组，方圆 15 km 的牧地，只够马群 15 日就食，然后转移他处，过 30 日或 15 日又回到原来的地方，进行轮牧。一直到 9 月下旬或 10 月初，水草枯竭，牧者开始带马群回家，此时不能远牧，到 11 月后赴冬营盘。其他牲畜的牧法有所不同，但季节移动却是相同的。“夏天到山坡，冬天到暖窝”，这就是牧业生产活动中的牲畜转场对气候变化的一种适应，也是为了给牲畜选择一个良好的气候环境。牧民们通过长期的实践，认识到部分山地草地和山麓地带草地在水热条件的垂直分布上存在着一定的差异，因此，在安排牲畜转场时，还结合了中小地形的局地小气候特点（如坡向、谷地走向等）。暖季草地一般选择在海拔较高的高山、阴坡、岗地或台地；冷季草地多选择在海拔较低的向阳、背风的坡地、谷地或盆地。营盘因地势视草地来设，每处 3 ～ 5 户，相距数里，一家一户以游牧为主。

这种格局及轮牧方式，有利于对草地的保护。至今，在牧区的当地蒙古族牧民的放牧方式仍较多地考虑草地问题。但 20 世纪 50 年代后，不分具体地域自身的特点，取缔了传统的轮牧方式，搞集中建队，模仿农村的样式建立“牧民新村”，以定居多少作为衡量牧区发展的一个重要指标，政策未考虑合理安排定居地点和草地的关系，布局大多不合理。居民点附近的草地因过牧和牲畜往来践踏而过早地退化、沙化，远处又不能利用，畜草矛盾突出，草地大面积退化。这是因决策过程中忽视民族文化传统，又找不到现代科学的方法所致。

蒙古族牧民对生态适应的民间环境知识及体系，在具体的社会经济发展过程中，要考虑其合理的内涵。在可持续发展中，人们已意识到当地民众对环境问题的观点，强烈地影响着他们管理环境的方式，只有在环境计划中反映当地的理念、价值和意识形态时，民众才给予支持。认为环境是简单的、静止不变的观点，正在迅速发生变化，越来越多的发展项目在如何利用、管理环境上，正在利用当地的环境知识。当然，我们也不能固守在传统的氛围中，我们所寻求的是传统知识体系与现代科学的最佳结合。不过，纯粹地依靠知识与技能来保护环境还远远不够，还需要人们树立一定的环境伦理观和道德观。

本章小结

自古以来，蒙古族牧民群众长期的游牧生活中形成了丰富而独特的蒙古族草原文化，主要体现了草原游牧生产方式的移动性、简约性、适应性、实用性和稳定性，草原游牧生活方式的简朴性、灵活性、自然性，草原生态文化的丰富性、科学性、合理性和有效性，这是蒙古族草原文化所秉承的“人与自然和谐相处”“自然、简朴和低耗的生存方式”，“无我的精神生活”，创造了人与自然长期和谐相处的局面。可以说，蒙古族的草原文化从生产方式、生活态度、精神追求以及生态行动等都为今天的生态文明建设提供了诸多启示，我们应该汲取蒙古族优秀的草原文化以助力生态文明建设。

蒙古族食品

蒙古族祭敖包

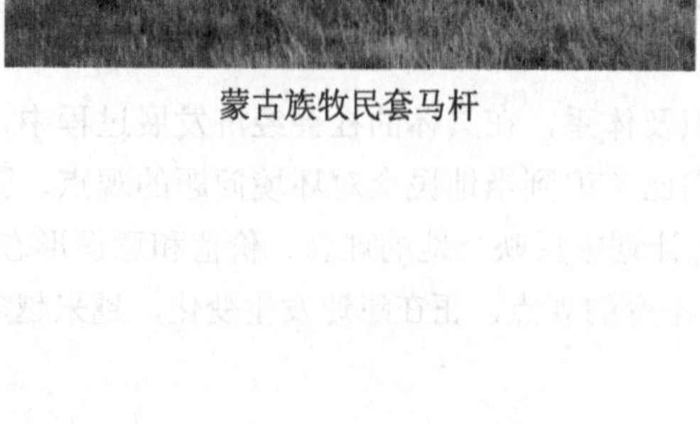

蒙古族牧民套马杆

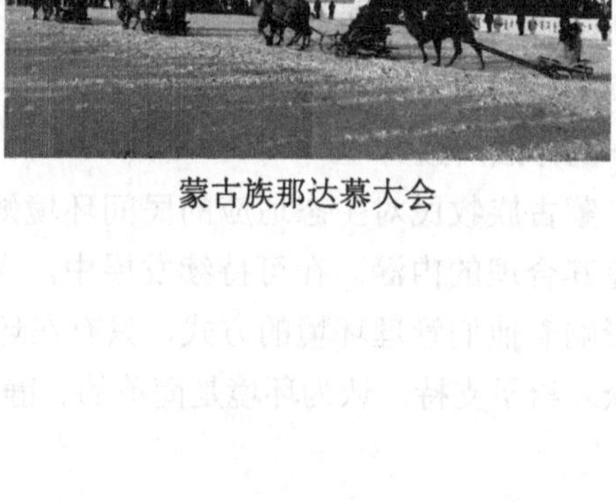

蒙古族那达慕大会

第三章　藏族的草原文化与生态文明

我国游牧民族之一的藏族，主要生活在青藏高原。青藏高原占我国陆地面积的 1/4，也是藏族的发祥地。藏族与生活在蒙新高原的蒙古族、哈萨克族等游牧民族共同创造了中华民族游牧文化。与其他各兄弟民族一样，藏族人民对伟大祖国、对中华民族的贡献是多方面的。藏族人民最大的功绩在于：开拓和保卫了我们伟大祖国的这块宝地，维护了祖国的统一和领土完整；保护了孕育中华民族和中华文化的两条伟大的母亲河——长江、黄河的源头生态环境。

中华人民共和国成立以来，尤其是 1959 年废除了农奴制以来，藏区社会经济取得了巨大的进步，同时也很好地保持了藏族传统文化与生活方式，这表明物质文明的进步与传统生态文化是可以和谐并存的。因此，研究藏族的游牧文化在我国未来发展中，对弘扬优秀传统文化、促进经济社会发展、保护好高原自然环境，实现环境、社会、经济与文化的和谐发展具有不可估量的重大意义。

第一节　藏族草原文化的形成与发展

一、藏族的分布区域

藏族主要分布在青藏高原地区，该区西起帕米尔和喀喇昆仑山脉，与克什米尔地区、阿富汗接壤；向东到达横断山脉，连接邻国缅甸和云南高原，濒临亚热带湿润的四川盆地；北缘通过昆仑山、阿尔金山和祁连山以 4 000 ～ 5 000 m 的高差与亚洲干旱荒漠区的塔里木盆地及河西走廊相连；南端以喜马拉雅山脉为界，毗邻印度及喜马拉雅山地国家尼泊尔和不丹。青藏高原地处地球最高点，它是全球海拔最高的自然地域单元，素有“世界屋脊”之称。由于其地势高耸、气候寒冷而被称为和南北极相对应的“地球第三极”。这里巍巍高山直入蓝天，绵绵白云环绕雪峰。青藏高原是南亚、东南亚众水系发源地，在人类发展的历史进程中，青藏高原以它广阔无私胸怀哺育了中华黄河流域文明、长江流域文明和印度河流域文明。时至今日，青藏高原仍然对中华民族乃至南亚、东南亚人民的生存和发展有着决定性影响。青藏高原东西长约 2 700 km，南北宽达 1 400 km，面积为 250 万 km^2，占我国陆地面积的 1/4。青藏高原包括了西藏自治区和青海省的全部，以及新疆维吾尔自治区、甘肃省、四川省和云南省的一部分。青藏高原的自然特征与众不同，是地球上一个独特的自然地域单元。

生活在青藏高原上的藏族传统上分为卫藏、康巴、安多三大藏区。

卫藏藏区：指以拉萨为中心的地域（卫藏是藏语的音译，意指拉萨。"卫"意"中间""中心"）。日喀则称后藏，日喀则至阿里一带称里面、内地。

康巴藏区：包括青海玉树藏族自治州、云南迪庆藏族自治州、四川甘孜藏族自治州、西藏昌都地区一部分。

安多藏区：包括青海省除玉树藏族自治州外的其他地区（玉树藏族自治州属康巴区），甘肃甘南藏族自治州、天祝藏族自治县至肃南裕固族自治县祁连山区，四川省阿坝州全部地域。

从行政区域上看，藏族聚居在西藏自治区和青海省的玉树藏族自治州、海南藏族自治州、黄南藏族自治州、海北藏族自治州、果洛藏族自治州、海西蒙古族藏族哈萨克族自治州，甘肃省的甘南藏族自治州、天祝藏族自治县，四川省的甘孜藏族自治州、阿坝藏族自治州、木里藏族自治县，云南省的迪庆藏族自治州。在聚居地区的边缘，还与汉族、蒙古族、裕固族、回族、土族、撒拉族、保安族、羌族、门巴族、珞巴族、傣族、纳西族、彝族等民族杂居。

二、藏族的起源与发展

藏族最早起源于雅鲁藏布江流域河谷地带的农耕人和生活在高原地带以放牧为主的古羌人等。公元 7 世纪赞普松赞干布统一了各部落，建立王朝，从此结束了原始社会而进入奴隶制社会。唐宋称其为吐蕃，元明称西蕃。元朝在西藏地区设置由中央管理的三新宣尉使司、都元帅府，管理包括西藏在内的全部藏族地区。明代称西藏为乌斯藏，清代称藏番，直到康熙年间才称西藏，藏族名也由此而来。

关于藏族的起源，相传有"神猴"与"岩魔女"相结合始有人类的说法。这些信息可理解为最早的原始人类生活在森林区和山区。据 14 世纪成书的苯教史《雍仲本教目录》和佛教史书《红史》等文献记载，这些原始人类居住地为今西藏雅鲁藏布江南岸的泽当一带的雅隆地区，分为斯、穆、桐、东四个氏族，或者加上查、楚总共为六个氏族，他们分别住在雅隆河谷的索塘、泽塘、沃卡久塘、赤塘等地，以采摘、狩猎为生，过着没有"王"的原始生活。至今当地藏族居民还指某些洞穴为先民遗址。

汉文古籍对西部牧民泛称为"西羌"，《解文说字》载"羌，西戎牧羊人也"，是对生活在我国西部地区牧民的总称。古代西羌包括许多来源不同的分散的部落，古羌人随水草而迁移。《后汉书·西羌传》中载：羌人"所居无常，依随水草，地少五谷，以产牧为业"。《后汉书·西羌传》还留存关于青藏高原的古代西羌人的最早记载中所说的“越巂”“牦牛部”等，可能与藏文记载中的“六牦牛部”有关系。《新唐书·吐蕃传》更加详细地记录了吐蕃的祖先来源的传说，远溯春秋时代，“散处河、湟、江、岷间”的古代西羌部落大约有150个，其中最为僻远的“发羌”“唐牦”被认为是最早出现在西藏的部落。大量资料表明，古羌人从1万年前就将当时的野牦牛驯化，直到4 500年前才将野牦牛驯化成家牦牛。从中可以明显地看出，饲养牦牛是古羌人的特征。

古羌人善养牦牛并随其迁徙而扩大牦牛饲养区，在我国古文献上的记载有很多，公元前109—公元前91年成书的《史记》和以后的《汉书》《后汉书》等均有记载。《后汉书·西羌传》载：“（古羌人）畏秦之威，将其种人附落而南，出赐支河曲西数千里，与众羌绝远，不复交通。其后子孙分别各自为种，任随所之，或为氂牛种，越巂羌是也。”其“附落而南”的一支古羌人，进入四川省甘孜藏族自治州首府康定以南一带，他们自称为“木雅”，即牦牛国，其牦牛饲牧业甚为发达。牦牛国本部在今四川甘孜藏族自治州雅江县木拉，其所辖范围正是我国著名的地方良种——“九龙牦牛”的主产区和分布区，包括现今四川甘孜藏族自治州的康定、九龙、道孚、理塘，四川凉山彝族自治州的木里藏族自治县，云南迪庆藏族自治州的中甸县等。这说明古羌人也是以游牧为生的藏族的先民之一，有一部分“附落而南”的古羌人也会演化为西南彝族、傣族、门巴族、珞巴族、纳西族等其他民族。

藏族在唐代汉文文献称为“吐蕃”。同时的古藏文文献里已经有了关于族源的记载。这些吐蕃时代文献一直保存在敦煌石窟藏卷中。据这些古藏文文献所说的“六父王天神”的后代聂墀赞普从天降到地上，做了“六牦牛部（即为古羌人）的首领”，被尊为“赞普翻补野”或称“圣神赞普鹘提悉补野”。其后，又历数代赞普，先后兼并邻部，雅隆的这一部落渐强。隋末唐初松赞干布（刚毅深沉之意）逐步统一了西藏高原各部，建立了吐蕃王朝。随着吐蕃王朝的建立，藏人的活动及交往范围逐渐扩大到青藏高原的全部，同时促进了与青藏高原上的巴隆（今玉树、果洛）、苏毗、羊同、党项（原住地为川青甘边界一带）、白兰（原住地为今青海柴达木）等族部的融合，这样一个新的人类共同体就在青藏高原各地形成并分布开来。至今，甘青一带的藏族，有许多就是在吐蕃王朝对其邻部进行军事活动时留下的后裔。据《安多政教史》载，在唐代吐蕃突厥交界地、吐蕃汉地交界地，吐蕃王朝就安置了许多军事人员，这些人员被称作“没有赞普命不得返回的信守命令的人”，简称“嘎玛洛”部。如甘肃甘南藏族自治州舟曲县、迭部县、卓尼县的藏族部落，他们自称是卫藏人，是松赞干布迎娶唐朝文成公主的仪仗队和军人的后裔，其语言保存了许多吐蕃古词。

党项，为西夏主体部落。藏语称西夏为“木雅”，汉史书称“弥药”。后吐蕃东进，弥药人在吐蕃控制之下。党项族与吐蕃族关系十分密切，在吐蕃时称为“吐蕃外四族”，共18大部落。党项族不仅和吐蕃有姻亲关系，而且在族源上持“猕猴说”，语言相近，虽有西夏文但也使用藏文；风俗类同，生产、生活方式均以畜牧业为主。藏族史学家认为，藏族最古老的四大种姓中的“党”，应该是党项。此外，由于各民族的相互交往，产生了一些新的部落，如甘肃天祝的“夏玛尔”，是蒙藏融合的部落。汉族中也有许多士兵、工匠融合在藏族中。

公元1226年，蒙古汗国军队攻克凉州，次年灭西夏。公元1239年，蒙古皇子阔端派大将多达纳波庇军进入西藏，攻入拉萨以北热振寺一带。公元1246年，西藏萨迦派第四代座主萨班·贡噶坚赞接受阔端邀请到达凉州，于次年和阔端在今武威武南白塔寺举行了会谈，后萨班发出了《致蕃人书》，号召吐蕃各部审时度势，顺应潮流，归顺元朝，这是西藏归入中国版图过程中的重要事件。从此，藏族正式成为中华民族大家庭中的一员。公元1251年，萨班在凉州去世，其继位者八思巴即依附于忽必烈，后于1260年在元朝被尊为国师、帝师。忽必烈授命八思巴以国师身份兼管总制院院务工作，掌管全国佛教事务和藏区事务。在此期间，八思巴奉忽必烈之命创造了蒙古文字，史称"八思巴文"。西藏归入元朝以后，藏传佛教文化彻底改变了蒙古人的信仰，改变了蒙古人的价值观、人生观。藏传佛教文化是蒙藏文化交流的媒介和铺垫。从此，藏蒙一直保持亲密关系，再未发生过战争。

总之，在西藏地区发现的古人类的考古资料、藏族民间传说和藏汉文献记载，都有力地证明：藏族先民自古以来就活动于青藏高原，长期与祖国西部各部族融合，发展形成了分布在今西藏和甘肃、青海、四川、云南等省（区）内的藏族。

三、藏族地区的古代文明

（一）石柱、石刻、石经墙——大石文化景观

以石头来表达思想信念，是草原民族的惯常做法。石头最朴素而又最坚固，所以石刻成为青藏高原到蒙古高原最常见的草原文化景观。

1. 大石文化遗址

（1）西藏羊湖岸边矗立两块巨石，一块圆形，另一块方形；在藏南大盐湖以南的多仁发现同心圆的石头圈，石头圈中央有三块巨石，中央一块高2.75 m；在萨嘎以东通往拉萨的大道旁，也发现高约4 m的独石。这些巨石与我国北方草原矗立的巨石相同，当地人们到此以头触石，以示敬意，寄托着游牧民族的某种信念。

（2）昂仁县雅木乡木村的大石文化遗址：是环状岩石遗迹，规模宏大、布局奇特，其四周是用卵石砌成的石圈，中央是大石垒砌的凸字形祭台，这与五六千年前的红山文化祭台布局十分相似。

（3）普和夏布格丁山上的柱石群：在西藏边界地区的普和夏布格丁的山上，可以看见由巨石组成的柱石群，它们排列成圆形。1925—1928年，中亚考察队的罗列赫在藏北与藏中考察时，发现大量石器墓和大石遗迹。罗列赫在《亚洲腹地行纪》中写道："在喜马拉雅山北部的西藏高原上到处散布着大石建筑和库尔干（Kurgan），这些都说明了牧民文化的古老性。这些遗存都是两三个墓葬在一起的小墓丛和大石块围起来的石墓。在喜

马拉雅山北的广大地区到处有这种石建筑遗址（石柱、石台和成排的石柱）。”

（4）青海都兰用卵石堆起的吐蕃墓：青海都兰的吐蕃墓都是用卵石堆起的，高达 25 m，直径 30 m。

2. 石经墙

青海南部的泽库县与玉树县（今玉树市），各有以石板垒起的长达 50 ～ 60 m、高 4 ～ 5 m 的石经墙。每一石板上刻有经文或六字真言，这些石墙已很古老了。玉树县的嘉那嘛呢石经墙，至少在 1500 年时就已形成。1955 年，当地的嘛呢石和经文石已达 20 多亿块。石经墙都是圣山的象征，祭祀它们既是祭祀圣山，更是祭祀天界。青南果洛州的岗日石经墙、东吉寺石经墙，都已经历了几个世纪。果洛地区同德县东吉多卡寺的经典和佛像刻在当地多见的薄青石板上。多勒石经墙长 121 m，宽 9 m，高 5 m。经推算，多勒石经墙体积为 5 445 m^3，每立方米约容纳 6 000 块石板。如此计算，多勒石经墙共容纳326.7 万块石板，其规模极为宏大。雕刻这些石板经文的僧人和牧人，每日只是义务劳作，未留下自己任何痕迹。

3. 摩崖石刻

西藏发现的石刻有林芝县的本日山崖第木萨摩崖碑、洛扎县的洛扎摩崖石刻、察雅县的丹玛石刻、墨竹工卡县的谐拉康石刻、拉萨的药王山石刻等。同时，在石碑上铭刻也常见，如桑耶寺的兴佛证盟碑、赤松德赞碑、谐拉康碑等数十种。在藏区还发现大量石狮雕。

4. 岩画

西藏各地发现古代岩画近 70 多处，主要在羌塘高原。青海也发现了 10 多处岩画，多分布于柴达木盆地与青海湖盆地。岩画内容多为草原动物，包括骑马、狩猎、放牧等表现人与动物关系的画面。牦牛、马、岩羊的形象可能与藏族先民对高原动物的崇拜相关（见图 3-1）。在藏区原始岩画艺术中，也可反映出古代藏族人对生态环境变迁的认识过程。

图 3-1　牦牛岩画

西藏北部和西部不同时期的岩画，有一个“树木崇拜”的时空序列，在早期的岩画中，“树木崇拜”的主题并不突出。藏北文部的加林山一带的岩画，共 60 余幅，画面上有植物、动物。其中动物有牦牛、马、羊、狗，此外还有游牧、狩猎、耕耘的图像。在植物的旁边，有太阳符号与雍仲符号（卍）。考古学家认为这些岩画属于西藏早期的岩画，大约产生于新石器时代，即从那个时候苯教文化已经产生。

在早期的加林山岩画中，植物、动物和人的组合“显得不那么严格，特点不够明确，重点不够突出，情绪不够强烈，甚至还带有某种随意性。这都说明它所要表达的内容还有一定的模糊性”。到了中期曲噶尔羌岩画（恰克桑岩画）则有了质的飞跃，出现了明确的“树木崇拜”的宗教观念。而到晚期纳木湖岩画（可能产生于吐蕃王朝建立前夕），“树木崇拜”观念则更加强烈明确。在藏北纳木湖岩画中，树、塔与鸟三者结合，塔之顶上有树，树上有鸟，在处于画面显著地位的周围，人们在舞蹈或祭祀。

早期岩画中人们只是泛泛地赞美或崇拜自然界，尤其是周边世界的一切生物。而到晚期，人们将树木作为崇拜的主要对象，突出了其中的地位，这是因为早期森林分布较广泛，而后来森林逐步消失，树木愈加珍贵，留给人们的只是对远古茂密森林的怀念，树木于是成为圣山上的圣树。

另外一种变化是，在早期苯教祭祀活动中，往往奉献大量的动物牺牲品，表明新石器时代及其以后一段时间内，青藏高原生态环境的良好和生物的繁多。而在吐蕃王朝建立后，人们祭祀中很少再用动物，这固然与佛教的影响有关，然而随着生态环境的退化，动物的减少也是一个原因。

西藏那曲地区、青海海西野牛沟等高寒草原区发现了“车辆”题材的岩画，这表明北方蒙古高原文化早已进入青藏高原，青藏高原与北方草原之间存在着相互联系的文化通道。位于甘肃省玛曲县齐哈玛乡国青村与国擦村之间，黄河支流吉柯河中段附近悬岩上的岩画面积有 5 m^2，刻有猎人、牧民以及牛、羊、鹿的个体图像 3 幅。

5. 拉泽（或拉则，蒙古语称“俄博”或“敖包”）

在群山苍茫的青藏高原，走向哪里，哪里都是山的世界。在一道道山梁上，在突兀的高峰上，在人马翻越的山口上，有一座座堆起的石堆，叫拉泽。它是藏民族点缀高原群山的神奇一笔。

拉泽的形状：底下为石块垒起的石堆。历史悠久的拉泽一般都很高大，象征着宇宙山。石堆上木椎中的柳条象征着宇宙树，柳条高高矗立，直刺青天，表明直通天界。

拉泽一般位于高原高山之巅和山口。人们认为这些位置可与天界沟通，同时又是天神与山神活动之地，是山神休息居住之地。在高高的山口上，堆起石堆，做成拉泽，便是山神之居所（见图 3-2）。石块上刻写佛教经文或六字真言，长年累月积攒，形成石块嘛呢堆，又是人们崇拜、诵经之处。

祭祀拉泽时，人们要磕头，煨桑烧香，通过桑叶燃烧的烟气和香气，把人们的信念带到天上；通过放风马旗，使之上升，携带人们的祝愿到天上。

图 3-2 藏族的插箭祭拉泽

在山顶、山口或三岔路口的拉泽或嘛呢堆，

在苯教中也称为“军人的堡寨”“战神的堡寨”，同时嘛呢堆代表山上的战神。所以人们尽最大可能将之建立在山顶上。布达拉宫被认为是矗立在红山顶上的嘛呢堆。这样的石堆明显只能位于可以攀登的山岭之上。其实质精神仍是“高度”，“升高”或“竖立”的同一观念。

这些巨石、石柱的存在，表明自新石器时代以来自青海东北部到西藏北部、西部，直到内蒙古高原，古代高原各民族存在着共同的石堆与拉泽（敖包）崇拜文化。很明显，石堆与拉泽就是通向天界的天柱，是神山的象征。

6. 雍仲符号

雍仲符号（卍）发现在西藏日土县多马区海拔 5 800 m 的恰克桑山上的岩画中。在青海省出土的马家窑墓彩陶中有多种雍仲符号，表明雍仲符号至少在新石器时代以来就已经存在。苯教中九迭雍仲山的字面解释是九个重叠的刑字形，九迭雍仲山即三界宇宙中的宇宙山。在山体岩石、陪葬彩陶中刻上雍仲符号表示从左向右旋转圣山，也可以理解为宇宙山的象征，也是旋转宇宙山的方向指示符号。

藏族民间对各种石刻、石碑充满崇敬之情，人们围绕石刻旋转，向石刻磕头、诵经。许多人在磕头、旋转之后，用小石子磨石碑，然后用舌舔食石末，或以面部触碰石碑。

（二）古建筑遗址

（1）山南藏王墓与青瓦六王宫。西藏山南琼结县的藏王墓共 20 多座，是公元 7—9 世纪建造的吐蕃赞普陵墓；青瓦六王宫是古代吐蕃数代赞普先后在琼结兴建的故都宫堡。

（2）山间石窟寺。位于岗巴县昌隆乡苦曲藏布北岸一座泥沙岩山上的乃甲切木石窟寺，有洞窟 5 座。

（3）古佛塔。位于昂仁县日的日吾其寺塔，迄今已有近 700 年的历史，其平面呈多棱“亚”字形，与江孜白居寺塔形制相同。

（4）古格古城。位于阿里地区的古格古城建筑是融王宫、佛殿、城堡建筑为一体的紫色建筑群（见图 3-3），总面积达 72 万 m^2。古城以一座突兀土山为依托，依山而建，层层上收，如同一座金字塔，坚实稳固地矗立在宽阔原野上。

图 3-3　古格古城王朝遗址

这些古建筑大多是依山而建，与山融为一体。山依托着建筑，使之更加壮观；建筑装饰着山体，使山有了人文灵气。其中适应高原环境的理念，值得人们深思。

四、藏族的语言文字与宗教信仰

（一）藏族的语言文字

藏族有自己的语言和文字。藏语属汉藏语系藏缅语族藏语支。语言分为卫藏、康巴、安多三个方言，其中卫藏方言与文字相通。卫藏方言与安多方言差别较大，康巴方言介于二者之间。

公元 6 世纪吐蕃王朝建立，作为统一的藏民族形成之际，他们派王子和仆从到印度学习梵语与佛经，参照梵文某些字体于公元 7 世纪由藏族语言学家吞弥·桑布扎创制藏文文字，通用至今。藏文是拼音文字，有 30 个辅音字母，4 个元音符号，自左向右横行书写。印刷体叫“有头字”，书写体叫“无头字”，书写体中分为几种草书。1 000 多年来藏族人民用藏文翻译、记录、总结、编纂了大量文献资料存世，对推动藏文化的发展和社会进步发挥了巨大作用。

藏族建筑艺术和雕塑、绘画、装饰、工艺美术等造型艺术以及音乐、舞蹈、戏剧、藏医藏药、天文历算等均达到很高水平，创造了辉煌的成就。

（二）藏族的宗教

藏族先民原信仰苯教。苯教信仰可以追溯到迄今 1 万年前的新石器时代。苯教中无论是自然神还是英雄神，最初都试图与自然沟通、协商，但是到了后来，崇拜顺从自然的宗教因素越来越占上风。最初的苯教有许多仪式是为了控制自然，后来随着高原的隆起、自然环境的退化，无论是苯教还是佛教，都主张顺从自然规律，宗教仪式表现为更多地协调人与自然的关系。

公元 7 世纪佛教从印度传入西藏，吸收了藏族原始信仰的某些仪式和内容，形成了具有藏族色彩的藏传佛教。藏传佛教俗称喇嘛教，是中国佛教三大系统（南传佛教、汉传佛教、藏传佛教）之一。藏传佛教有两层含义：一是指在藏族地区形成和经藏族地区传播并影响其他地区（如蒙古、锡金、不丹等地）的佛教；二是指用藏文、藏语传播的佛教，如蒙古族、纳西族、裕固族、土族等民族即使有自己的语言或文字，但讲授、辩理、念诵和写作仍用藏语和藏文。10 世纪后半期藏传佛教正式形成，形成各具特色的教派，如宁玛派（红教）、萨迦派（花教）、噶举派（白教）、格鲁派（黄教）等。现在以格鲁派（黄教）为主，著名的格鲁派（黄教）寺庙有大昭寺、拉卜楞寺、塔尔寺、甘丹寺、哲蚌寺、色拉寺、扎什伦布寺等。

第二节　藏族的草原生产文化

一、藏族聚居区的草原资源

藏族聚居区的青藏高原具有极为丰富的草原资源，拥有草原面积约18亿亩[①]，占本地区土地面积的64.4%。草原畜牧业是青藏高原面积最大、分布最广和历史最悠久的生产方式，可利用草原面积为15.9亿亩，其中西藏8.55亿亩，青海5.7亿亩，川西北1.1亿亩，甘南0.55亿亩。主要的草原（地）类型有高寒草甸、高寒草原、高寒荒漠、高寒灌丛等。在各类草地类型中，高寒草甸和高寒草原面积最大，这两者占青藏高原草原面积的82%。因气候、地形的不同而呈现东湿西干和森林—高寒草甸—高寒草原—高寒荒漠的地带性更替。

草原区地域辽阔、地势高峻，海拔一般都在3 000 m以上。气候属纯大陆性气候，“长冬无夏，春秋相连”是这一地区的气候特征，古有“五月解冻，八月草黄”之说。由于地势高、日照长，太阳辐射强，牧草生长良好，草质佳，适口性好，营养价值高且耐牧，是宜于各类牲畜发展的天然牧场。

（一）高寒草甸

高寒草甸类型多样，由低温耐寒的多年生中生地面芽和地下芽草本植物为优势所形成的植物群落，草群结构简单，层次不分明，牧草低矮，一般高度为18～20 cm；呈丛生、莲状或垫状，具有植株小、叶形窄、生长期短的特性。6月底开始萌生，7月初至8月底生长非常迅速，一片浅绿色，7月各类草长齐，8月下旬百花凋谢，9月中旬杂草枯黄，秋风刮过，风力达7～8级，但嵩草由于叶粗根深，仍紧紧扎根于草地而不裸露表土层。

（二）高寒草原

高寒草原多分布于海拔4 000 m以上地区，土壤为高山草原土，土层较薄且疏松，富含石砾砂壤，含水量很少，地表草皮层贫瘠。高寒草原为青藏高原上的主要草地类型，广泛分布于羌塘高原、青海高原、昆仑山内部山地及祁连山高山地带。高寒草原是长期受干旱、寒冷气候的影响而发育成的草地类型，以耐寒的多年生旱生密丛禾草、根茎苔草及小半灌木垫状植物为建群层片，具有牧草低矮、层次结构简单、牧草生长期短、生物量低的特点。

（三）高寒荒漠

高寒荒漠是由耐寒的超旱生、叶退化的小乔木、灌木和半灌木构成的稀疏植被草地类型。它广泛分布于西藏阿里北部、西北部的羌塘高原、青海柴达木盆地等地。植被稀疏，

① 1亩=1/15 hm^2。

覆盖度小，生物量低，生态系统简单、脆弱。荒漠植被维持着荒漠区营养物质循环和能量流通的全部过程，又是防止风蚀和流沙的重要因素。

（四）高寒灌丛草地

高寒灌丛草地是由耐寒的中生或旱生灌木为建群层片所形成的植物群落，广泛分布于高寒各地及森林线以上的高山带。

青藏高原牧区主要的家畜是藏系的牦牛、藏羊、藏山羊、藏马和藏獒等。牦牛约 1 300 万头，是藏族地区的主要牲畜。公黄牛和母牦牛杂交所生的公犏牛是主要役畜，母犏牛是良好的乳牛。藏羊约有 4 000 万只，有些山区道路马牛难行，藏羊和藏山羊成为运输工具，每只羊可负重 10 ～ 15 kg，日行 15 ～ 20 km。

二、藏族的草原生产活动特点

藏族群众主要以农牧业为生，培育出了牦牛、藏马、藏羊、藏山羊、藏猪和藏獒等藏系家畜。高寒草原＋藏系家畜形成了世界上独一无二的高寒草原畜牧业区域。

（一）游牧方式

古人称游牧为“逐水草而居”，实际上“逐”是循自然规律所动，按自然变化而行的行为，是一种较典型的既饲养家畜又保护草原的方式。

高原多山，山体相对高差较大，山地上部与下部，阴坡与阳坡气温悬殊，因而植被也呈差异性。山地上部与阴坡以高寒草甸为主，山地下部的阳坡和河谷宽隙地以草原为主，山地下部阴坡则分布灌丛类。因此，顺应气候、山地和植被差异而进行季节植被划分，进行季节轮牧游牧便是畜牧生产必须遵循的规律。

高原动物的习性、行为与活动方式，常常影响着高原人。藏族牧民的游牧方式按季节在不同区域迁徙，这与野生动物的迁移方式有一致之处，人们从中预测天气变化、草地状况，例如，当鼢鼠从滩地、河谷地迁徙到山阴坡时，人们认为天气可能要干旱；河谷地带人们从春季候鸟飞来的迟早来预测当年天气变化。每年 5 月底到 6 月初，青藏高原海拔 3 000 m 以上草原地区进入暖季，气温在 5℃以上，高寒山地草甸类、沼泽草甸类、灌丛草甸类草场青草已长出长齐，早晚气候凉爽，又无蚊蝇滋扰。牧民们此时进入高寒草地，喜凉怕热的高寒地带牲畜很适宜这种气候，又充分利用了草原牧草资源。冬季大面积的草地已无家畜放牧，牧草不受干扰地充分生长。

夏季的高寒草场植物利用短暂的生长季迅速生长，牧民放牧一般早出晚归，让牲畜充分食用生长速度极快而生命周期极短的牧草。早晚放牧于高山沼泽草地或灌丛草地，中午天热时放牧于高山山顶或湖畔河边泉水处。此时大量的野生岩羊、黄羊与家畜遥遥相伴，甚至混群，情景非常可观，这个季节是牛羊发情交配的季节，牧民们一般不会去干扰家畜。

8 月底 9 月初，高寒草场天气变冷，气温降至 5℃以下。此时牧草籽已熟，正是抓秋膘的时期，于是牧民又驱畜进入秋季草地。在利用了牧草资源后，10 月下旬进入冬季草地，这里一般是海拔较低的平地或山沟，避风向阳，气候温和，牧草多系旱生多年生禾本科牧草。这些牧草返青迟，枯黄晚，性柔软，经过一个暖季的保护，已长成 20 ～ 30 cm 高，足够家畜在漫长的冬季食用。这时节放牧一般晚出早归，当太阳照得暖洋洋时才驱赶牛羊缓缓出圈，晚上太阳落山前即回畜圈。同时放牧先要选择草地："先放远处，后放近处；先吃阴坡，后吃阳坡；先放平川，后放山洼。"牧民们总结出了利用不同草地、不同季节与气候放牧的经验，如"夏季放山蚊蝇少，秋季放坡草籽饱，冬季放弯风雪小""冬不吃夏草，夏不吃冬草"，充分保护不同季节的草原。"晴天无风放河滩，天冷风大放山弯""春天牲畜像病人，牧人是医生；夏天好像上战场，牧民是追兵；冬季牲畜像婴儿，牧人是母亲"，这是放牧的经验。

牧人跟着羊群转，畜群随着水草走，人畜都循一年四季天气变化而游牧。藏族牧民世世代代承受自然规律的支配，成为自然规律被动的执行者、维护者。由于藏族牧民需要在不同季节为畜群在荒凉草原上寻觅生存资料，他们的生活与行为必须准确地按气候与植物生长周期表行动。

（二）放牧家畜数量的控制

在青藏高原的藏族畜牧业中，有一种与高原生态环境相融合的畜牧方式。这种畜牧方式不以纯粹追求利润为目的，通常有以下几种类型。

1. 放生

有些藏族牧民将自己家养的部分牛羊看成"放生"的，将牛羊从生到老死一直在看护、照料，不宰杀，也不出售。牧民在放牧过程中从每年获取的牛羊毛、牛乳等产品供自己消费，也可将牛毛、羊毛、乳制品及自然死亡的羊的皮驮到农业区换取青稞炒面等日用品。有的牧人放生自己畜群的 1/10，有的放生 1/3。也有人是象征性地放生一两只（头）。"羊要放生，狼也可怜"这在藏区是一种较为普遍的观点和现象。

2. 淘汰瘦弱病畜

藏族牧民每年冬初挑出一批老、弱、病、残的牛羊及时出售或宰杀。藏族牧民认为这类牛羊在冬初不及时淘汰，那么来年在春初牧草干枯、气候恶劣的情况下，就会冻饿死亡。从保护其他牲畜，保护草地出发，这种牺牲小量保存大量的策略，是让大部分牲畜发展、草地受到保护的适宜策略。多半藏族牧民采取这种方法。

3. 维持生存

藏族牧民饲养家畜的数量仅维持在满足其生存的基本需求之内，不靠养畜来推动经济增长和积累更多财富。

（三）畜种结构的控制

藏族牧民饲养的动物主要是牦牛、藏羊、藏马、藏山羊及藏獒。在特殊的牧区也饲养少量放牧的藏猪。绵羊与牦牛的比例是 1 ∶ 1 ～ 3 ∶ 1，大部分为 1.5 ∶ 1，这种选择乃是对高寒自然生态环境的适应。

从经济效益看，藏羊生长繁殖快、食草量较少，羊毛产量比牛毛多，牦牛繁殖少、生长慢、食草量大，牛毛产量很少。故从经济上看养牦牛是不划算的，而大量饲养绵羊是有利可图的。

从生活需要和文化角度看，牦牛是唯一产绒的牛种，人称“万能畜种”。它是保证藏族牧民维护自给自足生活的主要来源。藏族牧民的衣食住行全部来源于牦牛。用牛绒、牛犊皮制衣；用牛皮制鞋、藏区独有的牛皮船（见图 3-4）；藏族食物中主要成分肉、乳、酪、酥油来自牦牛；藏族牧民的部分生活生产工具如绳、皮袋等来源于牦牛；住所——帐篷原料为牦牛粗毛；牛粪是牧民的主要燃料。同时，牦牛又是草原主要的交通工具，藏族牧民靠牛驮运搬家，称牦牛为“高原之舟”。

图 3-4　西藏地区独有的牦牛皮船

从文化角度看，在藏族民间牦牛尤其是白牦牛是以神的形象出现的，人们对牦牛保持着崇拜的信念。

从地理学看，是为了适应当地自然环境。牦牛耐寒冷，善爬高山，比藏羊更适应高海拔的高寒环境。因此，海拔越高，饲养牦牛的比例越高；海拔越低，饲养绵羊的比例就越高。

从生态平衡的意义看，一定的生物种类与数量保持相对稳定有利于维系一个生态系统平衡。牦牛生活于高寒地带，它可以食用夏季牧场最高最冷地方的牧草，也可利用绵羊不能利用的湿生植被，同时采食高度较低的牧草。所以牦牛与绵羊的资源生态位置不尽相同，从而使一个地区的牧草资源得到合理的利用。同时，牦牛对高原寒冻、雪灾、大风等具有更强的抵御能力。夜间，羊圈外围拴缚牦牛可防狼危害羊群。藏族牧民们认为，大量的牦牛与绵羊共同生存，绵羊生长得似乎更容易、更健壮，而单独的绵羊群则成活率低。

第三节　藏族的草原生活文化

一、藏族的居住方式

千百年来，藏族牧民“逐水草而居”，为适应这种不断迁徙的游牧生活，因而形成易搬运的帐房为主要住房。而农区或牧区冬季住地则以土房、切木为主要住房，还有苫子房、榻板房等建筑。今天的藏族人民除保留传统的藏式民居外，砖墙机瓦、钢筋水泥、天花板、地板砖等现代建材也已进入牧区，集中采暖或太阳能采暖已不鲜见，住房结构发生了巨大的变化。

（一）帐房

藏区牧民以牛毛帐房为主要住房（见图 3-5）。牛毛帐房以两根木椽为柱，一根木杆为梁，架起牛毛褐子制成的蓬幕。帐房外四角用粗毛绳拽紧，系于远处木橛上。帐房内呈正方形，占地面积约 20 m^2，高约 2 m，顶部正中为开合式天窗。帐房内居中以石块或土块砌一狭长炉灶，将帐房分成左右两部分，男左女右分坐。左边铺以白毡地毯，是待客之地；右边兼作厨房。入口处内外各有立柱一根，内为上柱，除挂念珠、护神盒等敬神物品外，不得悬挂他物；外为下柱，用于悬挂主人的马鞭之类用品。帐房外边往往有一根高杆，悬挂着灰白经幡；地上许多木桩横扯毛绳，系拴牛犊之用。

图 3-5　牦牛毛帐篷

除黑牛毛帐房外，牧区还有一种供远行或“浪山”用的白布帐篷，有马脊式、平顶式、尖顶式、“人”字形、六角形等各种形状，或小巧玲珑，或规模庞大。

（二）土房

图 3-6　土房

早在公元 7 世纪，藏区就出现了筑墙架梁的土房民居（见图 3-6），成为农区的主要住房和牧民搬进冬季牧场的“冬窝子”。早期半地窖式冬窝子在地面挖坑，上架盖屋，中留天窗，旁开斜坡门道；地上则以夯土筑墙，上搭木椽，厚土封顶。内分四五间，以泥土和牛粪涂柳条作隔墙。院墙以块石、草皮或榻板围护。

农区土房多以黏土夯筑或土坯砌就四周围墙，也有的以砖砌墙。上房 5 间、7 间不等，东西厢房 3 间或 5 间，均取单数。房屋以土坯隔间或以板隔间；房正中间置两扇门；正中上房为堂屋，左右为卧房，穿堂过道直通内室。一般两层，下层院落进门即马厩畜圈，上层住人。

（三）切木

切木有正房 3 间或 4 间，上下四周均以木板镶嵌，靠里以石板、土坯砌炕，有烟道通灶火以取暖。也有些依山而建二层平顶楼居，貌似架空楼房，实则上为房屋下为实地（见图 3-7）。一根粗木砍成台坎，即可蹬木梯上楼，总体建筑“外不见木内不见土”，是藏族“木楞子”房的遗风古制。舟曲、迭部传统上在屋正中辟有大火塘，周围设铺，男左女右而居。但今天“无床褥，环火而眠”的习惯已经鲜见。

图 3-7 切木

（四）苦子房

苦子房是卓尼等地藏族的土棚，将正房 6 间中的一间分成 2 小间，夹在其中。7 间主房五大两小，俗称“六破七”。主房 3 间明屋的檐顶部分高出其他各屋约 70 cm；挂椽又加飞椽，用以遮屋，廊檐虽深但采光较好，故称“苦子房”（见图 3-8）。

图 3-8 苦子房

（五）榻板房

榻板房分平房和楼房两种（见图 3-9）。平房的正房顶部另架两檐水屋面，以板代瓦，上排压接下排；屋顶三角形空间正前敞开。楼房下层高、上层低，上层顶部两段坡式榻板屋面提高，木板隔间，光线充足。

图 3-9 塌板房

二、藏族的饮食文化

（一）糌粑

糌粑是藏族草原牧民的一种主要食品。具体制作方法：在茶中加一块酥油，待溶化后辅加少量曲拉（奶渣），然后加青稞炒面，用手调拌均匀后抓捏而食。

（二）清茶、奶茶、酥油茶

清茶是藏族牧民的主要饮料，多以松潘茶或砖茶加水煮沸后饮用；若与伏茶、松潘茶同煎，色味更佳；若再加些鲜奶即奶茶。而酥油茶则是清茶中加上酥油，放在一个特制的容器中反复振荡而成。酥油茶中放盐为咸酥油茶，放糖为甜酥油茶。酥油茶也是藏族牧民喜爱的饮料。

（三）蕨麻米饭

蕨麻米饭烹制方法讲究。一般将大米煮至七八成熟，捞出后用冷水过滤，拌上酥油少许，再放入笼内蒸熟，加上煮熟的蕨麻、葡萄干等，浇上溶化的酥油而食。

（四）手抓肉

手抓肉是草原牧民一种常见的吃肉法。吃时一手持刀切割，一手抓肉入口。烹调方法十分简单，先将鲜羊肉、牛肉煮熟，再加盐或蘸盐即可食用。

（五）灌肠

灌肠有肉肠和血肠两种。肉肠是用剁碎的牛羊心、肺、肾、肝等内脏加切碎的蒜苗、食盐、花椒粉搅匀，灌入洗干净的大肠。血肠是将剁碎的肉放在羊血中，加上食盐、花椒粉、少许面粉搅匀，灌入小肠内。两种肠均以清水煮熟食用。灌肠味道鲜美，营养丰富，是极富特色的风味食品。

（六）藏包

藏包是先将牛肉、羊肉剁碎后加食盐、花椒粉、葱段，加少量水和清油搅匀成馅，用不发酵的死面包好蒸熟即可食用。藏包皮薄馅大，汤满油多，美味可口，又称为灌汤包子或水晶包子。

（七）酸奶

酸奶是将鲜牦牛奶煮沸后倒入木桶或盆内，待温度不烫手背时（40℃左右）放入酸奶引子（含乳酸菌），然后掩盖置于40℃左右保温处发酵。食时在碗内可加白糖，酸甜适度，清凉爽口（见图3-10）。

除上述风味食品外，藏族还有多食合（石烧）、大烩菜、辛（用苏油、白糖、曲拉、炒面制成的点心）等特色食品。

图 3-10 酸奶

（八）酒

藏族同胞爱饮酒。藏族同胞“唱酒”不摆菜肴，不兴猜拳行令，而是以唱酒曲饮酒，最喜喝自酿的青稞酒与黄酒。藏族人把敬青稞酒作为接待宾朋的一种诚挚礼节。凡是到藏族朋友家做客，主人皆以青稞酒待客，客人必须双手接过，不能推辞。一般必须连喝三碗，不能多饮者可喝一小口代替一碗。当主人斟酒后，客人双手接过酒碗轻呷一口，主人即给斟满，但第三次必须一饮而尽，方不为失礼。今天的藏区城区，藏民饮酒习惯已与其他城市别无二致。农区藏人还制作葡萄酒、蜂汤酒、柿子酒、红谷儿酒、咂杜子酒等。

三、藏族的家庭和婚姻

（一）家庭

藏族地区实行一夫一妻制的婚姻关系。过去极少数地区也有一夫多妻、一妻多夫、姊妹共夫、兄弟共妻现象，但现在已成为历史。

传统的藏族人崇尚几世同堂的大家庭，但在牧区，青年婚后即另立门庭，只有幼子可以例外。草原上的每个帐房几乎都是单一的个体家庭。藏族家庭内部以父权为中心，但家庭成员地位平等，家长没有独断专行的权力，男女老少共同参加牧业生产，共同商讨家庭大事，共同拥有家庭财产。男主外、女主内是藏族家庭的惯制，男人负责对外联络交往的各种事务。在家中，藏族妇女不但要放牧，还要挤奶、打酥油、晒曲拉、背水、捡牛粪、磨炒面、烧茶煮肉及哺育婴儿；男子干揉皮、裁剪、缝纫等工作。

藏族男子娶妻另立门户后要从家中分割部分财产，出家为僧者生活靠家中照料，入赘者送东西较少但皆值钱，女儿出嫁要送嫁妆，无子可过继养子。养子、继子、招入的女婿均有财产继承权，并承担赡养父母的义务。

接纳孤儿作子女被视为藏族群众对社会应尽的义务，因此，藏区很少有流离失所的孤儿。

（二）恋爱

藏族谚语云：“男上十五，计不问父；女上十五，食不乞母。”意味着 15 岁算长大成人，可参加劳动和社交活动并谈婚论嫁。藏族青年男女虽有个别父母包办的婚姻，但传统上以自由恋爱为主。趁逢年过节、聚会、“转古拉”的机会，男女青年结交朋友，通过对唱“拉伊”（情歌）表达爱慕之情。只要情投意合，即可公开谈情说爱，完全不加掩饰。择偶时讲究礼仪，注重才能，不重家庭和聘礼。

（三）定亲

男女双方只要真诚相爱，则由男方请一名德高望重、能说会道的媒人，带上哈达、酒等礼品到女方家提亲。女方父母如接受了礼物，表示初步同意，再征求亲戚意见后，婚事就算说定了。反之，则意味谢绝，这时如男女青年真心相爱，就可以到鲜为人知的地方，或到亲朋好友家躲藏起来，再让媒人二次说和。女方家见“生米已煮成熟饭”，也只好默认事实，不再干涉。

（四）迎娶

藏族举行婚礼时，新郎和媒人带男方迎亲队伍，并牵一匹为新娘准备的白马，带礼品前往迎娶。女方家要热情接待，敬酒、歌舞后送新娘上路。有些地方新娘要唱哭嫁歌。送亲队伍与新娘到达之后，新娘的坐骑要顺太阳运行的方向环绕喜帐一周。小伙子们将新娘抬进帐房，娘家人在帐房左侧的席位依次落座，由媒人献词，德高望重的长者唱祝婚词，歌手们对唱，姑娘们起舞。娘家和婆家人要唱“较量歌”。在送亲时，村寨的少女少妇全体出动，里三层外三层予以“封锁”，提着水桶，泼水示威，男方傧相马上以钞票“打关节”，才能接走新娘。旧时多数人家长子结婚后，其余兄弟都要出家为僧或到别家入赘。

（五）招婿

上门入赘也是藏族婚姻的一个主要形式。藏族父母对儿子姑娘没有亲疏之别，出嫁儿子和出嫁女儿同等对待，不受社会歧视。招婿时，姑娘家主动央求媒人到男方提亲，定亲、迎娶程序与出嫁姑娘相同。上门女婿在妇家有发言权和财产支配权，有明显的男性家长制，理所当然地充当家长，在社会上代表家庭，妇女一般都处于从属地位。

藏族寡妇可再嫁或招婿，如有转房（改嫁亡夫的亲属）条件，可以转房。农牧区藏族对婚前生育的子女不歧视，与其他小孩一视同仁。

四、藏族的服饰文化

藏族因其部落渊源和生活环境的不同，不同地形、气候和不同性别、年龄、地位的藏族，服饰都有不同的款式和色泽，存在极大差异。藏族服饰可细分为86种，藏族服饰有僧侣和俗人及牧区和农区之别。俗人穿传统藏袍，但各地又不尽相同。

（一）僧人服饰

僧人不穿袜子和有袖的衣服，他们下着满腰衫裙，上穿背心，披袈裟，全身无纽无扣，唯以腰带系裹（见图 3-11）。腰挂漱口瓶，手持念拂珠。不同藏传佛教派别的僧人，服饰的颜色和款式也不相同。

图 3-11　僧人服饰

（二）牧区的服装

牧区男女穿着基本相似，内着半高领、斜开襟的锁边夹袄。藏袍身袖宽大肥硕，袒露右臂，右袖自然垂掉或挂于腰际。区别在于男服将下摆提高至膝部，女服束腰后下摆与脚踝齐。夏穿布制夹袍；春秋袍用羊羔皮或短毛皮作里，外罩毛料或布料；冬穿长毛光板皮袄，其领缘、袖口、下摆、襟边均用氆氇和水獭皮或豹皮镶皮边饰，女式皮袄相对装饰华丽，色彩鲜艳。

（三）半农半牧区的服装

半农半牧区藏族女服是夹层布袍，半高领，右开襟，紧身窄袖，两边开衩，衣长及脚踝。长袍上罩以大襟式绸缎马甲，开襟处镶滚花边。年轻女子喜穿蓝色、绿色长袍，外罩偏红镶边马甲，腰系花带或毛织大红宽腰带，腿着深红窄筒布裤，足蹬绣面布鞋。还有的半农半牧区妇女身着半高领右衽大襟长袍，酷似蒙古服，黑色居多，唯领、襟部以花边、氆氇缀饰；紫红裤子，厚底尖头布鞋。沿舟曲一带的藏族妇女身着三层上衣，里穿衬衣，中间穿立领短袄，外套挂里坎肩。裤口宽大，以花缎带扎束，呈灯笼状。

（四）农区山区的服装

农区山区的妇女里穿贴身裹兜，外套黑色无领、对襟宽袖的布袍，袖口彩饰，系黑色或大红色腰带。胸前佩挂圆形大银盘，法兰磁涂饰，中嵌红珊瑚珠。男女皆打绑腿。

（五）藏族的头饰

藏族妇女喜戴各种头饰。牧区藏族妇女多为"碎辫子"形，将头发梳成数十或数百根细辫，下系红色或黑色丝线。自头部起坠一彩色布条拼缀成的硬布块，上饰蜡珀、玛瑙、红珊瑚和银碗形饰物，下端坠一排蓝珠或红丝线组成的穗子。另自臀部起有 30 cm 宽，缀有碗形银质饰物或银元、铜元数行做成的硬布块垂及脚踝。夏河地区六七岁的女孩，从两鬓及头顶结三条辫子；到十六七岁，即选定农历正月初三或初五，举行隆重的"上头"仪式，从头顶分出一束圆形头发，分成 9 股编成一条辫子，其余头发往下梳，至耳轮部结成小辫，每十几根头发结成一辫，约百余辫，越是贵妇，辫子越细，根数越多。

有些地区妇女额头盘绕一圈红色珠玉串起来的头箍，约 50 排，每排 6 颗，间有白玉、琥珀、松石点缀。未婚女子梳条辫子，头包黑布帕，一辫在帕外缠绕，一辫后托；已婚妇女梳三条辫子，一条盘在头上，两条垂吊身后，辫以五彩丝线编成，下垂小圆盘。有些地区的未婚女子将三根辫子梳编起来，用红头绳结扎；已婚妇女只编中间一根，用黑头绳结扎，佩一串银牌或圆形银环，其余两根只在腰带以下方编成辫子，或者辫子缀满黄铜纽扣，俗称“纽子头”，别具一格。

（六）项链、耳环

牧区藏族男女均喜带项链，妇女喜带耳环。项链多由珊瑚、琥珀、蜜蜡、松耳石、奇楠香珠宝串联而成。妇女的项链多由 20 ～ 40 颗珠子串成；耳环大都是金银制品，有浮雕、掐丝、镂空、镶嵌等形式，大者直径达 15 cm。大耳环多镶有红、绿宝石，有些耳环上坠有层层叠叠的耳坠，垂及胸前。手镯和戒指通常既是财富的象征，又是男女定情馈赠的信物。

藏族妇女十分注重服饰装饰的精巧富丽。逢年过节，她们都要精心打扮，戴饰品花费半天到一天时间。藏族服饰能衬托出女性特有的典雅和男子剽悍强壮的气质，深受藏族人民的喜爱。

五、藏族的丧葬文化

藏族传统葬俗，不论何种方式，均不保存遗体。只有在佛教兴盛后，偶像崇拜宣扬佛的肉身、精神无边无际，威力无限，导致了对高级佛僧的肉体崇拜，出现了“肉身之制”的塔葬。而民众中葬俗就是天葬、火葬、水葬、土葬。天葬和火葬这些葬俗的流行，与佛教中“土、火、水、空”的“四界”说一致。土葬于土、火葬于火、水葬于河、天葬于空，认为死者将回归自然。

（一）天葬

天葬是藏族最流行的丧葬方式。死者停止呼吸，其子女和亲属要立即脱光死者衣服，去其饰物，扶死者盘坐，双手交叉胸前，用死者的腰带从脖颈绕至腿弯，捆成屈膝弯腰的出生婴儿状，以示其死后将获重生。同时，死者家属要到寺院报丧，请僧侣前往诵经超度。牧区的死者，男性要剃净头发，放置帐房左下角；女性要重梳发辫，置于帐房右下角，均以死者生前用过的皮袍覆盖尸体。布帘外点燃一盏指路的酥油灯，帐外煨桑祭礼，吹响海螺，家属可尽管悲哀，但不嚎啕大哭。天将明，以皮袍裹尸，以点香引路，由亲人背尸或用牛将尸体和一个装满石头的皮口袋驮到部落或氏族的天葬场，安放在葬台上。天葬时，由喇嘛煨桑、念经，齐诵六字真言，吹响海螺，送往天葬场，由天葬师将尸体分割成块，投喂秃鹫。煨桑时加有酥油、茶等，桑烟冉冉升起，四处飘香，招引秃鹫啄食尸骨。藏族文化认为，死者的灵魂将顺桑烟铺就的五彩云路，升入天堂；同时将尸体施舍给秃鹫，可避免秃鹫残害其他生灵，也是一大善举。在盛行天葬的农牧区，人们特别珍视天葬场周围的秃鹫，严禁捕猎。

（二）火葬

藏族对活佛、高僧和著名人物实行火葬。火葬前，先占卜选定吉祥之地，砌一圆形土炉，把双手合十、呈盘膝静坐状的尸体置入炉内，炉下装木材，到吉时点火焚烧，炉内加入助燃的酥油及象征无穷丰富的各色谷物。火葬时，僧侣围聚高诵经文，信众匍匐在地叩首。尸骨成灰时，由僧侣捡出碎骨，装入黄缎布袋，封存于灵塔。

甘南迭部、舟曲及卓尼洮河沿岸和上傍山一带的藏族群众，普遍奉行传统的火葬习俗，大致有停尸、入殓、出殡、火化、安葬等仪式。

（三）水葬

居住在沿河沿江的藏族群众，将尸体背到固定的水葬处，坠以石块，投入洪流；也有的将尸体肢解，投入江河，再邀请喇嘛诵经超度，并在水葬的岸边插经幡，以示纪念。藏族人认为，水是生命之源，是神圣的。由于水葬会造成水质污染，水葬习俗现在已经鲜见。

（四）塔葬

塔葬是藏族最高规格的葬式。大活佛圆寂后，将其尸体沐浴后盘坐，涂以防腐剂、香料处理，放在灵塔内长期保存，供人顶礼膜拜，或将火化后的大活佛尸骨骨灰装入精制的罐内或木匣内，建造塔阁，深藏塔中。灵塔的规格因活佛的地位而异，有金塔、银塔、铜塔、铁塔、木塔、砖塔、土塔等类型，通常都由塔座、塔瓶、塔刹组成，其建筑式样有独特的佛教象征意义。佛教徒认为，活佛圆寂是智慧福德、圆满成就的最安乐境界，是人生最后追求的一种绝对安静、神秘超脱生死的精神状态。塔葬可满足人们对偶像崇拜的心理需求。

（五）土葬

藏族牧区只有对患恶疾或传染病而死，或凶死等非正常死亡的人才实行土葬。他们认为，死者深埋地下将成为恶鬼，下世不再有转世为人的机会，因此藏族人对土葬怀有恐惧心理，这一点与汉族的土葬观念有天壤之别。

第四节　藏族的草原精神文化

一、藏族的传统精神生活

（一）藏族的精神追求

藏族人更注重精神生活。游牧民族精神上是充实的、自由的，他们与大自然的交流中丰富、充实了自己的社会生活与精神生活，他们认为天地万物是自己的伙伴。他们信仰崇拜大自然，在自然信仰中使自己有了精神追求和精神寄托。游牧人生活从容自由、胸怀开阔、热情好客、朴实诚恳，这与现代都市人的争斗、猜疑、贪财是截然不同的。他们生活的目的并不是创造巨大的个人物质财富，而只是选择这样一种生活方式。他们追求的是与自然的和谐、与众生相依为命的境界，将时间与精力贡献给无尽无穷的精神生活。所以游牧民是真正的隐士。他们几个世纪以来隐藏在草原深处，创造了适应草原自然环境的最佳方式——游牧方式。藏族的精神追求主要表现在以下几个方面。

1. 诵经、转经轮、磕长头

在高原藏区，到处都能看到许多在深山、在草原静坐苦修的僧人们，遍布藏区每一个角落的大小寺院里，成千上万的僧人在苦读研修。放牧农作的藏胞一有闲暇便诵经、转经轮、磕头。在漫长的朝圣路上，磕长头（等身头）的民众一步一步向神山、圣地行进，一路上靠乞讨生活。一走几个月或一年，甚至更长，不达目的决不停止。手破了，头破了，鲜血淋淋，在别人看来辛苦异常，而他们却“乐在其中”。还有一些人，他们一生都在各种石头上刻经文，刻下的经石垒成了一道道经石墙。他们世世代代专注于精神活动，成为一种“精神人类”。

2. 进寺院当僧人

千百年来，寺院成为藏族人的寄托地，进寺院当僧人，成为人们（至少是大多数男人）的理想。18 世纪中叶，藏区僧侣达 48 万人，占当时藏族人口（134 万人）的 1/3 以上。如果除去妇女儿童，那么成年男子至少有一半或六七成人在寺院，这与“家有三男、二人为僧”的说法相吻合。

3. 供养僧侣

过去西藏的农牧民，除自己尽量参加宗教活动外，倾其全力供养庞大的僧侣群体、建设大小寺院，则成为他们全部世俗经济活动的主要目的之一。据 1955 年对黄河上游的海南藏族自治州兴海县阿曲乎部落的调查，该部落 157 户牧民，1955 年一年中宗教活动方面的开支共 64 550 元，占 157 户全部收入的 43.9%。在果洛藏族自治州，20 世纪 50 年代牧民的宗教开支一般占全年总收入的一半。

1959 年，西藏自治区实行民主改革，废除了农奴制，特别是改革开放后，农牧民供养僧侣的情况有了很大的改变。近年来，西藏自治区在寺庙全面落实“利寺惠僧”政策，绝大多数寺庙实现了通水、通电、通路、通信，僧侣实现了住有所居、病有所医、老有所养。目前，西藏自治区僧尼 4.6 万人全部办理了养老保险、医疗保险和最低生活保障，每年免费体检一次，政府为僧侣潜心修行创造了良好的条件。

（二）藏族的道德规范

1. 不屯积财富

藏族人认为，既然认定人应过一种清贫而适中的生活，不该屯积财富，那么，人从一开始不该向大自然索取更多的东西。藏族人很早就在藏南河谷发现砂金，可是一直未去开采。近代以来，随着内地及国外商人的涌入，人们广泛知道像买卖冬虫夏草、鹿茸、麝香可获大利，但是过去当地多数藏族人并没有大规模地采集，始终对此行当不屑一顾，正是这样一种处世态度，才维护了高寒地区良好的生态环境。

2. 生活节俭

过去，西藏游牧人常年维持清贫生活。一壶清茶、一碗青稞炒面，是长期的饮食结构；一件羊皮袄，白日当衣穿，夜里当被盖；一顶帐篷是全部家产，成年累月在高寒草原与牛羊为伴。他们说：“男人节制是智人，女人节制是贤女，大官节制是伟人。”

如今，藏族牧民的生活随着现代化的渗入发生了很大变化，他们的生活状况和居住条件有了很大的改善。如果说过去的藏族牧民终日关注的是如何经营他们的牛羊，那么现在藏族牧民更多的则是在为提高生活质量、提高子女的受教育水平而努力。

3. 尊敬老人、赡养父母

藏族谚语曰：“老人是家中的支柱，太阳是幸福的明灯。”藏族人对老人的起居特别照顾，不论吃饭喝茶、饮酒等，先要敬给老人，待老人动手动口后，大家方可动手动口。在家里，儿女尊重父母，下辈人尊重上辈人。见老人应起立，老人进屋要起立让座，吃饭饮酒先敬老人。每当节日，尤其是春节和藏历新年，先给老人拜年，全村里先给年龄最大的寿星拜年，祝愿安康。平时，骑马碰上长辈，要下马问安；家中老人有病后，精心侍奉。对父母养老送终的人认为是真正的儿子，人们对其非常尊敬。虐待老人的人，过去要受到部落严厉的惩罚，现在要受到社会最严厉的谴责。

4. 互助行为

放牧时，藏区部落之间和睦相处，相互自觉地不侵占草场，相互照看牛羊。人们得到任何财富或收获，都要与周围人均等分配。“露水大的一点东西分着吃，针尖大的一点活儿一起干。幸福与快乐若降临，共同享受无偏私。”打猎时，猎人捕获了猎物后，在他未拿回家向神佛、向家人、向邻居分配前，任何一个外来人首先看见了猎物，猎人便要与其平分。如果是众人集体狩猎，获得的猎物众人平分。环青海湖等地的藏族部落之间每年有几次重要的生产互助与财富相互馈赠活动：5 月，各户牧民的母羊产羔已结束，牧民们准备阉割公羊羔，几户或十几户联合起来组成一个组，轮流到各户阉割，主人宰几只羊慰劳帮忙的人。待到 8 月剪羊毛时，又组成互助组到各户剪羊毛，主人同样宰羊招待。这种集体劳动、集体食宿要持续 10 多天或 20 多天。此外，节日期间各户都要相互馈赠礼物。至于婚丧嫁娶，全部落的人都要前去张罗。在一个较长的时期内，这种互助馈赠成为一种互惠性的活动，各家各户都有赠送的义务，同时也得到了部落民众的认可。一个部落在这种相互援助中维持着正常生活。

藏族牧民不仅要与人类共享财富，而且要考虑到同一环境中其他生物的需求。在部落地域既留有家畜食用的草场，也留出足够的草地供野生食草动物食用。例如，低洼处牧家畜，高山处留给野生动物；野生食草动物到夏季牧场后，牧民一般不会惊扰它们。

5. 热情好客

在辽阔的藏区，热情招待外来的旅行者、僧人及其他部落的人，这是世代相传的习俗。在封闭的牧区，人烟稀少，帐篷中偶尔来一位客人，牧民自然高兴，全家人都要出门迎接，而且不管认识与否。妇女儿童要为客人挡狗；男主人则接过客人马缰绳，扶客人下马，以敬语问候。在藏区，人们遵循着一条古老的人际相处原则：人类皆兄弟，财富应共享。"客人来了，请坐下，先喝茶，再敬酒，空肚子说话，不是牧人的规矩。"给客人递茶时要用双手；递刀时刀尖不能朝客人，而应将刀把递给客人；不应从客人衣物上跨过或踩踏，更不能从别人身上跨过。在屋里或帐篷里大家围坐时，不应从客人的前面走过；不应把脚直接伸向客人，不能背对客人坐；不能当客人面咳嗽，咳嗽时以衣袖掩面。无论是亲戚还是陌生人，只要人家前来你的帐篷投宿，主人须尽自己力量招待客人，给他饮食、让他住宿，陪伴他说话。过去，藏区有个规矩：拒绝给口渴者一杯牛奶的人，应罚羊 1 只；向邻居强索乳酒喝的人，应罚备好鞍子的马 1 匹。

6. 做客的规矩

到别人的帐篷里去做客，骑马者在离帐篷很远的地方就要下马，以示敬意；客人只要用马鞭挡住人家的狗，不去打它（当高大凶猛的藏狗奔来时，用手杖、鞭子轻轻指一下狗的鼻子，狗就会安静下来）。客人进了帐篷，先向供佛处磕头致意，然后静静坐在自己的位置上。男客人坐帐篷左边，女客人坐右下方。与主人交谈时，既不要高声喧哗，也不要东张西望察看，主客一边喝茶一边谈事。客人向主人问好、问安，问牛羊好、草原好，但不要打听主人的隐私，如问牛羊数量、钱财数量等。牧民认为打探别人的财富是一种不礼貌的行为。客人不能将脚放在灶旁，不能在灶火里烧骨头、布条等有臭味的东西。

主客之间无论是朋友还是亲属，不能将手搭在对方的肩膀上，也不能拍肩，牧民认为肩膀是人的阳神所在处。

无论主人还是客人，也无论任何亲属，都不应穿别人衣服，不用别人的食具（碗筷），不用别人的鞍具、放羊工具。藏族牧民、僧人到别处旅行、做客，随身总携带自己的茶碗，并且只让主人给自己添茶，自己不能以自备碗去舀水。藏族人总是小心翼翼地不触犯别人的生活权利，也不触犯别人的生活领地，这种自觉性来自道德的约束，许多外来人自愧不如。

没有亲戚关系的妇女不得随意进入别人的帐篷，铁匠、屠夫或有传染病的人不得随意到别人家做客。

7. 藏族的“贱人”观

过去，卫藏地区藏族人普遍歧视猎人、铁匠、木匠、捕鱼者等，安多藏区歧视铁匠、猎人。藏族人认为这种人因为屡次犯禁，采集捕杀生物，制造挖掘工具或者破坏草场，被认为是无社会公德脱离佛法教规的人，这种人是卑鄙的、低下的，人们一般不愿与他们来往。他们实际上成为社会“贱民”，与大众疏远，成为禁忌者，他们的生活便异常艰难。藏区过去少有此类职业者，便是这个原因。但藏族人不歧视银匠，因为他们只制造饰品。

藏族独特的环境保护价值观认为：凡破坏生态环境，毁灭其他生物的人是一种道德低下、天良丧失的无耻“贱人”。“人们一般认为，他们直接或间接地屠杀生灵，造有罪恶，或者他们的祖宗就不干净。”“人们看不起铁匠，因为嫌他们吃雪猪肉，认为他们骨头脏。”“铁匠的灵魂是黑的，骨头也是黑的，铁匠的影子映在谁的身上，谁就要倒一辈子霉，千万不能与他说话。”实际上，对铁匠、屠夫的歧视是游牧文化特有的现象。它是在草原受到破坏、牲畜被大量屠杀、畜牧业走向衰落时，牧民为维护草原生态环境与畜牧业发展而采取的一种防护对策。牧民普遍认为铁匠不仅是不洁之人，而且是一种破坏势力，因为他们间接破坏了原始的自然植被，使之千疮百孔。现在，藏族的这种“贱人”观已改变。

8. 生死观

人去世后，不再提死者的名字。藏民认为人一死去，他的灵魂也同去转生。为了使灵魂顺利转生，不应再叫；与死者同名的人则公开声明自己已更名。这一切是为了尊重死者，祝愿他的灵魂得到安息。在传统社会中，藏族人并不刻意追求富贵长寿。对“英年早逝”，他们随缘任运、顺其自然，并不过分痛惜。老年时代，怀揣木碗，手持念珠，骑上慢牛，游走天涯，或到人家投宿乞食，或到寺院磕头拜佛，无牵无挂。另一种活法则是白日捻毛线，转经轮，晚上诵佛经、磕长头。日升出帐浴阳光，日落进帐烤粪火。行则跟随人后，聚则闭口少言。儿孙勿念，牛羊莫牵，但念佛教，只行善事。轻轻地退出社会，悠悠地随缘任运，静静地老衰死亡，这是最自然的死亡法。

藏族游牧民的有些价值观和生活方式是值得我们当代人学习的，但在农奴制时代，这些价值观和生活方式往往被农奴主所利用，使他们忍受剥削，安于现状而生活过于贫困。

二、藏族的传统文化产品

（一）藏族的文房四宝

藏族也有自己的文房四宝，即笔、墨、纸、散木札。藏文字形有楷书、草书两大类。草书分六类。尚有篆文。

藏族人写字不用毛笔，而用竹笔，一般使用者自己制作。藏族学者十分看重竹笔，认为它是文殊菩萨“智慧之剑”的象征。制笔分选竹、加工、削笔三道工序。竹一般是选旧竹，皮色杏黄，无裂纹斑痕，质地柔坚为优，每笔有节，有节则为吉。先将选好的竹架于屋梁烟熏，或油煎，竹体干硬，色泽油亮。削竹时，备锋利小刀，然后根据书写需要以及字体大小，削出各种笔来，一体一笔，另外也有以鸟翎为笔的。

墨用墨盒而不用砚台。墨盒形呈瓶状，铜制，小巧玲珑。书写时，左手持盒，右手执笔。以前，墨多为自制，其原料有木炭、灯芯灰、黑矿石之类。在墨汁中加少许冰矿以求光泽，加少许麝香使气味芬芳，也可防腐。藏传佛教的经文用“赛尔寨”（金粉）、“俄寨”（银粉）、“玛尔寨”（朱砂）、“东寨”（白贝粉）、“纳亥寨”（黑墨）等原料和色彩写成。

纸是土法制作，种类较多，质量不一。绺巴嘎纸为上品，次为馒头花根制的纸，再为草纸。纸以洁白、薄亮、柔轻、不易撕坏、书写不洇为优。

散木札形似汉族水牌，为长方形，大小不等，四周有沿，表面涂以黑漆。书写时，用少许酥油擦面，再打上横格，然后撒上糌粑粉或草灰之类，随即抖去可写。散木札一可写字，二可打抄稿，三可绘草图，四可演算，五可当书札，可谓一物多用。

（二）宗教典籍

14 世纪编纂的《甘珠尔》与《丹珠尔》即闻名于世的《藏文大藏经》，包括了显宗、密宗、戒律、般若、华严、宝积、经集、涅磐、中观、因明、声明、医方明、工巧明、世论等几十类学科，共 459 种书籍。其内容以佛学为主，包含了藏族文化各个方面，是一部学科齐全的百科全书。

（三）历史典籍

有《蔡巴红史》《西藏王统世系明鉴》《青史》《新红史》《汉藏史集》《贤者喜宴》《西藏王臣记》《白史》等几十种。佛教史方面，有《布顿佛教史》《雅隆教史》《土观教派源流》《安多政教史》等几十部。家族史有《萨迦世系谱》《朗氏家族史》《德格土司世系》等数十部。传记方面有《宗喀巴传》《萨班传》《布顿传》《米拉日巴传》《莲花生大师传》等几百部。此外，尚存 200 多名学者大量的学术著作全集。

（四）文学著作

藏族创造了各种题材的诗歌、神话、传说、故事、小说等。英雄史诗《格萨尔王传》，已发现有 100 多部，仅对已出版的 40 部统计，共有 25 万多诗行。《格萨尔王传》是世界著名的英雄史诗之一，影响遍及世界。

（五）藏医学著作

藏族的民族医学已有 2 000 多年的历史，在吸收和借鉴汉医、印度医学理论和实践的基础上而形成。在吐蕃王朝时期，便有大量总结藏族医疗卫生方面的学术著作问世，包括《医疗术》《火灸疗法》等。以后出现了《月王药诊》等理论系统、完整的医学典籍。最著名的是公元8世纪宇脱·云丹贡布所著的《四部医典》，其内容从基础理论到各科临床实践，包括人体解剖、胚胎发育、病因病理、治疗原则、临床各科、方剂药物，诊断病情主要是问诊、望诊和触诊，还有治疗器械、治疗方式、药物性能等内容。18世纪中叶由帝玛尔·丹增彭措完成的《晶珠本草》藏药巨著，收药2 294种，其中大部分是青藏高原的草原植物药和动物药，据说此书是由内地僧人叙述而成的藏医典籍。藏医常用药是由多种药物配制的成药，共有1 400多种。此后又有《藏医史》《蓝琉璃》等著作出版。

（六）天文历算著作

吐蕃时期有《珍宝明灯》《冬夏至图表》等天文历算著作。11世纪出现了《时轮根本经释》，14世纪出现了《历算综论》等著作，17世纪后出现了《天文历算问答·光辉太阳》《白琉璃》《除锈》等著作。

（七）藏族的谚语

谚语是藏族人民智慧的结晶，是用比较固定的语言形式，反映出生产活动和日常生活中的经验和教训，具有劝慰、启迪等功能。它广泛流传在人民群众口头之中，通俗、顺口、朴实、精炼、清新、含蓄，具有鲜明的形象性、生动的比喻，具有浓厚的民族特点，独特的地方色彩，现摘录一些如下。

（1）要像柱子一样端直，要像柱石一样坚实。

（2）艰难时不可泄气，安乐时不可得意。

（3）享乐的欲望要抑制，吃苦的精神要发扬。

（4）口说空话如泡影，实践珍贵似黄金。

（5）不饿肚子不知粮食宝贵，不经步行不知乘马恩重。

（6）唾液吐不到天上，驼腿跨不过山巅。

（7）苍天之中的父亲，大地之中的母亲。

（8）宁喝朋友凉水一勺，不吃坏人蜜糖一碗。

（9）大敌当前共举刀，朋友光临共举杯。

（10）雄鹰虽是天上的鸟，但它还要落在石崖上。

（11）权势达到顶点，苦海跟前乱翻。

（12）酒醉了有清醒之时，财迷了无清醒之日。

（13）黄土堵不住泉眼，石头压不住新苗。

（14）源头一旦浑，下游不会清。

（15）小溪喧嚣不已，大海无声无息。

（16）河水虽然宽大，仍在船身之下。

（17）清水打不出酥油，岩石榨不出清油。

（18）牦牛不想喝水，压头也是无用。

（19）家乡的气味，比牛奶还香。
（20）不到山顶不知山高，不渡河焉知水深。
（21）一次说了谎，一生人不信。
（22）沙子里面有黄金，众人中而有智者。

（八）藏族八吉祥徽

藏族在 3 000 年的发展中，形成了自己独特的美学原则和心理素质，有自己独特的吉祥符号，称八吉祥徽，藏语称“扎西达嘉”。由于历史上藏族信奉藏传佛教，这些符号都和宗教紧密相连。八吉祥徽是吉祥结、妙莲、宝伞、右旋、白海螺、金轮、胜利幢、宝瓶、金鱼。另外，藏区还有一种叫“央章”的吉祥徽。

（九）藏区的六长寿

藏区尊崇的六长寿（藏语称“才让南木周”）用绘画来表现，多绘在墙壁上，也有刺绣在布面上挂在墙上，包括岩长寿、水长寿、树长寿、人长寿、鸟长寿、兽长寿，即巨岩（也喻大山）、常流水、苍松柏、寿星老人、仙鹤、千岁鹿。

（十）藏族的七珍宝

七珍宝，藏语叫“仁钦纳东”，即金轮宝、神珠宝、玉女宝、主藏臣宝、白象宝、绀马宝、主兵宝，或者金、银、琉璃、子母绿宝石、晶石、红珍珠、冰珠石。

三、藏族的文化艺术

（一）绘画与雕塑

绘画艺术以岩画、壁画、唐卡（见图 3-12）、木版画、羊皮画、堆绣画为主。雕塑有以铜铸、石雕、泥雕、木雕、酥油塑等用料所雕塑的圆雕、半圆雕、浮雕等艺术作品，具有高原独特的艺术风格。

图 3-12　唐卡

（二）建筑艺术

藏族建筑艺术突出人工建筑与自然环境的高度协调，建筑与自然环境浑然一体。从公元 3 世纪到当代，青藏高原大地上建成了数以万计的寺院。这里依高山而建的寺院，似从山中长出，与山成为一体。在夏日碧绿原野上，一座座白色佛塔，与自然色彩高度和谐，从中可见藏族人创造了一种崇高与优美高度结合的美学境界。

（三）民间歌舞艺术

藏族是一个能歌善舞的民族，自古以来藏族人“会走路就会跳舞，会说话就会唱歌”。安多地区主要流行的歌为“鲁”和“拉伊”，流行的舞为“卓”和“噶尔”等。“鲁”是安多地区方言中对酒的一种歌唱形式，主要在节日聚会、婚姻嫁娶时演唱，用以抒发情感，烘托气氛，表词达意。其歌词含蓄生动，比喻形象贴切，曲调比较短小，但音域宽广，音调悠扬婉转，悦耳动听。“拉伊”意为山歌或情歌，所唱内容多为爱情题材，也有少数赞美家乡风光和草原景色的，一般不能在家里唱，只有在远离帐篷和长辈的地方才能唱。“拉伊”的歌词多用比喻，语言生动浪漫，曲调高亢自由，音域高远奔放，节奏显明，散拍中有规律，规律中有自由。

“卓”是一种比较古老的歌舞，流行在藏族各地区，有的地方称“锅庄”，是在年节、重大聚会、喜庆丰收之时边唱边舞的一种舞蹈。从总体而言，“卓”具有诗歌、音乐、舞蹈融为一体的特点，内容丰富，文学性较强。表演时手足舞动，节奏活泼欢快，曲调易于上口，歌曲嘹亮高亢，舞蹈动作粗犷、豪迈、遒劲，富有浓郁的乡土气息和民族特点。

“噶尔”也称“郭尔”，是圆圈舞，也称为环舞，是一种群众性的歌舞，融表演、说唱、舞蹈为一体。曲调可快可慢，自由浪漫。它有传统的歌词，也有即兴词用以演唱，有时分为男女双方互相问答；内容涉及古老的神话传说、男女爱情等；歌舞兴浓时，则通宵达旦，进行比赛时，常常一两昼夜不散。

（四）民间说唱

一是《格萨尔王传》的说唱；二是以日常生活为题材的诗赞类说唱；三是乐曲类说唱，一般用龙头琴搭八弦琴作伴奏乐器，即兴编词，自弹自唱，格式为三段三句式或三段四句式，曲调有多种，内容丰富，极富旋律。

四、藏族的民间体育文化

（一）赛马

藏族多数人善骑射，因此，赛马十分兴盛，其历史悠久。赛马有跑马（奔马）、走马两种。跑马赛是在 2.5 ～ 10 km 的距离中比速度和耐力的竞争。走马是在 100 ～ 200 m 的距离中，骑手摆动腰肢扬鞭催马，快步向前飞走，如果马儿放慢了步伐，便为失败，既要速度又要平稳。走马一般先分成几个小组预赛、复赛，然后决赛取名次。跑马距离远，一般决赛一次，骑手摔下马，马自己跑向终点，也计名次，一般取前 13 名。

（二）马术

马术表演也很普遍，一般除马上射击、射箭、打飞石之外，最有名的一是“飞马拾物”。

在马跑动时，骑手俯身拾起地上相隔几处的石子或哈达或红布。二是“蹬里藏身”。当马飞奔时，骑手机敏地窜到马的一侧，一腿踩蹬，手抓马鞍或马鬃，身体缩成一团，呈隐蔽状。三是“马上站立”。当马儿跑动时，骑手双手扯住缰绳，全身站立。四是奔马过障碍。五是马上射箭、马上射击等。

（三）打锁儿或打梭

打锁儿是先在平滩挖一长方形小炕（长 2 ～ 3 寸，宽 1 寸），玩者为二人或不等，开始时在小坑内放 1 ～ 2 寸长的圆木，再斜插一根五寸长的细木棍，打者用二尺来长的木棍轻轻敲击斜插木棍，使小圆木跳起来；然后，用木棍猛击圆木，打得越远越好，打不着为输，由第二人轮打。对打三局连输者要胜利者把圆木打远，让其口喊“锁”声跑到圆木落处并拾上圆木又返回，如果途中声音断了，就要从断声处将对方背到垒处。

（四）摔跤、拔腰

摔跤有两种，一种是固定式的，两人交叉相抱，然后使劲摔，不能使勾脚，以先落地者为输。另一种是自由式，可以使勾脚，只要将对方摔倒地便可。拔腰可用双手也可用单手相抱其腰，被先拔起来者为输。

（五）蹬棍

蹬棍是用三尺长的一根棍，两人坐平伸腿，两脚相蹬，两手伸直握棍，口令一下便用劲互拉，先被拉起来者为输。

（六）拉扒牛、犟板筋

拉扒牛是用一条绳两头挽成死结拉直，挂在朝相反的方向站立者的脖颈，绳从胸前穿过两腿间，然后弯腰用手触地，听到命令方可互拉。有的被拉得退三步算是输，有的在绳中间结一红布为标志，再画两条界线，以拉过界线者为胜。

犟板筋也用上面的一条绳（或腰带），双方挂在脖颈，根据绳的长短相视而坐，伸直双腿，以拉过界线者为胜。

（七）射箭、射击

以前射箭在藏区很普遍，其射法是在 30 步远的地方立靶，然后每人射 3 箭，中靶者为胜；如果双方都射中，看谁射在中心，依此为标准决定胜输。

比赛射击时有几种方式：一是打死靶，在百米处放一碗或立一木为靶。晚上在 20 ～ 30 m 的地方插上一排香火，每人轮流射击，看谁射得准。二是打活靶。在小山坡上放一筛子滚动，半山腰上的射手要连放 3 枪，以打准次数多的人为胜。有些枪手用火枪能连续打三枪，其速度之快，令人惊讶。枪手先装好一枪的火药、铅弹。在嘴中含一颗铅弹、在耳门中放一颗铅弹，用牛角制成的装火药的器具，小角中放一枪的火药，用火绳点燃，动作极其熟练。三是在马儿奔跑时打死靶，每人打 3 枪。藏族人对善骑射者格外崇敬。

（八）举石头、搬石头

举石头是把 50 ～ 100 kg 的石头，双手举过头，又能轻轻放在地下。搬石头是把石头从一个地方搬到另一个地方，不但要搬起来，而且要搬到一定的地点后轻轻放下。

（九）扳巴、拧勾

扳巴是双方两手拇指朝上相握，胳膊伸直，左右相扳，决出胜输。拧勾是双方用中指相勾，胳膊伸直而相拧，按顺向拧过去者为胜，不过拧勾往往会发生把指头拧折的现象，尽管如此，但这种游戏仍很普遍。

（十）踢毽子、打毛蛋

俗话说：“踢毽子，穿缎子；打毛蛋，穿褐衫。”这类活动一般是少年儿童参加，成年人较少。踢毽子有拐、踢、盘、剪、转、跳、蹲等数十种动作。毽子多用古钱扎公鸡毛做成。毛蛋是在毛团上绕缠毛线而成，也有在吹胀的猪膀胱（尿泡）上缠上毛线而成，一般用手拍，动作有拍、踢、跳、转等（现已很少）。

（十一）打抛兜（抛石器，藏语称尔朵）

抛兜是牧区每一个牧人都有的放牧工具，它用牛毛线编成，长 2 ～ 3 尺，中间有一小兜。打抛兜是上置小石子，两头抓在手，扬手挥轮，然后突然放开一头（另一头有耳环，套在中指上），只听“啪”的一声石子便飞了出来，一般打 300 ～ 500 m 远，几个牧羊人会集在一起，定目标，看谁打得准、打得远。抛兜不但是放牧工具，而且是自卫或进攻武器，具有多种功能。

（十二）打秋千

打秋千又称“手手”，在春节期间最为兴盛，有的用上绳拴在房梁上，有的栽在广场上，比较高。玩的人踩在上面或坐在上面，来回摆荡；有的上面放一块板，两头各站一人，相互蹬摆起来；也有的一人坐在绳上，另一个踩绳用力推送。

（十三）棋艺

棋艺也较多，有煮锅锅、吊罐罐、围和尚、下方等，都是智力比赛。

煮锅锅是两人对下，用不同样式或颜色的小石子或土块。其方法是用两棋把对方的棋围在角里，便是死棋，这个棋便拔起“煮”入中心的“锅”中，直到三棋被“煮”完为止。

吊蛋蛋是带逼对方的石子到下面的三个圆圈内为输，其方法是一次只走一步。

五、藏族的节日文化

藏族的节日大多与宗教有关，有正月法会、七月法会、九月法会等。农历正月初八的“亮宝节”展示寺院宝物，也叫“放生节”。这一天僧人们将准备好的马、牛、羊系上彩色绸带放走，被视为“神马”“神牛”“神羊”，任何人不得猎杀。正月十三有“晒佛节”。正月十五的“苏油花灯会”，展示僧人们雕塑的各种苏油花。七月十五有“大法会”等。每逢节日就有僧人的藏戏演出活动。民间的节日有藏历年节。西藏地区的“雪顿节”（吃酸奶节），安多地区的“香浪节”（来源是藏族僧人打完柴后的休息日，后演化为藏族农民为了追忆游牧生活，期望回归大自然的浪山节）。安多地区藏族也过春节，春节期间人们见面就互相祝福说“老萨儿桑格”。现在，在市场经济大背景下，草原旅游业大发展，“雪顿节”和“香浪节”现已分别在西藏和甘南演化为旅游节。每逢节日都有大型文体活动和商业活动，正是“文艺搭台，经济唱戏”。

第五节　藏族的草原生态文化

一、藏族的生态伦理

（一）众生平等

在藏族牧民的意识中，认为一个部落所处的地域是人、神和动物的共同居住区。在处理牲畜饲养与牧草生长关系中，所有生物都是平等的，都是与人共生的，相依相存的，因此就要兼顾各方利益均不受侵害；作为牧民，既要保护畜养动物，又不能使养育食草动物的基地——草原草地受到致命的损害。藏族牧民不以人类目前的利益标准来判断自然界生物的“优”与“劣”。因此，藏族牧民认为这块区域中包括人在内的一切生物都是平等的，都源于同一种生命体，长期演化发展中形成了相互依存、相互感应、互为因果、共生共存的密切关系。既要保护生态环境，又要发展自己。古代藏族人没有消灭“害虫害兽”的观念。相反，他们认为应不加歧视地保护任何一种生物。在一个部落拥有的大片草场上，牧人除放牧家畜外，同时要留出大片草地给野生食草动物。即使对于游牧区域的野生食肉动物，牧人也不会主动侵扰它们。许多野生动物在宗教中是崇敬和禁忌的对象，如虎、鸟类中的鹰等。遇见所敬畏、禁忌的动物，人们敬而远之。一般称呼中亦不直呼其名。如瞎熊，不叫熊，而叫作“刨土者”；雪豹称为“长尾巴”“方头”等，从而维护了高原生物的多样性。

（二）家畜与野生动物共存

在处理动物之间的关系中，牧民既要畜养已驯化了的家畜——牛、马、羊等，但也注意保护野生动物的生存权利。在许多情况下，家畜与野生动物在同一地区和平共处。牧民的家养牦牛常爬上高山与野牦牛混群，有时公野牦牛引诱家养母牦牛到处游走几天不归，但因为牧民知其活动路线，故不急于找回。由于不惊扰它们，野生动物基本固定生活于一个区域，牧民便能识别它们，与它们朝夕相处。发生大雪覆盖草地的时候，野生动物与家畜挤在一起共觅食物，牧民若有饲料则要喂养一切动物。草原上的这些食草动物和食肉动物有时会对牧民家畜生存造成威胁。例如，一个地方野生食草动物过多，就抢食了家畜牧草；狼也是家畜的危害者。但藏族牧民认为这并不是经常发生的现象。当发生大雪灾时，高山野生动物就会下山抢食牧草；当草原野生食草动物急剧减少时，狼才会袭击家畜。对此只能通过调整系统内的生态平衡来解决，于是产生了种种宗教仪式和经济活动规范。其中畜牧活动规范至关重要。在藏族宗教中，无论是现世生活场景，还是来世生活场景，人与各种动物总是同居一处，相互依存。同样，在一个部落游牧的地域内，牧民也将家畜与野生动物都视为该区域的生存成员，既要放牧家畜，但又不干扰野生动物。家畜与野生动物共生同长。

（三）自然资源的适度利用

藏族牧民认为，畜牧活动的目的既要照看家畜又要保护水草，在此前提下获得有限生产生活资料，以维系自身的生存发展，而不是商品生产。所以藏族牧民的畜牧活动对自然生态系统并没有加以主动开发和过分干预。在人与其他生物的关系中，既要维持人类自身的生存权利，同时又要与其他生物共同生存，至少不至于造成其他生物的灭亡和消失。这便产生了人对自身生产、消费的限制和对自然界的有限利用为特征的生产生活方式。而节俭节约的消费生活方式使自然资源得以保存和更新。为了对自然资源不造成破坏性的开发利用，游牧社会与外界建立贸易关系，以畜产品交换生活消费品作为维护畜牧生态系统运转的必要条件。总的来说，这种游牧方式是对高原环境的适应，而不是破坏和干扰，使千年来高原自然生态环境未受大的人为破坏。对青藏高原高寒牧区来说，游牧方式不仅在过去，而且在目前仍然是最适宜的方式，因为只有这种方式才能保护自然生态环境，同时保持优良的民族传统文化。如果从全国或者从亚洲地区整个自然生态环境的平衡协调来看，保护青藏高原自然生态环境，对全国和东亚地区的可持续发展有着重要意义。

（四）对自然界的禁忌与保护

古人云："欲生于无度，邪生于无禁。"藏族牧民自古到今，对自然的禁忌已涉及各个方面，成为一种系统的禁忌文化。

1. 对山的禁忌

禁忌在神山上挖掘，禁忌采集砍伐神山上的花草树木，禁忌在神山上打猎，禁忌在神山上喧闹，禁忌将神山上的任何物种带回家去……藏民热爱自己的草原，说草原上有金瓶似的神山，明镜般的神湖，翡翠般的森林，彩云般的鲜花。藏族语言中，一般不说登山、上山、下山之类词语，而只说“进山”“出山”“山里去了”，因为山——自然不是攀登、征服的对象，山不是独立于人之外，山是人的居住地，心目中的山就是统管者和依赖者。人是山体的一部分，人与山融为一体，人与山体的其他生物一样。崇敬山、保护山，不可能敌视山、破坏甚至征服山。当一些运动员爬上高山后称“征服了某山峰”，当地农牧民对此却颇不以为然，“爬上山就算征服了山吗？”“山能征服吗？”人只能敬畏山，与山融为一体，而不能去征服它。

2. 对水体和土地的禁忌

禁忌将污秽之物扔到湖（泉、河）里，禁忌在湖（泉）边堆脏物和大小便，禁忌捕捞水中动物（鱼、青蛙等）。

对土地的禁忌。一般牧区与农业区是有区别的。在牧区，人们严守“不动土”的原则，严禁在草地胡乱挖掘。在农业区，不动土是不可能的，但不能随意挖掘土地，每年开耕前要先祭土地，去地里劳动要穿新衣，不能在田野赤身裸体，以示对士地的尊敬；要保持土地的纯洁性，如在地里不能烧骨头、破布等有恶臭之物。藏族老百姓在新年第一天所做的第一件事，就是敬“新水”和“新土”，而不是去敬神佛、朝拜喇嘛活佛，更不是访亲问友，祝贺新年。这说明藏族人民对他们赖以生存的水和土地有着多么深厚的感情，多么热爱并珍视宝贵的资源。

3. 对禽类的禁忌

禁忌捕捉任何飞禽，禁忌惊吓任何飞禽，禁忌拆毁鸟窝、驱赶飞鸟，禁忌食用鸟类肉（包括野外的和家养的），禁忌食用禽蛋。

4. 对野生动物的禁忌

除猎户外，大多藏区是禁止打猎的，尤其禁止猎捕神兽（兔、虎、熊、野牦牛等）、鸟类及狗等。

5. 对家畜的禁忌

禁忌侵犯“神牛”与“神羊”（即专门放生的），神牛、神羊只能任其自然死亡。禁忌陌生人进入牛羊群或牛羊圈；禁忌外人清点牛羊数；禁忌牲畜生病时，外人来串门做客；禁忌食用一切爪类动物肉（包括狗、猫等）；禁忌食用圆蹄类动物肉（驴、马、骡等）；禁忌在每月十五、三十和六月六、九月二十二等日宰杀牛羊。

6. 其他禁忌

禁忌捕捞水中任何动物，禁忌食用鱼、蛙等水中动物，禁忌故意踩死打死虫类。除此以外，藏区还有对火及灶的禁忌，对居室的禁忌，对树木的禁忌以及人事方面的禁忌等。

有些禁忌出于对自然的感激之情：土地草山养育着一切生灵，泉水湖泊是高寒干旱之地珍贵之物。出于对大自然和相依为命的动物伙伴的感激，从而产生了对它们的保护禁忌。还有些禁忌是预防传染病的表现：如禁忌陌生人进入牛羊群或牛羊圈，尤其在牲畜生病时，禁忌外人来串门做客。

禁忌使牧民只能有限度地按自然规律使用草场（四季轮牧法）。几千年来，牧人通过禁忌保护了草原，使草原生态维持了较好的状态。保护了青藏高原许多珍贵的兽类、鸟类与鱼类的生长，保持着高原生物的多样性，其效果是维持了生物界正常的食物链，使生物的多样性优势得到发挥，维护了自然生态环境的平衡发展。牧民说："草好的年月，狼不吃羊；草不好的年月，狼才吃羊。"这是有科学道理的。在放牧家畜的草原，如果牧草丰盛，作为不喜欢在高寒草丛中生活的老鼠、鼠兔、旱獭就会转移到离家畜牧场较远的荒地，这儿是野生食草动物出没的地方。而这些动物又是狼的食物，狼自然会跟随这些动物，这样家畜就会少受狼的袭击，所以人们一般不去侵犯任何生物。

高原上的人们并无"害虫""害兽"的观念，也不会为了谋利去杀害生命。许多牧民并不主张以药灭鼠、以器捕杀狐狸。他们认为过去草原不用毒药灭鼠，老鼠也不危害草原，主要是由于对草原保护得好，牧草长得丰茂，而高密的牧草下高原鼠不易生存。此外，被保护的草原生存大量兽类与鸟类，都是老鼠的天敌。表明在生物多样化的环境里，不同生物自然实现平衡。

藏族的众多自然禁忌是出于对自然的敬畏与感恩，因而对自然的保护性禁忌是一种非常自觉的行为，一种必须要这样做，否则会引起灾难的心理倾向与道德规范，而藏区部落及过去政教合一政权所颁布的保护水草动物的法令，则是对民间自然禁忌的扩大化与具体化、规范化与制度化。这样，自然崇敬观念、自然禁忌机制、道德规范与世俗法令共同构成了保护自然环境的网络。从文化上讲，这是作为统一的整体而在发挥功能作用。禁忌与法规是建立在对自然的崇敬之上的，没有崇敬信仰，法规不可能被执行。今天，国家环境保护法已颁布多年，许多人对它知之甚少或执行不力，除了别的原因，缺乏对自然的敬畏，缺乏对法律的信仰与尊重是很重要的原因。随着社会的发展，藏族自然禁忌中的迷信因素在淡化，但作为一种环保意识，它仍在起有益的作用。

二、藏族的生态治理文化

（一）卫藏地区的生态保护法规

早在吐蕃王朝时期，藏区有了以佛教《十善法》为基础的法律，其中规定要信因果报应，杜绝杀生等恶行；也有严禁盗窃部落牛羊的规定；同时，对藏区生态环境保护也有规定。

公元1505年，法王赤坚赞索朗贝桑波颁布文告："尔等尊卑何人，都要遵照原有规定，对土地、水草、山岭等不可有任何争议，严禁猎取禽兽。"

公元 1648 年，五世达赖喇嘛颁布《禁猎法》规定：“教民和俗民管理者、西藏牧区一切众生周知：……圣山的占有者不可乘机至圣山追赶捕野兽，不得与寺中僧尼进行争辩。”

17 世纪初，由西藏噶玛政权发布的《十六法典》中说：“为了爱护生灵，施舍肉、骨、皮于无主动物。为救护生命重危之动物，使他们平安无恙，遂发布从神变节（正月十五）到十月间的封山令和封川禁令（即禁止进山狩猎、禁止下河川捕杀水栖陆栖大小动物）”。

17 世纪后期，由五世达赖喇嘛制定的《十三法典》中说：“宗喀巴大师格鲁派教义对西藏地方政教首领曾颁布了封山蔽泽的禁令，使除野狼而外的兽类、鱼、水獭等可以在自己的居住区无忧无虑地生活。”这个法令与其他根据《十善法》而颁布的法令一起实行。上述法规中有一明显的时间界限：即春夏季节要封山蔽泽，以保护生长中的植物与动物。表明对自然规律的尊重与服从。

公元 1932 年，13 世达赖喇嘛发布训令，提出：“从藏历正月初至七月底期间，寺庙规定不许伤害山沟里除狼以外的野兽，平原上除老鼠以外的动物，违者皆给不同惩罚。总之，凡是在水陆栖居的大小一切动物，禁止捕杀。文武上下人等任何人不准违犯……为了本人的长寿和全体佛教众生的安乐，在上述期间内，对所有大小动物的生命，不能有丝毫伤害。”

（二）《萨迦格言》

《萨迦格言》是吐蕃王朝崩溃后，地方割据近 400 年来，以宗教的面目出现的一部政治标准和道德法则。其内容可分为九个部分：

（1）强调一个社会或一个有学问的人应具有的智慧、人格魅力、求学精神和道德规范。

学者无论怎样困厄，绝不会步蠢人的后尘；
雨雀无论怎样渴，绝不会喝地上的脏水。
学者在学习时艰苦备尝，贪图安逸不会成为学者；
留恋微小安逸之辈，不可能得到更大的幸福。
懂得和别人和睦相处，才是有识之士。

（2）提倡高尚的精神、高尚的情操，以高尚的精神陶治自己、净化社会，作为学者追求知识的理想和行为规范。

正直的人有点小过也会改正，卑劣的人过失再大也不理会；
奶酪里有点浮尘也得清除，酒里还要特意放点曲子。
靠罪恶和武力得来的财富，哪能算作真正的财富；
猫狗虽然吃饱肚子，却净是些无耻的经历。

（3）针砭邪恶，鞭笞时弊，劝人向善；揭示“愚”与“恶”的本质。

恶人把自己的过去总是往别人身上推诿；
乌鸦把吃过脏东西的嘴总是往干净处磨蹭。

愚人只承受积财的痛苦，从来也享受不到它的幸福；

经常寻求钱财的人，就像一只到处行窃的老鼠。

（4）崇尚知识渊博的正人君子，以形象深刻的比喻昭示知识多寡对自己、对社会带来的利害，以拥有知识的多寡来分辨君子与小人。

高尚之士经常检查自己的错误，邪恶之徒老是挑剔别人的缺点；

孔雀剔洗自己的羽毛，猫头鹰却给别人以恶兆。

有学问的人酷爱知识，无学问的人没有兴趣；

蜜蜂采蜜喜爱鲜花，苍蝇逐臭从不爱它。

（5）揭示罪恶的本质对社会带来的危害，忠告人们要警惕奸诈、欺骗、狡猾之徒的伪装；告诫人们要杜绝横征暴敛、腐化堕落、恶语中伤等。

狡猾之徒伪装老实，那是他从心里要施骗；

把野兽尾巴给人看，却无耻地贩卖驴肉。

债务的尾数和残余的敌人，残酷的刑法和恶毒的语言，

横暴的家族和堕落的作风，不需倡导也会自然滋生。

（6）揭示事物的本质及相对性，要求人们正确把握善恶取舍的做人标准。

哪怕是广有智慧的人，也很难精通一些事情；

就是有敏锐的眼睛，也不可能看见声音。

有益的，哪怕是敌人也要接近；有害的，哪怕是亲人也要遗弃；

海中的宝物虽然远也要购买，腹中的疼痛虽近也要治疗。

（7）强调人们的言行要符合自己身份，积累财富与施舍要同时进行。

做奴仆的骄傲自大，修苦行的讲究衣着，

做国王的不行教法，三者都是不合情理的。

（8）待人接物要谨言慎行，遇事要分析研究，不盲从。

对于尊长和下属，用不着布施召聚；

施放多马供的人，神鬼乐意来保护。

国王切莫欺凌百姓，只能合理征收税赋；

娑罗树里蕴藏香脂，流得太多就会枯死。

（9）倡导人们乐善好施，惩恶扬善，敬事佛法，赡养父母、长者，怜悯弱者，同情贫苦，鞭笞贪欲。

不管父母对子女怎样慈爱，子女对父母不会同样对待；

父母竭尽全力去爱护子女，父母老了却受子女虐待。

攒钱而吝啬的富人，攒钱而乐施的富人，

他们本人及其后人，来世将有显著区分。

总之，《萨迦格言》阐释人的本性。认为人的本性有别，因而对智者和愚者、圣贤和俗人有不同的道德要求，并把人类分为两类：一类是伟人、圣贤、学者、善人、高尚的人；另一类是小人、庸人、愚人、恶人、下贱的人。其划分的标准，不是门阀、地位、权势、

财产，而是智慧、学问、善良等品质。《萨迦格言》是系统的知识论体系，其显著的特点是尊崇智慧和知识，尊重智者和学者，视知识为德行和幸福的源泉，并指出学者的特点是善于分析研究、明辨智愚善恶、知道取舍、独立思考、改正错误等。《萨迦格言》是修身养性的理论，倡导提高道德修养，摒弃错误过失；靠智慧深省、修行、精进、利他、平等，以实现人生的价值。

（三）乡规民约

中华人民共和国成立前，青海刚察部落内部规定："一年四季禁止狩猎。捕杀一匹野马（指藏野驴）罚白洋 10 元；打死一只野兔或一只哈拉（旱獭），罚白洋 5 元。"川西理塘藏区部落内部规定："不准打猎，不准伤害有生命的生物。若打死一只公鹿罚藏洋 100 元，母鹿罚 50 元；雪猪或岩羊一只罚 10 元；獐子、狐狸罚 30 元；水獭罚 20 元。"甘南甘加部落规定："在甘加草原禁止打猎。若外乡人捕捉旱獭，罚款 30 元；本部落的牧民被发现捉旱獭，罚青稞 30 升（每升 2.5 kg）。"夏克家部落划定山林牧场为神山、"禁地"，不准牧民进入，并有晓谕牧民的告示，如罗布麻山上林木系不可侵犯的神林，不许在此砍一根柴。倘敢违犯，吊九次外，并罚白银 25 两。

这类规定在执行中是十分严格的，凡越界放牧、偷猎动物、偷砍林木，被发现后，部落首领、寺院僧人及部落长者都要集体审问，周围观众羞辱犯禁者，最后他必须向大家一一求饶，诚心认错，并立即赔偿。但无论怎样赔偿，其精神上所受伤害终生难愈。这是因为藏区还有一种不成文的规范：违禁者本身成为禁忌者，人们由于鄙视而疏远他。

（四）寺院规定

在藏区，凡修建寺院的地方都呈吉祥状态，都是神圣之地，因而也成为藏区重点保护之地。寺院自己周围的地域划为寺院所属地。除少数地处高寒草原地带的寺院将周围大片草原划归寺院外，大多数寺院地处较低海拔地区，气候温暖，宜于林木生长。历史上的寺院要么选择有山有水有林有草之地；要么寺院建成后，僧人们种草植树，几百年过去后，经精心保护，各处寺院都拥有大片茂密的森林、丰美的草场与肥沃的耕地。当然在历史进程中，寺院所属的土地也不断受到侵犯和剥夺，使寺院所辖地区也在缩小。尽管如此，到 20 世纪 50 年代中期，大多寺院仍拥有自己的森林、草地与耕地（科学家的研究表明，青海地区一些寺院周围的森林，已有近千年的历史，是几千年前高原气候温暖时期所保留下来的原始森林）。

寺院为保护自己的这些森林草地，进行了不屈不挠的努力，僧人要在荒地上植树，采取措施精心保护，又要回击企图侵占破坏林草的人。对于寺院所拥有的森林，寺院制定严格的制度，严禁僧人和俗人破坏、砍伐。各寺院在这方面采取了种种措施：将寺院所在地的山、水封为"神山""神水"，任何人不得触犯、侵占、污染；"神山"与"神水"处的一切生物，花草、树木、放生的牛羊、出没的野兽、爬行的虫蛙龟蛇、飞鸟飞虫，均属神圣不可侵犯之列；僧人严格执行"不杀生"戒律，不宰杀牛羊、不伤害一切生灵，每年藏历六月到七月有 20 天时间僧人不出山门，以免踩死地上各种爬虫；寺院每年举行“放生”仪式，以此来教育感化民众善待一切生物，尊重动物生命权利。

本章小结

千百年来，藏族群众在青藏高原生存发展中，珍惜爱护高原生态环境，创造了与高原自然生态环境和谐相处的价值观念、生产方式、生活方式与民族文化。藏族人民在青藏高原创造了适应自然环境的生存文化，这种生存文化与自然环境高度适应，其游牧方式、生态观念都是这种文化中的一个有机组成部分。这种文化的价值观念决定了游牧方式不是纯粹为谋利的经济活动方式，因此，藏族群众的文化与生活方式，是不同于今天我们所熟知的那种追求物质利益、舒适、无限制消费的生活方式。他们以自己独特的文化向世人表明他们拥有自己的天地、自己的追求、自己的生活，从而实现人与自然和谐相处、持续发展。

藏族的神山崇拜

藏族的圣湖崇拜

藏族的婚礼

藏族的酥油花

挤牦牛奶

第四章　哈萨克族的草原文化与生态文明

第一节　哈萨克族草原文化的形成与发展

一、哈萨克族的分布区域

中国的哈萨克族主要集中分布在新疆北疆地区，这里有全国最好的天然草地。

哈萨克族分布地整个的区域跨度大，地型复杂多样，自然地貌特色明显。其中由五大山系——阿尔泰山、准噶尔山、天山山脉、祁连山脉、阿尔金山脉及其水系构成重要的人文和自然经济区。主要划分为4类：山地分布在境内西南部、东北部、东南部和准噶尔盆地西部；丘陵分布在山麓缓坡地带；平原分布在天山谷地、乌伦古河河谷、额尔齐斯河河谷、准噶尔盆地及盆地西部山区山间谷地；沙漠分布在沙湾、乌苏、富蕴、福海、布尔津、哈巴河、吉木乃、霍城等县（市）。

二、哈萨克族的起源与发展

“哈萨克”是哈萨克语“Kazakh”的汉语译音，这一名称早在汉代便已存在。有的人认为这一名称是“无家可归的、处境不好的人”“真正的塞种”“自由人”“独立者”之意，也有人认为这一名称是由古代的卡斯甫部落和萨克部落合并以后形成的名称。而民间广泛流传这一名称为“白天鹅”之意。民间还有哈萨克祖先由白天鹅化身的姑娘与一勇士结合而生的传说，并有种种与之有关的禁忌和崇拜习俗。

哈萨克族是由古代许多部落和部族不断分化并逐步融合而成的。乌孙历来被认为是哈萨克族的主要先民之一，乌孙语言与哈萨克语相近，说明部分乌孙人融入了哈萨克族。哈萨克族最主要的族源应是公元6世纪出现在汉文史籍中的“可萨”。“可萨”是公元6世纪以后受西突厥管辖的一个部落，居于今俄罗斯南部的草原上。公元7世纪初曾建立可萨汗国。塞种、乌孙、匈奴、康居、可萨和突厥等是哈萨克族较早的民族源流，至于克烈、乃曼、咄陆等可能都是由上述部族分化而来的，后来成为哈萨克族的重要组成部分。

18 世纪中叶，清朝统一了准噶尔部，解除了哈萨克族人来自准噶尔的威胁。1864—1883 年，沙俄以讹诈和军事威胁手段，迫使清政府签订一系列不平等条约，按照条约中“人随地归”的规定，沙俄侵占了原属中国的哈萨克族及其居住地区。1864 年，游牧在斋桑湖一带的哈萨克族 12 个克烈部，因不堪沙俄的统治和压迫，离开原牧地，移居到阿尔泰山地区。1883 年，哈萨克黑宰部落 3 000 多户迁入伊犁和博尔塔拉地区。划界后，又有了不少哈萨克族迁入了中国境内。截至 19 世纪中叶，哈萨克族占了伊犁地区居民的大多数。他们有丰富的畜牧业生产经验，对祖国边疆的经济发展做出了贡献。光绪十年（1884 年）新疆建省后，伊犁、塔城及蒙古、哈萨克部落隶属于伊犁将军；北部的阿勒泰初属于科布多参赞大臣，后划为阿勒泰地区（1919 年）。1911 年辛亥革命爆发后，结束了清朝对哈萨克人民的专制统治。以后，部分哈萨克人又东迁至甘肃省、青海省境内。

三、哈萨克族的语言和文字

（一）哈萨克族的语言

哈萨克语属阿尔泰语系突厥语族克普恰克语支，与古代匈奴、乌孙、康居语言有密切的承袭关系。后来融合了钦察、阿里钦、阿尔根、克烈、乃蛮及其他部落语言，从部落语言发展到民族语言的过程中，词汇不断丰富，语法日趋完善，现在已成为词汇丰富、语法规范、表现力很强的现代哈萨克语言。哈萨克语的一大特点是保留了丰富的古代突厥语词汇。虽然哈萨克族分布在世界近 40 个国家和地区，但哈萨克语言至今是没有任何方言的语言。

（二）哈萨克族的文字

哈萨克先民曾使用过鄂尔浑—叶尼塞文、回鹘文。伊斯兰教传入后，接受了以阿拉伯字母为基础的拼音文字至今，1959 年又设计了以拉丁字母为基础的新文字方案，“文革”期间曾推行新文字，1982 年又停用。目前，哈萨克人民使用哈萨克老文字，将新文字作为音标保留。

第二节　哈萨克族的草原生产文化

一、哈萨克族聚居地的草原和畜牧资源

新疆哈萨克族聚居区的草原总面积为 39 702.31 万亩，其中阿勒泰地区可利用草场面积为 14 764.76 万亩，占草原总面积的 37.19%；伊犁地区可利用草场面积为 5 129.26 万

亩，占草原总面积的 12.92%；塔城地区可利用草场面积为 10 550 万亩，占草原总面积的 26.57%；东天山、中天山南北部区域可利用草场面积为 6 880 万亩，占草原总面积的 17.33%；还有 3 700 多哈萨克游牧人生活在祁连山脉与阿尔金山脉交界处的甘肃阿克塞哈萨克自治县，拥有可利用草场面积为 2 378.29 万亩，大小牲畜约 18 万（头）只，主要从事畜牧业活动。

哈萨克族聚居区的动物种类繁多，饲养动物如新疆细毛羊、中国美利奴羊（新疆型）、新疆褐牛、伊犁马、伊犁白猪皆为国家优良畜种；哈萨克族聚居区是国内马鹿及鹿茸的最大产地；青河绒山羊被自治区正式命名为新疆青格里绒山羊，成为新疆第六个绒山羊新品种；禾木白头牛（又称阿勒泰白头牛）被列入自治区级保护畜种。

二、哈萨克族的草原生产活动特点

（一）四季草场的划分

中国哈萨克族游牧生活区域以山区为主，平原、盆地为辅。通过长期的游牧生活，哈萨克族牧民逐渐掌握了自然规律，看看太阳、月亮是否有风圈，特别是细微观察有蹄类野生动物的活动规律，对野生动物的迁移时间、路线以及进入交配期的时机进行长期观察和研究，得出它们的这些活动规律与气候、自然界的微妙变化都有着密切的关系。哈萨克游牧民族就很好地掌握了自然界的变化规律，什么时候转场、什么时候对羊群进行配种等。另外根据游牧区地形地貌的特征、植被分布规律及气候特征的差异性，按照春旱、多风，夏季短、少炎热，秋凉、气爽，冬季严寒漫长、积雪厚等特点，把草场以平均气温为标准具体划分为四季牧场。

平均气温 0 ～ 20℃划分为春季牧场，这一区域的海拔比较低，低山丘陵地带避风遮寒，气候相对暖和，比较适宜羊群保存体力和接羔育幼。草地植被主要以禾本科牧草为主，还伴有豆科牧草。

平均气温≥ 20℃划分为夏季牧场，这一区域海拔较高，亚高山、高山草原占据优势，气候相对凉爽，牧草丰富，比较适宜各类牲畜抓膘。草地植被主要以禾本科牧草为主。

平均气温 0 ～ 20℃划分为秋季牧场，这一区域是以低山丘陵为主的荒漠较湿润草原，海拔较低，气候相对凉爽，牧草以豆科、半灌木、蒿属类牧草为主，这些牧草营养丰富，有利于牲畜固膘，为安全越冬打基础。

平均气温≤ 0℃划分为冬季牧场，这一区域是以低山丘陵为主的荒漠边缘草场，主要利用雪水，虽然气候寒冷，避风性很好。牧草主要以半灌木、灌木为主，这些牧草的特点是冬季下大雪不被埋压，对各类牲畜取食有利，便于牲畜安全越冬。哈萨克游牧民族对四季草场的划分具有很高的科学性和可操作性。

（二）草原的利用方式

哈萨克族深居大陆腹地游牧已有 2 000 多年，四周高山环绕，与山脉相间或相邻的有盆地、谷地、平原等，有限的草地资源的合理利用关系到哈萨克族的生存与发展。

1. 季节转场

牧场按季节可分为春季牧场、夏季牧场、秋季牧场和冬季牧场。转场就是依牧草生长周期和气候的变化，有序地为牲畜转移草地，这是一种按季节每年进行十几次的循环轮牧的过程。春天把羊群赶放到山坡或山下平原地带；夏天转到高山深处；秋天到山腰，然后留一片草地，打草储存让牲畜冬天吃；一般冬天在山脚下羊圈周围放牧。每年 3 月底至 4 月初，大批牲畜又必须从冬季牧场再次出发，开始新一年的转场生活。

2. 转场距离

哈萨克族地区各季草地相距各异。山区牧民每次转场路程不超过百公里，半牧半农的牧民转场路程更短，一般在 30 km 的范围内。平原地区的牧民转场路程往往较远，近则几十公里，远则几百甚至上千公里（见图 4-1、图 4-2）。

图 4-1 夏季转场

图 4-2 冬季转场

有条件的地方，牧民改用汽车搬家，牲畜则由牧人赶着另行。由春季牧场起程时，要考虑幼畜出生的时间，看它们是否长结实了，能否随群赶路。这时，日行程一般为 14 ～ 15 km，哈萨克语中有“羔羊程”的长度单位，指的正是这样一段距离。

转场是颇具观赏性的。大批牧民成群结队地如潮水般迁徙，他们几乎在同一时间开始从夏季牧场向秋季牧场转移，一家接着一家的牧民骑着骆驼赶着羊群朝远方一个湖的方向前进，这样从早到晚的大规模迁徙场面会持续半个月。他们的生活经常都在转场中度过，无论走到哪里，把游牧文化就带到那里，传播到那里。

转场取决于畜牧业经济因素。转场可以及时给牲畜提供优质牧草，保证牲畜的成长和数量的增加；可以使畜牧生产专业化；可以使各种牲畜自然淘汰，有利于品种优化。

3. 转场的路线和转场过程

转场有牧道，邻里之间、牧村之间往来也有马路。通常在各类草场之间都有固定的、大小不等的、坦险各异的牧道相通，牧民在山区转场必须按牧道行走。按牧道转场可以畅通无阻，保证安全，又可以防止转场牲畜肆意践踏牧草，破坏草原。不按牧道转场，随意践踏他人草场，甚至有可能引起纠纷。

转场前，阿吾勒（哈萨克语，意为“牧村”）内或阿吾勒之间的亲戚、邻居和朋友会事先商定时间、路线，约定途中宿营地点，仔细盘算每一个细节及可能遇到的问题，如转场过程中将要出生的牲畜数目、老弱牲畜的处理、合理存栏、棚圈设施等。起程要择吉日，穿戴整洁美观，转场队伍尽可能风风光光。路上，你追我赶，人人都不甘落后；甚至有的分组相互对唱等，场面十分热闹。先抵达宿营地者可以落脚水清草盛的地方，并以主人的身份迎接后来者。不论是认识的还是不认识的，都要对后来者迎上前去，端上酸奶、奶茶等供他们喝，以便让长途跋涉的人们歇脚解渴，同时也祝他们一路顺风；如果后来者搬到或暂时停留在先来者的附近，那么先来者就会主动前去帮忙卸货及整理家务等，同时还会给他们送过来一顿美味的便饭。如果有小孩的话，还会礼节性地赠送小孩一匹马驹或小羊羔等礼物，哈萨克游牧民族的这一传统习惯一直保留到现在。转场队伍前排，牧民往往牵着健壮的骆驼，驮鞍上围着洁白的围毡，上面铺上华丽鲜艳的“斯尔马克（花毡）”，坐着一位穿着华丽的年轻女子。驮队的行装要捆绑结实、整齐。队伍后边是气力十足的牛或骆驼“后勤”驮畜，驮着锅碗灶具和天窗架，一般都由经验丰富的中老年妇女驾驭。

到了转场营地，男人们就从驮畜上卸下行李物品，给驮畜卸鞍，尽早拉好拴羔环套绳和拴驹索套绳等按时拴住幼畜，然后给母畜挤奶，搭好帐篷。小孩要去附近捡干牛粪和柴禾。女主人要尽快燃起篝火，支起茶壶和锅准备食物。安顿好里外，挤完奶，全家老少安坐帐内一个小木桌旁，吃着土豆烩牛肉，喝着奶茶，奔波了一天的牧民才有了宁静和温馨的休憩时刻。

（三）畜群结构的控制

随着历史的变迁，哈萨克族牧民们经过长期的摸索和经验积累，逐渐确立了对四季牧场的分区利用，形成了在一定的草原范围之内，按照季节搬迁流动放牧的习俗。为了充分利用有限的草场资源，严格控制畜群结构，逐渐减少大牲畜的结构比例，往往优先发展小牲畜，这是因为大牲畜主要用作交通、运输等方面，经济效益不明显，而且对草场的破坏力也比较大，而小牲畜的利用率很高，具有繁殖能力强、经济效益显著、周转快等特点，很适合畜牧业发展的需求；另外，小牲畜具有发展快、损失小、管理方便、适合各类草场放牧等优点。因此，哈萨克族游牧民严格控制大、小牲畜的结构比例来发展畜牧业。一般把大牲畜、绵羊、山羊、其他畜种年末存栏比例严格控制为12.8：63.9：18.3：5，从这一结构比例看，大牲畜的比例远远小于小牲畜的比例，可以减轻对天然草场的践踏压力并提高草原的载畜能力。

三、哈萨克族草原生产中的习俗

（一）哈萨克族的草原家畜保护神

哈萨克族是世界上最喜欢牲畜和最善于饲养牲畜的民族之一，哈萨克族世代以养畜为生，他们的乘骑、食物、饮料、衣服、日用品、毡房材料、生产工具等都来自牲畜，所以其文化创造也与家畜密切相关。如哈萨克族民间传说认为骆驼神是“奥依斯尔哈拉”，马神是“康巴尔阿塔”，牛神是“赞格巴巴”，绵羊神是“绍潘阿塔”，山羊神是“谢克谢克阿塔”。在古老的传说中这些神不仅是上述各类牲畜的保护神，而且是始祖，牲畜都分别繁衍于它们。因此，哈萨克族牧民经常祈求这些牲畜保护神，以期自己的牲畜平安兴旺。

（二）哈萨克族的草原畜牧业生产习俗

哈萨克族牧民的生产劳动主要是放牧家畜，所以其民间信仰也在这一基础上产生，同时两者相成相辅，构成显著的民族特点。哈萨克族牧民为了使家畜兴旺和便于区分，使用游牧民族的传统方法给牲畜做记号和烙印。在做记号时，他们把割掉的牲畜耳朵尖收集起来，洒上牛奶放在蚂蚁窝边，认为这样做可以使牲畜像蚂蚁一样多。牧民们不把自家灶里燃烧的炭火借给邻居，如果这样做就是把自己牲畜的力量给了别人；也不把半燃烧的炭火借给别人。在母畜怀胎时不把未烧尽的炭火扔到外面，否则母畜会早产。当母羊产头胎羔时，牧羊人抱着羊羔向主人的妻子报喜并索取礼品，女主人则向羊羔身上抛撒硬币、糖果、奶疙瘩、油炸果等，说一声“愿你当 1 000 只羊的头领”，然后向羊羔的嘴里吹气。哈萨克族民间信仰认为第一个出生的羊羔是圣灵，第一个扣环的羊羔的毛是具有灵魂的神物，所以剪下来做成护身符戴在自己孩子们的身上。主人常把第一个出生的羊羔作为布施而宰杀，若舍不得宰杀就将其口涎抹在其他羊头上，把它放走。

哈萨克族俗语说：“驼羔娇贵。”刚生的驼羔十分羸弱，既不能吃也不能走，需要把它安置在暖和的棚圈、地窝子或毡房里，用胎脂擦它的鼻面，身上盖毡被。主人不马上让大家看到驼羔，而是将驼羔用芨芨草立着藏起来，甚至有时在驼羔的四周支起帷幔。母驼不像其他母畜一样把刚生下的仔畜舔干，哈萨克族牧民像抚养摇篮里的婴儿一样精心照料驼羔，经常掰开它的嘴吹气，往它的鼻孔灌酥油，用盐水把它的眼睛洗 3 天，以期早日走路。

哈萨克族牧民在满山遍野放牧家畜，吃苦耐劳，每年都精心地接羔育羔，以期积累财富，生活富裕，所以把自己的孩子也亲昵地称呼“小驼羔”“小马驹”“小羊羔”“小山羊羔”等。此外，在世代放牧过程中，哈萨克族牧民对家畜的交配期、怀胎期、哺乳期、生长期、体格形貌、毛色、内脏器官、营养价值、食用草料、习性、疫病、对自然环境的适应能力等了如指掌，并形成了一定的民间信仰观念。哈萨克族牧民认为公马、公牛、公羊是“尊贵的牲畜和福星”，绝不轻易宰杀、出卖或送给别人。而在举行祭祀时，则把宰杀的牲畜 4 条腿都下锅，这表示死畜的食物断绝和生命结束，让周围的恶灵拐弯走开。

（三）哈萨克族在草原狩猎中的习俗

哈萨克族先祖在以草原游牧为主的生活中也广泛从事狩猎业。他们把动物分成“清洁”和“不洁”两类，清洁动物是食草动物，不洁动物是食肉猛兽和猛禽。通常，哈萨克人只猎取“清洁”动物食用。哈萨克人认为熊是退化的动物，所以不食其肉；不猎取某些具有特殊标志的动物，如独角黄羊，认为它们是具有神性的动物；也不过多猎取盘羊、鹿、狍等，在猎取时和它们的幼仔一起猎取，否则认为自己将“失去双亲，孤苦伶仃”。对上述动物的头领，若看到有猛兽追逐不是射猎，而是救助。不用雄盘羊的皮子做睡垫，否则认为男子和妇女要患不育症。哈萨克族先祖禁止滥杀滥猎动物，否则认为鬼魅要缠身，尤其绝对不能射猎被视为圣物的飞禽走兽，他们认为这些动物是圣人养的，这一意识很强。所有这一切说明，哈萨克游牧民族自古以来保护自然、爱护自然意识早已形成。哈萨克人认为游牧民族的助手和伙伴——狗也有其神灵。他们把狗不仅当作“七种财富之一”，而且认为“狗有其主，狼有其神”。哈萨克人把狗里罕见、特别值钱的狗称“斯尔坦”，并认为“马之优是白马，狗之优是猎犬”，男子汉应该有 3 个伙伴，即快马、猎犬和猎鹰。

四、与草原生产相适应的生活用品

（一）适应草原游牧的衣物

哈萨克人冬天戴两面有两个耳扇、后面有能够避风雪和寒气的长尾扇的尖顶帽子，这种帽子是用羊羔皮或狐狸皮做的。夏天则戴一种用很薄的平条绒做的颜色各异的尖顶帽。克宰部落和阿勒班部落男子夏天戴的用山羊皮做的轻便的“克宰卡里帕克”，基本上继承了古代先民的习惯。哈萨克人的袷袢大皮衣是最实用、最具“生态”特征的，袷袢即长外衣，有单棉之分。袷袢与当地的自然环境是相适应的：白天日照强烈，温度较高，夜晚气温降低，寒气袭人，一日之间温差很大，长至膝盖的袷袢穿脱方便，既可以抵御风沙，又可作为夜间的铺盖，极为实用。

（二）适应草原游牧的食品

哈萨克人的传统食物分为肉食、奶食、面食和蔬菜四大类，其中又以肉食、奶食和面食为主。肉食的来源主要是牲畜和猎物，其食用方法也很简单，多以煮食为主，剩余部分多晒成肉干以备今后食用。奶食的来源主要是饲养的各种牲畜，鲜奶、各种奶制品（酸奶子、奶皮子、生奶油、乳饼、酥油、酸奶疙瘩、奶酪液、酸凝、黄奶疙瘩、奶豆腐等）、马奶酒、发酵的驼奶、奶茶等，是牧民日常饮食中绝对不可缺少的部分。哈萨克族牧民为了适应牧业生产的需要，便于迁徙，十分注意贮藏，常常把奶疙瘩和奶酪晾干晒透后，长期保存，作为冬季口粮，也是招待客人的食品。他们把酥油装进刮净、干透的羊肚子里，然后把口扎死，既不渗油，也不走味，放上数年也不变质。以游牧生活的哈萨克族牧民的乳食种类非常多，他们善于做各种各样的乳品。这些乳制品都是根据畜乳的性质（马奶不能干储）与需用的目的（即时饮用、久储、携带、调换口味等）而制作的。在哈萨克人传统的饮食中，面食是作为辅助性食物而存在的，主要有馕、油炸的“包吾尔萨克”、馓子、油饼、面条等。另外，哈萨克人的饮食习惯中也存在季节性差异，如夏季以面食、奶食为主，蔬菜为辅；冬季以面食、肉食为主，蔬菜为辅。

（三）适应草原游牧的毡房

哈萨克人传统的居所主要是毡房。哈萨克毡房是哈萨克族先民们对大自然选择的结果。草原上的芨芨草、柳条、兽皮、畜毛是大自然无私的馈赠，哈萨克族先民对自然原料进行艺术般的加工，精心构思，形成了哈萨克毡房这种居住方式。毡房的构件除支撑架子用木头外，其余部分用毛毡、毛绳、毛带等畜产品做成，符合游动生产生活方式的需要。哈萨克毡房以易于搭卸、携带方便、坚固耐用、居住舒适、防寒、防雨、防震的特点而沿用至今。

（四）适应草原游牧的家畜

哈萨克族牧民大规模牧养的牲畜有马、驼、羊、牛，统称“四畜”，马居首位。根据考古材料，哈萨克族大规模牧马的传统可以追溯到当初塞种人居住在伊犁谷地的时候。乌孙时代的“乌孙马”颇负盛名。史载，“乌孙多马，其富人多至四五千匹马”，乌孙王曾以良马千匹为聘，迎娶西汉江都王刘建之女细君公主，足见古代乌孙游牧业及其养马业规模之大。古代康居的养马业规模庞大，而且培养了优良的马种。汉文史籍多有许多关于康居产马的记载。哈萨克族牧民继承了古老的牧马传统，今天在哈萨克族的畜牧业生产当中，马的大规模牧养仍占有非常重要的地位。

传统上，哈萨克人的主要交通工具是马、骆驼以及木轮车。马是主要用于骑乘的交通工具，哈萨克牧民在迁徙、狩猎、放牧时都要骑着它，马是哈萨克人生活中不可缺少的一部分。“马是男子汉的翅膀”，哈萨克人热爱马，用各种文学艺术形式来赞美它，积累了许多经验来确保马匹得到最好的照顾。

哈萨克族生活的地区干旱多戈壁，运输比较困难，在这种条件下，使用骆驼驮运最为适当，而且骆驼载重量也超过其他牲畜，被誉为“沙漠之舟”，不仅用于骑乘，还用于拉车、负重，一些有骆驼的人家多用其转场搬迁和驮运货物。驼运一般不用带草料，通常一早起身即行至午前，中午放牧，让骆驼得到休息。日落前起身行至深夜，每走一段可以稍事休整，可以说骆驼在哈萨克族牧民生活中起着很大的作用。

木轮大车是一种历史悠久的独特的交通工具，哈萨克游牧先民们都曾使用过它。这种车的车轮高大，结实耐用，适用于各种地形，而且载重量大，牧民们用它来拉水及运输各种物资，尤其是在迁徙时，它已经成为哈萨克族牧民“移动的家”。

每个哈萨克人家的羊群里都有自己喜爱的领头羊，在转场过程中遇到河流、湖泊、大雪封山或遇到险要狭窄山路时，牧主人就会进入羊群里扬鞭大喊，这时领头羊听到牧主人的声音就“挺身而出”，勇敢地往前冲，带领其他羊群走出险要地段。如果没有领头羊，遇到这种意外是无法将羊群赶到指定地点的。

第三节　哈萨克族的草原生活文化

一、哈萨克族的居住方式

哈萨克族多数牧民都是按季节转场放牧，过着“逐水草而居”的游牧生活。在春、夏、秋三季，哈萨克族牧民住的是可以拆卸和携带的圆形毡房，冬天则住在冬季牧场上的霍斯（简易哈萨克毡房）或土房。

毡房是游牧转场时适合搬迁的一种简易住房，特点是携带方便，易于搭卸。毡房由上、下两部分组成。下部为圆柱形，上部为穹形。毡房的骨架一般都是就地取材，上半截用草原上特有的红柳条、柳树枝杆和芨芨草做成圆栅，下半截用笔直的木杆搭成圆锥形骨架，然后上下两部分结合就搭成了毡房的框架。毡房顶部留有天窗，并有一块活动的毡块，可以拉动，用以通风或者是挡风。毡房的大小是根据毡墙的多少来定的，一般毡房用六块毡墙。与游牧生活相适应，哈萨克人放牧一般在夏、春、秋季，住可以拆卸的毡房，即古人所谓的“穹庐”。

哈萨克毡房是由栅栏、房杆、顶圈、房毡和门五大部分组成：下方为 1.5 ～ 1.7 m 高的圆柱形，上方为穹形，毡房通体高 3 m 有余。立毡房时，先把木栅张开并围成圆柱形，固定好后，用房杆撑起顶圈。房杆下端固定在木栅上，安好门框、门，然后在木栅外周围上芨芨草编的墙篱，再在房架外覆盖白色毛毡，用毛绳或毛织的宽带子捆牢。沿毡房四周挖有排水的沟槽。哈萨克毡房一般坐西朝东，木门外常挂有毡帘。毡房内正上方靠毡房壁放置衣箱、被褥，进门右侧放置炊具、食物，进门左侧放置马具、猎具，拴幼畜。毡房中央正对天窗置火炉，用三脚架或圆形铁架置炊具烧茶、做饭。一些家庭则使用铁皮火炉。平时要保存火种，需要时用嘴吹燃。燃火多用木柴，也用干牛粪。毡房内的地上铺毡子或皮子，供人起坐。传统的毡房内没有桌凳，人们席地而坐。男子盘腿，女子屈一支腿跪坐。毡房正对门的地方为上座。客人进房须沿左首方向按尊卑长幼顺序入座，家庭成员在右侧。因为春秋搬迁频繁，所以一般住简易毡房，为圆锥形，称之为“阔斯”。这种毡房至少也有 2 000 年的历史了。其围墙是用横竖交错、相连的木杆栅栏构成的。栅栏一般分为两种：一种是宽眼栅栏，其特点是携带方便，但经不起风吹雨打；另一种是窄眼栅栏，也称“网眼”，虽然携带笨重，却经得起风吹雨打。栅栏分作若干片，可以自由拆合。

毡房的上端需要用下部弯曲、上部笔直、光滑圆润的木条做撑杆，形成一个弧状，撑杆的顶端插入圈顶眼内。捆在栅栏围墙栏头上的是用黑、红、蓝、黄、绿等色毛线编织成的宽 25 ～ 40 cm 的毛带子，名叫“巴什库尔”，它既能保护房墙和房杆不受伤损，又能使毡房更显美观。围毡、篷毡和顶毡全用各种绳索连接固定在一起，十分牢实（见图 4-3）。毡房的门上雕有很多花纹、图案。双扇板门，哈萨克族人称作“斯克尔来乌克”，外面挂有用芨芨草编织的并且有一层花毡装饰的门帘，很有特色。毡房中间是火炉子，右上方是床铺，靠床铺的墙上挂着镶有各种花卉及飞禽走兽图案的挂毡，床的前沿两头又垂挂着床幔，毡房正上方中间紧挨着栅栏墙放有垫桌，桌上搁放箱子、被褥等物件。

图 4-3　便于拆卸的哈萨克毡房

毡房内部布置大方、合理、井井有条，毡房门一般朝东开，毡房的前半部分放物品、用具，后半部分住人、待客。进门左上方是儿子和儿媳妇的床位，床前挂有缎幔；正中上方摆被褥、衣、箱等物；右上方是主人的床位，一般不允许晚辈在上面坐卧；正中衣物箱子前铺有华丽的毡子和地毯，是客人坐的席位；正中央的天窗下放铁皮炉，陈列有序。毡房中间留有很大的空隙，一般来十几个客人也不显得拥挤，客人食宿于毡房，尽可享受哈萨克族的种种传统习俗。有时在毡房里还举行赛歌会、“阿依特斯”或舞会。

走入哈萨克毡房，你会领略到游牧民族源远流长的传承。精美的壁挂，醇香的奶茶，主人憨厚实在的笑容，冬不拉轻盈地弹唱，哈萨克族少女戴鹰羽头饰和银制胸饰。

哈萨克族的居所虽然简陋，但是有一个很鲜明的特点是：不论是居住在毡房还是土木建筑的住房都收拾得干干净净；只要有条件就尽可能把房子收拾得漂漂亮亮，富丽堂皇，尽可能将漂亮的地毯、花毡、壁毯或者壁挂陈设出来。

二、哈萨克族的饮食文化

哈萨克族的传统饮食以肉食、奶食品为主，米面食品居次，基本上不吃蔬菜，喜茶。现在，随着生活水平的提高，广大牧民的饮食结构也发生了变化：对粮食、蔬菜、水果和各种副食品的需要量大大增加。

哈萨克族牧民善于用奶和肉制作各种具有民族风味的食品。他们吃牛肉、马肉、羊肉、骆驼肉，而且吃的方法也有煮、炒、烤、蒸等多种，其中最普遍的是手抓羊肉。

每年 11 月，是哈萨克族牧民宰羊食肉、储藏冬季肉的季节，这个过程称作“索古姆”。

天气开始变冷，牧草逐渐枯黄，而经过一年精心放牧的羊群，却膘肥体壮，这时宰的羊肉肥美、鲜嫩、可口。在储藏冬季肉时，从宰羊、熏制，到烹调、进餐，都具有其独特的民族风味和特点。依照习惯，肉按骨骼切成条块，撒上盐挂在毡房周围的绳子上，然后在火塘里燃烧起牛粪火，让烟火熏烤，持续不断，直到羊肉微带黑色，这样熏制的肉不但味美可口，而且能长时间保持新鲜，不变质腐败。

（一）哈萨克族的食品

1. 手抓羊肉

哈萨克族牧民做手抓羊肉的方法很独特，羊肉下锅后，先用强火烧沸，舀出血沫和杂物后，再用温火炖。肉熟出锅后，不调放葱、辣椒、香菜、酱油，只浇几勺肉汤化的盐水做调味品。吃手抓羊肉时，用大盆盛肉，放在餐布或餐桌上，客人们围坐四周，由一人掌刀削肉，众人用手抓食，“手抓”之称由此而来。

2. 马肉

哈萨克人认为马肉是最上等的食品，特别是遇有贵客，一定要宰两岁的马驹子招待。马的肋条肉、脖颈肉、臀部肉，装进马肠里做成“哈孜”，又被认为是最好的食品，要敬给客人。

若遇到喜庆节日，哈萨克人还将羊尾巴油和羊肝子煮熟后切成片，与酸奶子一起食用。

3. 奶制品

奶制品有酥油、奶酪、奶疙瘩、奶皮子、酸奶子、奶豆腐等。用羊奶制成的酥油，其色洁白，犹如凝霜，富有营养，牧民用羊肚子储藏起来，随时可以取食。奶疙瘩保存时间较长，又便于携带，十分适用于游牧生活。

4. “金特克”和“那仁”

“金特克”是用奶混合幼畜肉，装进肠里蒸熟后食用的食物。“那仁”是将肉切碎，加上洋葱和调料，搅拌蒸熟的食物。

5. 大米、面食品

哈萨克人用面粉、大米也能做许多食品。特别是中华人民共和国成立以来，政府给牧民供给了充足的细粮，面食就更加丰富起来，花样也逐渐更新。如馕、“包尔萨克”、油饼、面条、米饭、抓饭、炒麦、炒米、稀饭等。此外，还有一种颇为讲究的面食叫“吉米特”，是将小米粉、红豆腐、酥油和白砂糖和在一起做成，这种食品是招待尊贵客人的上等食品。

（二）哈萨克族的饮品

1. 马奶酒

马奶酒哈萨克语称为“合木孜”，它是哈萨克族最上等的饮料。每到夏季，牧场上的每一顶毡房里都飘荡着马奶酒的清香。热情好客的哈萨克族妇女不仅每天给劳动归来的亲人准备马奶酒，而且经常用上好的马奶酒来招待远方的客人。其制作方法是将新鲜的马奶盛在皮囊中，内加发酵的乳饼做发酵剂，用捣奶杆搅动，使之发酵，酿成半透明、略有酸味的马奶酒。其味甘醇，多饮可以致醉。据说马奶酒对支气管炎、肺结核、哮喘等病具有一定的疗效。没有喝过马奶酒的人，不知其酒性，很容易喝醉。尤其初次饮用，更不能喝得过猛。即使哈萨克族老牧人，也是边喝边谈，慢慢品尝。哈萨克族牧民不仅能从你吃手抓羊肉，也能从你喝马奶酒中判断你的体质，他们认为不胜酒力的人往往体质较弱。

2. 骆驼奶

骆驼奶哈萨克语称为“楚巴提”。据联合国粮农组织的报告，骆驼奶除富含维生素C以外，还含有大量人体所需的不饱和脂肪酸、铁和维生素B。骆驼奶虽然味道比牛奶偏咸一些，但它已赢得了许多人的喜爱，同时，骆驼奶还为哈萨克游牧民族提供了一个增加收入的来源。

牛奶由于营养丰富而备受青睐，是许多人每日的重要营养来源。骆驼奶的营养成分绝不亚于牛奶，可以为广大牧民带来巨大的经济收益。骆驼奶含高钙，饱和脂肪酸低，甚至还具有医疗价值。骆驼奶是非常健康的产品，骆驼奶可以协助糖尿病患减少对胰岛素的需求；对新生儿也有益，因为它不含过敏原。常喝骆驼奶对消化性溃疡病患者有益，对高血压患者也有帮助。

3. 奶茶

哈萨克人的生活里还离不开茶。一般喜用砖茶，用水熬得很酽，加盐、奶，称为奶茶，饮时加少许酥油。也常用奶茶冲泡炒熟的黄米。通常进餐必备茶，饮茶必备食品。在牧区，很重视早茶早饭，白天饮食时间不固定，晚餐较丰盛。

哈萨克人传统不用筷子，主要餐具有木碗、木盘、木盆、木勺，现在多用瓷器、搪瓷器、铝制品。小刀是常备餐具。进餐时，食物摆在餐布上，餐布称为“达斯塔尔汗”。平时食物储放在皮袋、木箱里。

4. 酸奶

酸奶是哈萨克族的传统奶制品。哈萨克族牧民喜欢喝酸奶，并善于制作各种酸奶。到了夏季，酸奶成为哈萨克牧民生活中不可缺少的食品，因为它既是营养丰富的补品，又是消暑解渴、助消化的良药。酸奶可以说是哈萨克牧区的“拳头产品”，家家户户都生产。哈萨克族牧民制作酸奶时，一种方法是将牛奶（或羊奶）烧开后，去其奶皮，兑入引子，倒入皮制的口袋里发酵；另一种方法是不取奶皮子，兑入引子发酵。前一种味较酸，而后一种味则酸甜，十分可口。讲究的人还在酸奶里放砂糖，吃起来更别具风味。新疆的一些少数民族还喜欢把酸奶放在饭里，倒在汤里食用，让其发挥调味和助消化以及降低血脂的作用。

三、哈萨克族的服饰文化

（一）哈萨克族服饰

哈萨克人长期逐水草游牧，多生活在山区、戈壁和高寒山区，因而哈萨克族的服饰也都带有较浓的高寒草原游牧生活的特征。哈萨克人的服饰大多以珍稀野生动物和牲畜的皮毛制成，其中使用最广的是狐狸皮、貂皮以及羊皮，为了便于骑乘，哈萨克人的衣服都比较宽大，牧人喜欢扎腰带。皮大衣有带布面的和不带布面的两种，不带布面的叫“桶翁”，带布面的叫“依稀克”，还有一种絮有骆驼绒毛或羊毛的大衣叫“库普”。随着季节和年龄的不同，冬、夏两季选择不同的服饰。冬天主要穿用各种兽皮制作的服饰，用以保暖；夏天主要以布制作的服饰为主，以求凉爽。哈萨克人的穿衣，不但与生活环境有关，而且有着自己的审美情趣。男服讲究潇洒、实惠、舒适、方便，女服讲究美观。

哈萨克族的衣着多种多样，多姿多彩。冬天普遍穿冬绵羊羔皮制作的皮大衣，哈萨克人称“依稀克”，足以保暖。夏天穿布衣，讲究好看。尤其喜欢用白布做衬衫或长内裤。衬衫外套坎肩，在外面套上长袷袢。不论冬装还是夏装，其边角和袖口上都镶着条边，条边上绣着花纹、图案。

哈萨克牧民喜欢扎腰带。腰带大多是用牛皮做的，虽然宽窄不等，上面却镶着银花纹。腰带上还佩有刀鞘和杂物袋。特别是小伙子扎上银饰腰带，佩上小刀，穿上坎肩，蹬上筒靴，显得非常利落。

牧民穿的靴子也有很多样式。一种是高后跟的长腰皮靴，靴腰子高达膝盖，靴里穿毡袜，毡袜的口上用十分美观的绒料镶边。一种是低后跟包头靴，这种靴子具有柔软、轻便的特点。还有一种是套鞋，用软皮子制作而成，没有后跟；另一种是硬皮制作的，跟比较高，是哈萨克女人穿的，过去这种鞋是具有身份、地位的人家女人穿的，称“开布斯”。旧时，贫苦人买不起靴子，穿的是用生牛皮缝制的一种形状像船的“皮窝子”，哈萨克语称“恰海”。

哈萨克族妇女的服装多按年龄选择样式。衣料普遍喜用绸、绒、棉织品，更喜爱穿连衣裙。姑娘和少妇喜穿袖子上绣着花、下摆多褶的连衣裙和袷袢；有的也穿坎肩和前襟下摆绣有各种图案的皮大衣。衣服上一般都缀着银饰，边上镶有花纹。儿童的服装色彩斑斓，有的缀以银扣，有的缀以银元，还有多种颜色的彩带加以装饰，显得活泼可爱。

哈萨克族小孩及妇女的帽子不但体现了哈萨克族的服饰文化，而且人们还可以根据帽子上的特殊装饰判断该女子是否已经出嫁，未婚少女的帽子上要插上一撮漂亮的猫头鹰羽毛。哈萨克人早就认识到猫头鹰是益鸟，而且猫头鹰在茫茫的夜色中可以凭借敏锐的目光分辨一切，所以哈萨克人将猫头鹰视为勇敢、坚定、一往无前的象征，并可带来吉祥。同时也视猫头鹰的羽毛为珍品，悬挂在毡房的壁挂上，装饰在帽顶上。经过历史的演变，猫头鹰羽毛就成了哈萨克族小孩和少女帽子上的特殊装饰和未婚少女的标志。

（二）哈萨克牧民的各类服饰

1. 图马克

图马克是牧人冬天戴的帽子，一般是一顶长尾扇的四棱尖顶帽，左右有两个耳扇。这种帽子里面大都用水獭皮、狐狸皮以及绵羊羔皮做成，但面子全都是各种颜色的绸子和缎子，顶部又饰以鹏鸮羽毛，十分美观。图马克有两种：一种是为了暖和而戴的；另一种是为了装饰而戴的，一般这种图马克全采用狐狸、貂等珍稀动物的皮子制作，比较轻便。

2. 焦图马克

焦图马克是形似圆锥体的尖顶帽，里面也缝有狐狸皮或黑绵羊羔皮，而面子仍使用各种颜色的绸子和缎子。这种帽子做工简单、质地柔软，适合各季节戴用（见图 4-4）。

图 4-4　戴图马克的哈萨克族老人

3. 吃特

到了夏天，哈萨克人一般剃光头，扎三角布制的吃特（头巾），如图 4-5 所示。这种吃特一般不限年龄。随着时代的变迁，现在戴这种吃特的人也比较少了。还有的姑娘扎包巾，包巾有三角形和方块形两种。吃特角上都镶有花纹图案。姑娘定婚时，要举行扎吃特仪式，即男方准备好一条吃特，由前去定亲的妇女给姑娘戴在头上。吃特上也缀有猫头鹰羽毛。

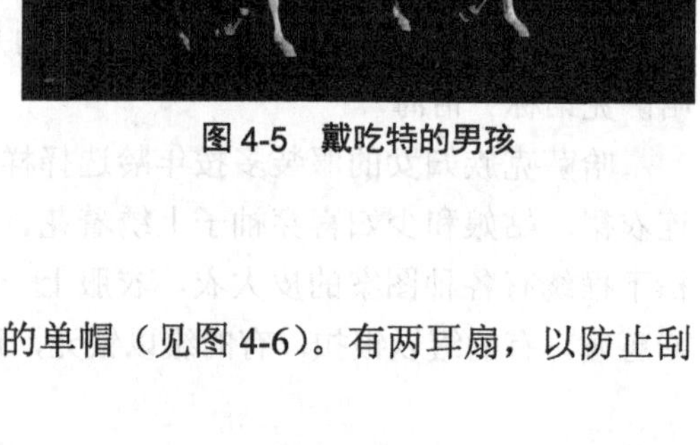

图 4-5　戴吃特的男孩

4. 库拉帕拉

库拉帕拉是一种类似三角形的男人夏天戴的单帽（见图 4-6）。有两耳扇，以防止刮风时的灰尘。一般面子为黑色条绒布料，内层为其他面料做成，中间加一些比较薄的棉花或者绒毛，比较适宜秋季戴用。

图 4-6 戴库拉帕拉的中年人

5. 标尔克

标尔克是下沿大、上沿略小、呈圆斗形的帽子，分男式和女式两种。女式的帽壳较硬，帽顶用金丝线绣着花，并用珍珠彩扣镶成各种美丽的图案。这种帽子，一般用红色、绿色或黑色绒布制作，帽顶上插着猫头鹰羽毛，象征吉祥如意、幸福美满。男式的图案不多，帽顶上一般不插猫头鹰羽毛（见图 4-7）。

图 4-7 男式标尔克

6. 塔禾亚

塔禾亚是用绸、布和水獭皮做的圆顶帽子，帽顶上有猫头鹰毛，与帽子相接处有红珠子或玛瑙珠子，中间是空的，羽毛固定在其中。男人戴的比较简单，绣着各种美丽哈萨克传统的图案（见图 4-8）。

7. 沙吾克烈

姑娘出嫁时戴的帽子比较美丽独特，这种帽子是用毡子做的，外面是丝绒或绸缎，上面绣着花，并以金银珠宝装饰，帽子正上方还饰有串珠垂挂额前（见图 4-9）。

图 4-8 未婚男女戴的塔禾亚

图 4-9 姑娘出嫁时戴的沙吾克烈

8. 开米西克 / 祁老什

哈萨克族女子婚后一年换戴花头巾，生了孩子后便同中年妇女一样戴白色包巾。这种包巾比较宽大，为前后两片：前面的一片叫“开米西克”，从头上一直垂到胸口（见图 4-10）；后面的一片叫“祁老什”，从后脑勺一直垂到臀部以下。戴上这一包巾，仅露出面颊、眼睛、鼻子和嘴巴，很像沙特妇女的装束。

图 4-10　老年妇女戴的开米西克 / 祁老什（白色）

四、哈萨克族的生活礼节

（一）做客的礼节

到哈萨克族牧民家做客，客人不能骑着马直接来到主人毡房跟前，而要在距主人毡房较远的地方下马，牵马而来。进毡房时，客人不要亲自揭起帐帘，而要等主人揭起并躬腰迎请之后才进入。进到毡房后，必须论资排辈，并按男尊女卑的规矩入座。当客人离开时，主人除一再挽留或者请你再来，他还会热情地为你牵马理鞍，扶你上马。

（二）待客习俗

哈萨克族是一个热情好客的民族。哈萨克人说：“祖先遗留下来的财产中，一半是客人的。”因此，对于前来拜访或投宿的人，不管曾经相识与否，他们都热情接待。

哈萨克人以纯朴、诚实、直爽、热情好客而闻名。这是因为牧区地广人稀，居住分散，行旅不便，外出时，凡有毡房的地方，自然就成了休憩和投宿之处，行人就可免受饥寒之苦。热情好客是哈萨克人长期游牧生活中形成的美德，哈萨克人谚语说：“只要沿途有哈萨克，哪怕你走一年，也不用带一粒粮、一分钱。”哈萨克人对待客人恭敬备至，礼节周到，他们认为客人是安拉赐予的，不可稍有怠慢。由于有这样的好习惯，哈萨克族中没有乞丐。

哈萨克族有一句古老的谚语：“如果在太阳下山时放走了客人，就是跳到水里也洗不清这个耻辱。”还有民谚说：“好客人来到羊要下双羔。”因而凡是前来拜访和望门投宿的客人，无论认识与否，不论懂不懂他们的语言，也不论是哪个民族，都热烈欢迎，竭诚接待。哈萨克人在接待客人时，连自己也舍不得吃的东西都要拿出来款待客人，不但用好饭、好肉招待客人，而且还精心喂养客人的马匹，第二天热情送行。哈萨克人不向客人索取任何报酬，他们认为向客人索取报酬是非常耻辱的事。

哈萨克族招待客人最主要的食品是“纳仁”。在进餐之前，要请最主要的客人举行一种叫作“巴塔”的宗教仪式，就是把要杀的羊牵进毡房，或是在毡房门口，请客人过目并获得客人允许，客人要代表来客对主人表示感谢和祝福。进餐时，主人要把羊头放在主要客人的面前，以示尊敬。客人在吃肉之前，先要用小刀削下羊头脸面的一块肉，送给主人，或是放在盘中；再割一只羊耳朵给主人的孩子，或是座中的最幼者，意思是希望晚辈听长辈的活，然后把羊头还给主人。等这些礼节结束后，大家才开始吃肉。当酒足肉饱时，主人还将一大把碎肉送到客人嘴边，用十分恳切的言辞劝客人吃下，以表达敬意。

（三）见面礼

哈萨克族的见面礼简朴而真诚，凡遇到熟人和长辈，总是以右手贴胸，稍稍欠身问好。见面时，都要伸出手握住对方的手，表示尊重和热情，并说“萨拉木来坤”，同时还要问七八个“阿曼”（平安之意），其内容要问到老人、父母、妻子、兄妹、儿女、牲畜等。妇女们见面时，一般是点头、问候。若两人较长时间没有见面，那么见面时就显得格外热情并要拥抱，表示亲昵和思念。即使对素不相识的过路人，如遇天黑、下雨或有其他困难的人，也都热情招待，不取分文。

五、哈萨克族的生活禁忌

哈萨克族在漫长的历史发展过程中，禁忌对于其社会成员由“自然”之人转为“文化”之人，以及其社会新成员的社会化和内在化，都具有催化剂和杠杆一样的作用。哈萨克族人生仪式具有浓郁的草原游牧生活的特色，有诞生礼、摇篮礼、满月礼、割礼、婚礼、葬礼等，在这些重大仪式中，禁忌贯穿始终。可以说，禁忌既形成哈萨克族特有的民族文化模式，也是构成其社会秩序的主要内容；同时它也是一种手段，通过强制或潜移默化的方式，将人的观念与言行纳入历史变革和社会的轨道之中。家庭教育在哈萨克族成员成长过程中占有极其重要的地位。其成员从儿童时期即接受本民族习俗文化的教育，了解哪些语言不能讲、哪些事情不能做。反映出的语言禁忌和行为禁忌的内容有些出自十分明显的功利动机，但大量的禁忌却无法用功利的观点来解释，具有一定的象征意义，一些跟宗教有深远、广泛的联系，另一些则与本民族习俗文化有关。

哈萨克族禁忌内容十分丰富。如果按禁忌规定本身的表现形式和内容，可分为语言禁忌、行为禁忌、饮食禁忌和其他禁忌。

（一）语言禁忌

客人不要当着父母的面赞美他们的孩子，尤其不能说孩子“胖”，他们认为这样会给孩子带来不吉利的事情；青年人不直接呼长辈的名字；忌讳在早上哭泣或说污秽语言，他们认为这样会办事不顺当或招来灾祸；不能直呼神的名字等。

（二）行为禁忌

做乃玛孜（礼拜）时，别人绝对不能从做乃玛孜的人面前走过，更不能踏地上所铺的做乃玛孜的布，更不能模仿他们的动作和大声说笑。住房附近、水源旁边、礼拜寺、墓地周围不准大小便。在房间内的西墙上，不能挂人头像；睡觉时不能脚西头东；厕所门不能向西开；不要当面数主人的牲畜数目；不要用手拨弄食物，不准乱丢食物；不准坐在装有食物的箱子或其他用具上；绝对不准跨过或踏过吃饭用的达斯达尔汗（餐布）；吃馕时，不能把整个馕拿在手上用嘴啃，而应该掰成小块吃；主人做饭时，客人最好不要动餐具，更不要用手拨弄食物或掀锅盖；不能跨过拴牲畜用的绳子；忌讳面向太阳、月亮大小便，忌讳向太阳吐唾沫；忌讳在吃饭时洗完手乱甩；忌讳用不干净的器具盛水，忌讳在别人房子外面转圈，认为这样做会把人家的疾病、灾难全部带回自己家，而自己将获得的好运气会落到别人头上；忌讳晚上照镜子，认为晚上照镜子会使人失去好的气色而无精打采；绝对不能砍伐荒漠中的独树，也不能在独树下乘凉、睡觉，不然就会像那棵树一样孤独一生；哈萨克妇女不能在长辈面前走过，更不能在长辈面前喝酒和抽烟；父亲在世的孩子不能把两手放在后脑躺在床上，这样做会被认为孩子对父亲不满而咒父亲快点死去；哈萨克人不摇动空摇床，他们认为只有失去孩子而疯了的女人才会这样做，如果摇动空摇床自己将会失去孩子变成疯子；哈萨克人出门时不准带醋、油和盐，他们认为这样会使出门的人因想念家乡、想念亲人而悲伤，像盐一样生活很苦。

（三）饮食禁忌

哈萨克人在饮食方面有许多禁忌，忌食一般分为四种：自死物、溢流的血、猪肉和“诵非安拉之名而宰的动物”。此外，还禁食猛禽猛兽和不反刍畜类；妇女怀孕后，忌食驼肉、驼奶、兔肉及狼咬过的牲畜的肉。

（四）日常生活方面的禁忌

哈萨克族对妇女和小孩还有一些特别的忌讳和讲究，这些禁忌有些是迷信，有些其实是生活经验。

怀孕的妇女一般不能吃骆驼肉，认为吃了骆驼肉妊娠时间会延长。如果怀孕时吃了骆驼肉，预产期过了，就要从缠有白布的公驼脖子上跳下去，认为这样可按期顺利分娩。孕妇不能跨过横挂毛绳，认为如果跨过毛绳会造成胎儿脐带缠于颈部以致胎儿夭折。孕妇忌用手抓锯子、剪子等，以免引起早产。

孕妇生孩子时，打开所有属于该妇女的箱子，解开纽扣，取下耳环、项链、手镯等，认为这样会减轻孕妇的阵痛，顺利分娩。

来家里做客的姑娘，要安排在上座与长辈和客人同坐，要不这一家会遭不幸。

妇女忌两手插腰站立，因为丈夫去世的女人才这样做。妇女一般晚上不去挑水、外出晾衣服，认为女人胆小，可能会被吓着，可能会生病。妇女不能从骑马的男子或老人面前横着走过。妇女将被剪掉或自然脱落的头发收拾好，藏于不被人践踏的地方，不能将头发烧掉。妇女不能把洗衣服的污水泼在人行道上，认为行人若踩到洗衣服的污水会遇到不幸。

婴儿睡着时忌月光照在脸上，认为月光会使婴儿患病。婴儿脐带未干之前家里的炉灰不能往外倒，否则婴儿的身体会越来越弱。婴儿不满40天，不能在晚上抱到室外；在傍晚时，不能将婴儿的衣服晾晒在室外。忌用饭勺和扫帚打小孩，这样做会给小孩带来伤害。

小孩不能在客人或老人面前横冲直撞，不能参与大人谈话，不能讲不干净的话。小孩遇见大人要问好，家里来客人要让座。为了使小孩早些走路，举行解脚绳仪式（用一条花绳和一条煮熟的新鲜羊肥肠，将小孩双腿缠住，然后请一位身体健康、走路快的长者将绳子和肠子一起剪断，肠子分给大家吃掉）。小孩进屋时不慎摔倒，认为是好事，是这个家的幸运，也是一切如意的象征。小孩爬在地上，从大人双腿间看路，认为会有向往已久的远方亲戚来探亲或贵宾来家做客。小孩第一次出远门，要举行仪式，祝福平安。婴儿睁着眼睛睡觉，认为将来的伴侣是个美人。小孩多次伸出舌头，会认为是远方亲人要来音讯。小孩按期不会说话，将小孩领到外公家（或舅舅家）宰一只羊，用羊肠勒小孩脖子几下。小孩拍手，认为会有喜事临门。

（五）其他禁忌

周二忌出远门，周一和周三出远门的人一路顺风。周五忌搬家，因为周五是伊斯兰教集体做礼拜的日子。出远门的人忌带酥油和黄颜色的衣物，认为黄色是不吉利的颜色。

客人在别人家吃饭前先说祝福词，招待客人宰羊时客人也必须说祝福词。如果家里有去世的人，饭前应念古兰经。

给家里的长辈或客人端茶饭等应用右手，用左手不礼貌。

新娘初进新房之后，不能随意在长辈的毡房上座来回取东西或随意坐上座。为了方便进出，婆婆让新娘进屋后，从火塘的左下方开始，向毡房中的火塘鞠躬施礼，并在火堆中撒些动物油，逆时针旋转半圈后，返回到自己的位置，这是哈萨克人尊重长辈的表现。

第四节　哈萨克族的草原精神文化

一、哈萨克族的宗教文化

（一）哈萨克族的古代巴克思宗教文化

哈萨克族也和其他许多民族一样，远古时期曾崇拜过自然、图腾、祖先，信仰过拜物教、萨满教。中世纪，佛教、景教也对哈萨克人的宗教信仰产生过相当的影响。哈萨克族最后信奉的是伊斯兰教。由于哈萨克人从事游牧业，居住分散，伊斯兰教未能迅速传播，其影响较之定居城市的民族和农耕民族相对淡薄。最初信奉伊斯兰教的几乎都是上层人物，在哈萨克族皈依伊斯兰教初期，在广大牧民中信奉原始的萨满教的仍占优势。

哈萨克族把萨满教巫师称为“巴克思”。在哈萨克人信奉伊斯兰教之前和信奉伊斯兰教后的最初几个世纪，巴克思都起过十分重要的社会作用，那时巴克思也被称为“阿比兹”，认为其神通广大，无所不能，能和天神、祖先灵魂交谈；具有未卜先知之明，知晓世间秘密，能感照人心，既是雄辩家，又是库布孜琴手。古代哈萨克巴克思的一个显著特点是他们在历史的各个时期，全盘接受了盛行于哈萨克草原的自然崇拜、图腾崇拜、祖先崇拜，以及佛教、景教的影响，并将它们糅杂在一起为己所用。他们一面吟唱萨满歌，一面求神拜佛。他们在跳神时，首先用库布孜琴伴奏唱歌，兴奋时发表吉凶的预言。巴克思拒绝归顺乌孜别克汗国的伊斯兰教，而恪守萨满教礼仪。14—19 世纪，乌孜别克汗国时期，伊斯兰教曾无情地镇压过萨满教，把跳神、唱萨满歌视为“顽固不化”而严禁。起初，巴克思强烈反抗，后终遭失败，多数皈依伊斯兰教。总之，巴克思是哈萨克族信奉伊斯兰教之前和信奉伊斯兰教初期原始信仰的代表、传播者和继承者。同时，他们为发展和丰富哈萨克民间诗歌音乐、艺术以及杂技、武术等都做出了一些贡献。因此，巴克思是哈萨克古代文化的主要继承和传播方式。

（二）哈萨克族的伊斯兰宗教文化

哈萨克族后来信奉伊斯兰教，在生活、社会活动、人与人间的道德理念等方面以伊斯兰教的教义为准则，从事各类活动。在谋求基本生存条件和创造良好发展环境的过程中，为有效地协调各种复杂的社会关系，实现自身价值，满足心灵寄托，形成了牢固的关于家庭关系、社会交往、从业思想，以及以积极的态度合理地开发、利用、保护自然资源等一系列重要的传统文化。

哈萨克族信奉伊斯兰精神的另一个显著特点是对现实生活持积极向上的态度，认为营造今世是为了后世，站在神圣信仰的高度去认识自己对时代、对社会、对人类应有的义务和必须承担的历史使命。有一位宗教思想家曾写下这样的名言：“名实兼收，不独润身还润屋；经营俱到，真能成己更成人。”他要求人们的作为必须具有明显的、公众的社会目的及相应的效益，凡做事应名实相符，有益于大众，有益于社会和国家，在自己取得成功的时候，也要想到对他人提供必要的帮助和扶持。这一思想明显地反映了伊斯兰教的人世态度和强烈的社会责任感，对于国家建设与富强、民族进步与振兴都具有积极的意义。早在伊斯兰教初创时期，先知穆罕默德就很重视文化知识的学习，他有两段著名圣训：“求知是每个穆斯林的天职。”“学问虽远在中国，也应当去寻求。”从伊斯兰教的教义中我们可以看到有关教育道德理念、做人做事等方面的论述。

1. 哈萨克族遵从的伊斯兰基本原则

保护生命、名节、财产，理智、后代和老弱病残。

（1）禁止侵犯他人的性命，不杀害他人的性命，除非为了真理。

（2）禁止伤害他人的名节，禁止行奸，保护人的名节不受侮辱，保护人类道德不致堕落，保护社会不致崩溃，保护血统不致混乱，不致恶行泛滥，不致恶劣之行流行于社会，更避免了其产生的严重的不良后果。

（3）禁止侵犯他人的财产，不借诈术而侵吞他人的财产。

（4）禁止伤害理智，饮酒、赌博、拜像、求签皆是秽行，应避而远之。

（5）禁止盗窃，穆斯林在偷盗时已不是穆斯林了；凡偷盗的男人或女人，应当给予惩罚。

（6）禁止欺骗，谁行欺骗，谁就不是穆斯林了。

（7）禁止贿赂，诅咒贿赂之人和接受贿赂之人。

2. 哈萨克族宗教文化的环保观

（1）提倡开发自然与保护自然相结合

哈萨克族主张爱护生态环境，强调把开发自然与保护自然结合起来。对于自然资源，不但在匮乏时需要节约，在富裕时也不能浪费。伊斯兰教义认为，无节制地开发利用自然资源是对自然环境的破坏，因此禁止穆斯林从事破坏环境的活动。在伊斯兰教看来，过度利用自然资源是一种浪费，强调人类要爱护自然、保持与自然界和谐关系的前提下，主张把握自然的本质和规律，通过对自然界的合理开发利用，为人类造福。伊斯兰教主张既要改造自然，又要顺应自然，通过改造自然以使之适合人类需要；既不屈从于自然，又不破坏自然，以自然与人类的和谐共处为最终目标。

（2）强调人与自然和谐相处

①哈萨克族重视整体和谐，强调创造一个和谐而完美的世界。他们认为从日月星辰、高山大川、江河湖海，到空气、阳光、大地以及地球上的各种动植物，这些事物共同构成了和谐的生态系统。

②伊斯兰文化整体和谐的生态观还表现在“乐园”所代表的理想生态境界上。伊斯兰教把“乐园”作为人与自然和谐交融的最高理想境界。“乐园”里风光旖旎、绿树成荫、百花盛开，人与自然景物相得益彰、融为一体，构成了一幅和谐而美丽的生态风景画，生动地表现了人与自然环境亲密无间、和睦共存的动人景象。从这种“乐园”的自然美中，可以看到伊斯兰教对人类与自然和谐生态美的崇尚。

（3）保护各种自然资源的基本主张

①哈萨克族认为人类应以公正、友善的态度对待天地万物，尤其要珍惜爱护同处于生态系统中的动植物。倡导人们要对一切自然之物存有仁爱之心，禁止人们无辜宰杀幼畜、砍伐幼苗。伊斯兰教还专门规定在斋戒期间和禁地之内不准打猎。禁止人们滥伐树木，滥捕野生动物，并号召人们多植树，美化环境。

②哈萨克族虽未禁止杀害动物，但严格限制盲目杀生。他们认为动物同人类一样，有生命、有感觉、有意识，要尊重动物的权利和尊严，尤其要善待与人类日常生活密切相关的动物，如骆驼和马等。伊斯兰教允许穆斯林屠宰动物并且食其肉，但不允许虐待活的动物。

③哈萨克族珍惜土地和土地上的一草一木。由于土地是人和其他生物所共有的，人类有责任保护它们。现代社会人类对土地破坏性的开发，有悖于伊斯兰教义的基本观点。但是因为地球上蕴藏的一切资源只有经人类开发才能满足人类的生活需要，才能体现其价值，需要进行一定的新土地开发。

二、哈萨克族的艺术文化及产品

哈萨克族牧民在生产生活中创造了丰富多彩的文化艺术。哈萨克文学包括书面文学和口头文学。有史诗、神话、传说、民间故事、叙事长诗、爱情长诗、民歌、谚语等。哈萨克族是“诗歌的民族”。哈萨克人“出生时诗歌陪你打开人间之门，去世时诗歌伴你投入大地怀抱。”哈萨克人从“摇篮曲”到“挽歌”的人生历程中，用诗歌来描述民族风俗、社会生活、历史、哲学思想、文化、经济、爱憎。诗歌代代相传、源远流长。“世上路走得最多的是哈萨克人，世上搬家最勤的人是哈萨克人，哈萨克人的历史就是在游牧中谱写的，哈萨克人的繁荣就是在迁居中诞生的，哈萨克民族用自己的双腿丈量着世界，追随着生命的绿色！”哈萨克族人民还创造了哈萨克历法和哈萨克医学。

（一）哈萨克族的主要文学作品

1. 英雄史诗

哈萨克族英雄史诗中最著名，广为传诵的作品有《阿里帕米斯》《豁布兰德》《叶尔塔尔根》《哈木巴尔》《哈班拜》等。其中，《阿里帕米斯》和《豁布兰德》这两部宏伟史诗的产生时间很早，而《叶尔塔尔根》则是以以上两部史诗以后的历史事件为背景的。《哈班拜》《博亘拜》《贾尼别克巴图尔》《萨巴拉克》等则是以18—19世纪的著名历史人物为主人公的英雄史诗。

2. 爱情长诗

哈萨克族爱情长诗中最有名的是《吉别克姑娘》《豁孜阔尔佩席与色彦苏鲁》《恩利克与科别克》《萨里哈与萨曼》等，其艺术价值较高，具有很强的感染力。

3. 叙事长诗

哈萨克族最有影响、最重要的叙事长诗主要有《考孜库尔帕西与巴彦苏鲁》《克里米亚的40个巴图尔》《鹏鹉的40个故事》《4个宰相》《巴克提亚尔的40个故事》等。

（二）哈萨克族的音乐和舞蹈

1. 音乐

哈萨克族是酷爱音乐的民族，其民间器乐曲数量大，质量高，内容丰富，音乐旋律古朴雄浑，散发着浓郁的生活气息，具有鲜明的地域特色和民族特色。这些乐曲含蓄与奔放、缠绵与粗犷并存，融东、西方民族音乐为一体，是哈萨克人精神世界的真实反映。这些优美动听的民间器乐曲，像草原盛开的鲜花，葱郁芬芳，沁人心肺，激荡着哈萨克人生活的激情。哈萨克族的乐曲主要分 3 类：一是对山、水、草原和家乡的赞扬；二是对草原上各种牲畜和动物的赞美；三是对人生、动物遭到不幸的同情和忧伤。从哈萨克族的乐曲声中，人们好像看到了骏马的奔驰，山鹰的翱翔，大雁的飞鸣，骆驼的跋涉；仿佛看到了草原上情人的眷恋，清泉苍松的幽静，羊羔、马驹的欢蹦；也仿佛看到了哈萨克族的各行各业欣欣向荣、人民生活迅速改善的美好景象。《美丽的姑娘见过千万》《玛依拉》是哈萨克民歌中的著名歌曲，在全世界流传。

2. 乐器

哈萨克族目前最主要的乐器有冬不拉、库布孜和斯布孜合（笛子）等，其中最流行的乐器是冬不拉。

哈萨克族的民间乐器分弹奏乐器、拉奏乐器、吹奏乐器和打击乐器四类。弹奏乐器主要有冬不拉、谢勒铁尔、萨孜、节特根和皮克利等。拉奏乐器主要有库布孜、克勒库布孜和尚库布孜，又以库布孜为代表。吹奏乐器主要有斯布斯额（“思布孜可”）、卡尔得乃、阿德尔那和各种斯尔那依。哈萨克族的打击乐器也有很多，主要有达不拉、达吾勒帕孜、省达吾勒、哈拉、斯得尔马克、阿提推亚克（“阿迪托亚克”）、阿萨塔亚克、玉兹塔克勒达克等。极富特色的是阿迪托亚克，这种打击乐器由两个组成一对，演奏时互相击打，外形类似马蹄，加之所奏出的效果，哈萨克族称为“马蹄音”。

3. 舞蹈

哈萨克舞蹈动律性强，表现风格粗犷剽悍、刚健有力、轻快矫捷，草原上游牧、狩猎及日常生活在舞蹈中都有充分展示，充满浓烈的草原生活气息。以马为题材的民间舞蹈有《哈拉交日嘎》（黑走马）、《萨里古仁》（枣红马）、《快走马》等，节奏明快，刚健有力，模仿马态，惟妙惟肖，优美动人。以劳动为题材的有《英翁别克比》（劳动舞），包括《挤奶舞》《剪毛舞》《擀毡舞》《套马舞》等，表现劳动的情景与形态动作。如《剪毛舞》从剪羊毛开始，中间穿插洗毛、弹毛等，男女互为帮手，忽而成为一队，忽而围成圆圈，舞姿优美，表现逼真，明快动人。以狩猎为题材的有《交日尕尤比》（狗熊舞）等，描绘狩猎生活场景；还有模仿飞禽走兽舞蹈，如《阿克候比》（白天鹅舞）、《鹰舞》等。《鹰舞》描绘一只老鹰在天空飞行，忽而俯冲而下，忽而直冲云天，舞姿变化倏忽，引人入胜，富有极强的想象力和表现力，使人仿佛身临其境。哈萨克舞蹈是中华舞蹈艺术海洋中的一颗明珠。

（三）哈萨克族的“阿依特斯”和巴塔文化

1. 民间对唱“阿依特斯”

哈萨克人说：“马和歌是哈萨克的翅膀。”哈萨克人用歌声迎接新的生命，用歌声伴随人生的每一段里程，直到用歌声送走亡灵。受民间文化的熏陶，哈萨克人各个出口成章，人人具有赋诗作歌的才能，并且孕育和发展起了最有广泛群众基础的哈萨克民间对唱。目前,“阿依特斯”(汉语音译名)已被列入国家级非物质文化遗产名录。哈萨克的“阿依特斯”一般不受时间地点的限制，但它是庆祝集会、重大祭典、仪礼仪式、喜庆节日等项活动里必不可少的项目。在哈萨克族民间，无论男女老少，无论是否民间歌手，他们都是对唱的热心参与者和欣赏者。其中，尤以阿肯对唱“阿依特斯”具有代表性。阿肯是哈萨克民间语言和歌唱大师。为了保护哈萨克族传统文化和“阿依特斯”这项宝贵的文化遗产，哈萨克地区每年都定期举行阿肯对唱会。每当这个时候，在蓝天白云的映衬下，碧草如茵的草场布满洁白的毡房，人们穿戴着节日盛装，从四面八方会聚到一起，欣赏和品评阿肯对唱。

2. 巴塔文化

“巴塔”意为“祝福、祝愿”。哈萨克族先民认为，萨满（巫师）除通神和为人治病外，还能占卜吉凶，因此，在部落或民族对外作战时，必然向萨满问卜，并举行祭仪，祷告神灵，祈求平安。哈萨克人远古的祈求祈祷仪式，无疑是巴塔习俗生成的本源，是巴塔习俗的雏形。后来，伊斯兰教信仰对哈萨克人的礼仪、礼俗、节日、生活习惯产生了深刻影响，巴塔习俗的发展同样也受到伊斯兰教的影响。但哈萨克人的民歌巴塔习俗始终保留着本民族早期信仰的特点。

巴塔习俗的形成和发展与哈萨克人的社会文化生活紧密相连，而远古的宗教信仰无疑对其产生了重大影响。在哈萨克先民有过的自然崇拜、祖先崇拜、图腾崇拜及萨满教信仰等原始宗教信仰中，祈祷的仪式曾广泛存在。作为哈萨克先民之一的古代乌孙人、康居人认为，山间温泉具有某种不可抗的神力，因为它可以有效地治疗某些疾病，可以把他们肉体的痛苦消解于无形，因此他们将之视为神水，进行祈祷和供祭。在部族有重要的事情或者遇到困难时，就去祈求死亡的部落成员鬼魂的帮助，事情顺利完成后还要对它们进行答谢。哈萨克谚语说：“祝福中英雄创出业绩，雨露中禾苗茁壮成长”“无父之家无人作巴塔，无母之室没有温暖”。哈萨克人认为在哈萨克草原上没有巴塔，万事就不能开始。

哈萨克族一般做巴塔的是德高望重、才华横溢、受尊敬的老者。通过巴塔来传授人间的道德理念，教育人们要遵守做人的基本准则，热爱和保护所生存的环境，同时批评人间各种邪恶、不道德的行为。

古代哈萨克人在每年第一声春雷响起时，要边敲打毡房，边祈求全年风调雨顺，牧业丰收。当新月升起的时候，人们会祈祷：“我仰望新月，我仰望安康，我又看到了往日般的时光，过去的月份承蒙你的恩典，新的月份里还望渥泽恩光。”巴塔作为一种祝福的民歌，可以在不同的场合，为各种事由做或者吟诵。巴塔既可以是给个人的，也可以是给集体的。既有仪式仪礼上的巴塔，如婴儿诞生礼中的巴塔，男孩割礼中的巴塔，嫁礼上新娘的巴塔等；也有节日的巴塔，像纳吾肉孜节的巴塔，加拉帕赞巴塔；在日常生活中也有种种巴塔，如上路的巴塔，用餐的巴塔，敬客的巴塔，答谢的巴塔，孩子穿新衣的巴塔，转场的巴塔等。巴塔习俗主要通过语言表示真诚、良好的祝愿，因而巴塔的词语以祝词、祷词居多，有韵文形式的，也有口语形式的，但有词无曲，主要用于吟诵。在哈萨克人的巴塔习俗中，被邀请吟诵巴塔词的人一般都是有一定威望，口齿伶俐的人或尊敬的客人，那些巴塔词说得好的人，受到人们特别的尊重。重大仪式、场合中的巴塔，还请民间诗人阿肯专门来吟诵。哈萨克人一生中会接受无数个巴塔，也会给予他人许多的巴塔，因此在哈萨克语中祝福词异常丰富，人们随口便能说出几句祝福语。尤其是老人，也许他们目不识丁，但常常能即兴发挥，说出灵活风趣、情真意切、优美动听的巴塔语。

（四）哈萨克族的历法

哈萨克族根据星体变化的规律，制定了自己的历法。哈萨克历一年为 365 天，分四季，每季 3 个月；每年 12 个月，每月 30 天；另外 5 天放在哈萨克历的 2 月，此月为 35 天。哈萨克人根据自己的历法可较为准确地推算出四季转场、接羔、剪毛、配种及播种谷物的适宜时间，对畜牧生产和群众生活有十分重要的实际意义。哈萨克族人还使用十二生肖纪年，每年以动物命名，依次为鼠、牛、豹、兔、蜗牛、蛇、马、羊、鱼、鸡、狗、猪。

（五）哈萨克族的传统医学和医学巨著《奇帕格尔巴彦》

哈萨克医药悠久的历史，可以上溯至西方医学之父、古希腊的希波克拉底（公元前 460 年—公元前 373 年），也曾受到过“点燃西方文艺复兴之灯”的阿拉伯医学家伊本·西拿（阿维森纳）（980—1037 年）的《药典》的影响。此外，在医学理论上也曾受到《周易》的影响，在医疗技术上与其他民族医学包括汉族医学都有过广泛交流。

哈萨克族的医药理论最重要的是阿勒吐格尔学说（即六原素学说），这一学说指导着哈萨克医药的一切理论和医事活动。阴阳学说是哈萨克医药基础理论的重要组成部分，并用以指导临床诊断和治疗。哈萨克族的药品主要来自哈萨克草原的动物、植物、矿物和化学品。

哈萨克医学除常用的药物疗法外，还有食疗、奶和奶制品疗、手法正骨、吾布拉（蒸薰洗治疗）、放血疗法、以毒攻毒疗等较为独特的治疗方法。

哈萨克医学也特别重视疾病预防。如隔离传染病患者，焚烧或掩埋患者衣物、用具，搬离传染源地，3 年内禁止在传染地居住；用草药藤芦煎汁洗衣服去虱；在饮用水中放银币或其他银制品消毒；用侧柏叶、木香烟熏房进行空气消毒等。平日讲究食物卫生，精选合乎胃口的食物。对于引起各种疾病的原因进行了长期观察，积累了经验，留有很多这方面的谚语，如“肚子疼者，务必禁食”“眼睛痛要禁止用手擦”“官司不能轻视，疾病不能小看”等。

哈萨克族不仅重视人的健康和疾病治疗，同时也重视对牲畜疾病的治疗。由于长期的放牧生活，哈萨克族兽医非常熟悉牲畜的常见疾病、季节病和多发病。如马骨眼病、马疝疽、鼻疽、流行性淋巴骨炎、驼双脐病、肠结等牲畜常见病，哈萨克族兽医都能采用手术方法进行治疗，疗效显著。

哈萨克族很早就有了医治疾病的民间医生。哈萨克族民间医生大体可分为两类：一类是用草药治病的民间医生，哈萨克语称“叶木什”；另一类是专治骨折的民间医生，叫“乌塔尔什”。这些民间医生以在家接待患者和出外巡疗相结合，颇受哈萨克人欢迎。

14 世纪末至 15 世纪初，哈萨克族出现了一位杰出的民间医生——乌太波依达克·特烈吾哈布勒（1388—1478 年），他医术精湛，被哈萨克人奉为医圣。他在 86 岁时完成了伟大的医学巨著——《奇帕格尔巴彦》（汉译《医药志》）。这部巨著详尽阐述了哈萨克医学的理论观点、生理病理、诊疗技术等各方面内容，全面总结了哈萨克传统医药学的成就。书中记载有 728 种植物药、318 种动物药和 60 种矿物药，共计 1 106 种药物，并保存了 4 577 个处方。不仅如此，这部巨著还涉及天文学、地理学、哲学、心理学、美学等诸多领域，是一部不可多得的研究哈萨克文化的珍贵文献资料。在《奇帕格尔巴彦》中还有关于接种牛痘预防天花的记载，比 1796 年英国乡村医生琴纳发现牛痘苗要早 350 年。

（六）哈萨克族的手工艺品

哈萨克族的手工艺品文化是构成其游牧文化的重要方面，主要形式有雕刻、刺绣、银器、编织等。牧民的日常用品、服饰、毡房以及生产工具上都有刺绣和刻有民族风格的花纹与图案，这表达了他们爱美的生活情趣和精湛的手工艺技巧。用桦树皮精雕细镂的碗盆、筷笼、马鞍、马蹬，上面都有镶着刻有花纹图案的银饰或铜饰，有的马鞍、马鞭、腰带上还镶嵌着玛瑙、宝石，非常精致美观。刺绣的题材、内容、色彩是与哈萨克族牧民的生活息息相关的，如花草是牲畜的粮食，象征永葆春常在；马是人的翅膀和歌声，鹿标志着吉祥和欢乐。这种民间手工艺品艺术，姑娘们从小就要学着做，长大订婚之后，专门在家把自己喜爱的花草、山鹿、骏马等图案绣在枕套、挂毯、布幔、被褥的罩单、窗帘和花毡等物上，作为结婚的嫁妆。哈萨克族手工艺品图案丰富多彩，着色大胆而又十分讲究，富有象征性，如蓝色表示蓝天，红色象征太阳及光辉，白色象征真理、快乐和幸福，黄色象征智慧或苦闷，黑色象征大地或哀伤，绿色象征春天和青春。

1. 哈萨克族的金银珠宝工艺品

用黄金、白银以及宝石在马鞍、马嚼子、马鞍带、马蹬带上面装嵌各种精美的图案，还制作戒指、手镯、耳环、腰带、凤钗和其他新娘头饰等。工艺图案丰富多彩，题材多样，最常见的是日月星辰、动物、花草、树木及各种几何图案。

哈萨克人喜欢有用金银珠宝加工制作各种首饰和日用装饰品，造型美观，精巧玲珑。逢年过节或喜庆日子时哈萨克姑娘或媳妇都要用金银珠宝来打扮自己，甚至女孩们的马鞍子都要用金银珠宝装饰一番。

2. 哈萨克族刺绣

哈萨克妇女大都自幼学习刺绣，掌握挑花、刺花、补花、嵌花、锻花、贴边花等各种刺绣技术，能用丝线和金线在各种绒料、绸缎上刺绣，图案多以花草纹、羊角纹、人字纹等组成，多用对比色，色彩大方、鲜艳，表现风格不落俗套，具有浓重的草原气息，反映了哈萨克族朴实的审美观。哈萨克族毡房内的挂壁、花毡、幔帐都是刺绣艺术品，令人赏心悦目。

3. 斯尔马克

哈萨克人把做工精美、图案鲜艳的花毡叫“斯尔马克”，其原料主要有毛毡、毛线、布料以及染料等，所有的哈萨克人家少不了这种斯尔马克，这也是哈萨克族的代表物品。斯尔马克是哈萨克族最有代表性也是最为普及的家庭工艺品，哈萨克妇女人人会制，家家都有。斯尔马克绣制工艺复杂，图案繁多，耗工多，劳务量大，制品美观大方，结实耐用，一条斯尔马克可用 10 多年。俗话说“千针万线绣斯尔马克”，可见绣一条斯尔马克确实不容易。

斯尔马克规格有单人斯尔马克、双人斯尔马克和扇形斯尔马克 3 种。由底毡和面毡两层合成，图案布局多数为方框状，如边框图案、次边框图案和毡心大长方形框图案，非常讲究上下左右图案的对称。尽管各方框内图案色调对比强烈、鲜明，但底色是统一的，有白色和土黄色两种。斯尔马克图案一般采用动物的角来绘制，哈萨克语称角为“米依孜”。双角图案称“好斯米依孜”，单角图案称“加勒哦孜米依孜”，毛角图案称“军米依孜”，还有云彩图案、菱形图案（哈萨克语称“包尔沙克”，因为油炸的包尔沙克多为菱形，所以菱形称为“包尔沙克”）。以花为图案的有梅花，有 4 瓣花头图案，或 6 瓣、8 瓣、10 瓣等花头图案（绣壁毯时花头图案运用较多）。哈萨克斯尔马克的形成经历了一个古老而漫长的过程，汉朝远嫁乌孙国的细君公主，在《黄鹄歌》里唱道“穹庐为室穹毡为墙”，可见哈萨克族的斯尔马克已有 2 000 多年的历史。哈萨克族的斯尔马克经过无数代哈萨克人天才般的艺术创造，花样品种越来越多，图案越来越丰富，创作的技艺越来越精湛，成为哈萨克人生活中必不可少的毡房里生活用品和往来礼品及接待客人的主要用品。斯尔马克的艺术特色主要表现为结构紧凑，多选用简单的几何对称图形作中心主图案，四周配以对称的羊角变形花纹，大气清爽又显柔美。

4. 工艺复杂的图斯克依格孜（壁毯）

图斯克依格孜是每顶哈萨克毡房中不可缺少的装饰品，挂在床内侧紧挨墙，可起挡风御寒的作用。图斯克依格孜长约 1.7 m，宽约 1.5 m。图斯克依格孜是哈萨克刺绣品中规格最大、工艺最复杂、用料最讲究、做工最精细的刺绣品。整体设计采用方框线条构图，在三个以上的方框内才是毯心方框。在各个方框线空间内，采用双角形、毛角形及梅花、菱形等哈萨克民间图案。制花方法有扣花、钓花、堆花、拉花等手法，一般快则半个月，慢则一个月才能制作完成，是哈萨克姑娘出嫁必不可缺少的嫁妆。

5. 编织工艺

哈萨克族民间的编织工艺十分发达，主要以各种规格的彩带为主。在哈萨克毡房中用来固定房毡的多条彩带、房内绕房一周的大花彩带，其编织工艺都十分复杂而精致，除两边的装饰线条外，中间都由很规律的大小菱形及其他图案组成，图案清晰，造型美观，富有民族特色。

6. 木雕

哈萨克族是游牧民族，经常远离城市，而且转场次数也比较多，所以在每个哈萨克牧民家里都能看到或多或少的木制厨房用品。因为木制用品一方面经久耐用，另一方面可以雕刻装饰，可当赠品。木雕是哈萨克历史悠久的传统工艺，他们用山杨木或柳木雕成精巧的大小不等、各种式样的木碗、木臼、木盆、木盘、木桶、木勺和马鞍子等，多在底边和沿口周边上雕刻韵味浓郁的哈萨克图案花纹，也有的在用来喝马奶酒的木碗表面上镶嵌银箔、金箔或铜箔的鹿角形图案，非常精巧，显示了哈萨克人的审美观和艺术风格。

7. 镶嵌工艺品

哈萨克族的“假金银”镶嵌工艺历史悠久，在我国少数民族中是首屈一指的。例如，“假金银”马鞍及马鞍配件的金银镶嵌，好像现代的电镀金银一样，表面无任何锻打痕迹，而且在织物上还出一些变色线条。

哈萨克族的“假银”马鞍镶嵌图案和上述刺绣图案相同，也是以角形图案为主，其他装饰小图案如梅花钉、月牙钉、菱形钉、五星钉等的制作方法又不同。

哈萨克族传统的马鞍式样只有大圆头马鞍一种，前鞍桥呈半圆形，由于半圆面口大，镶嵌成银鞍美观大方，深受哈萨克人民喜爱。有条件的人在银鞍上多镶嵌金箔，金光灿灿，十分耀眼，如在鞍面上部镶嵌珍贵的宝石更为富丽壮观。哈密西山和巴里坤的镶鞍制作业十分发达。据外地来的哈萨克干部评价，东疆的哈萨克银鞍制作工艺，在北疆地区是名列前茅的。

哈萨克银鞍之所以深受民间喜爱：一是马鞍更加漂亮美观；二是马鞍更加结实耐用；三是家庭经济状况的标志。旧时姑娘出嫁，陪嫁的珍品之一就是银鞍，新娘出嫁只有骑上银鞍马才是上乘的。

8. 革皮编织工艺品

革皮编织是哈萨克人生活中不可缺少的工艺品，俗话说“马是哈萨克人的翅膀”，要骑马必须有马鞭、马龙头、马钗子、马鞍、马肚带等附件。漫长的游牧生活使哈萨克人民创造出了独特的革皮编织工艺。用骆驼、马的革皮，把革皮按需求用刀子分成宽为 5 mm 的皮条，6 ～ 14 根编成具有 7 棱或 9 棱的精美马鞭；5 根或 7 根编成马肚带绳；8 根编成马龙头等各类马鞍用具；还有用皮子编成长短各异的经久耐用的牵马的皮绳等（见图 4-11）。

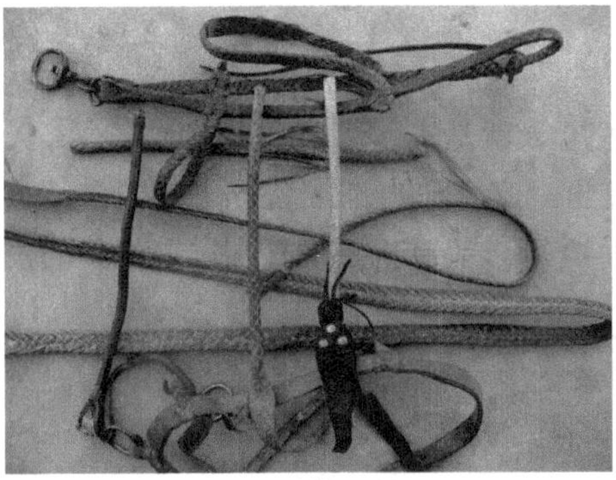
（a）马鞍用具

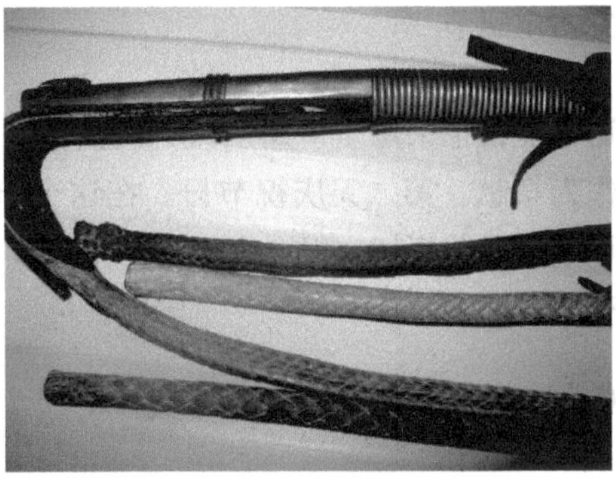
（b）马鞭

图 4-11　用革皮编织的精美马鞍用具和马鞭

9. 马褡子

马褡子是用自制的毛线手工编织而成，骑马时装东西并背在马背上的兜袋，上面用不同的色线编织着各种各样的图案，朴素大方，结构严谨，大都是几何纹样，配以色彩协调的粗犷线条。在色彩处理上，往往使用强烈的对比色，以鲜明地体现哈萨克牧民的艺术爱好和审美情趣。

三、哈萨克族的节日和竞技游戏

（一）哈萨克族的节日

哈萨克族重视自己民族的节日，节日气氛隆重喜庆。重大节日有纳吾热孜节、肉孜节、古尔班节。

1. 纳吾热孜节

纳吾热孜节相当于汉族的春节，它是哈萨克人信奉伊斯兰教之前的一个节日。每年春分日，昼夜长短一样，这一天便为纳吾热孜节。纳吾热孜原为波斯语“春雨日”，系波斯古太阳历三月二十一日，从这一天开始，就算已辞旧岁，迎来新春。过节时，各家各户都用小米、麦子、大米、奶疙瘩和肉混合做成“纳吾热孜饭”。人们成群结队地从一个“阿吾勒”到另一个“阿吾勒”，走家串户吃“纳吾热孜饭”，唱“纳吾热孜歌”，互相拥抱，祝贺新年，祝愿在新的一年里牲畜兴旺、庄稼丰收，寄托自己的美好愿望。

2. 肉孜节

这个节日是伊斯兰教节日。根据伊斯兰教规定，每年封斋 30 天后欢庆 3 天。这个节日被称为肉孜节或开斋节。哈萨克族每年都欢度这个节日。过节时，成群结队相互拜节，并举行富有民族特色的各种娱乐活动，隆重热烈。

3. 古尔班节

这个节日也来源于伊斯兰教。肉孜节之后 70 天就是古尔班节。过节时，头一天必须宰羊作为祭献。第二天庆祝节日。在这个节日里，家家户户都准备了丰盛的食品，大家相互拜年，彼此祝贺。很多人节日三天中要串 40 家。节日里要举行叼羊等传统的民族娱乐活动。

（二）哈萨克族的竞技游戏

1. 阔克拉合（叼羊）

阔克拉合不仅是哈萨克族牧民所进行的一项扣人心弦的马上游戏，而且是一种力量和勇气的较量、马术和骑术的比赛。叼羊一般都在节日期间举行。因此，每当节日前夕，牧民们就要派出代表，到各个毡房去张罗叼羊的事，并选择地点，确定日期。叼羊这天，牧民不论男女老少，都会穿着节日的盛装，喜气洋洋地来到指定地点，自觉地站成一个大圈围观。

叼羊的形式是很多的，但最主要的有三种：一是两人叼，一人抓住羊的一端，拼命争夺，谁夺到羊，谁就为胜。二是分组叼。在旧时一个部落为一组，部落与部落之间进行争夺，获胜者为部落的光荣。三是集体叼，一只羊被主持人扔到地上，谁叼到手不被别人抢去，而且又能把这只羊扔到某一家的毡房，谁就是胜利者。

叼羊（羊一般为青灰色的羯羊）开始前，先将一只已经宰了头、扒掉内脏的羊置放在场子中央，各路骑手在周围排成两队，整装待命。当主持人一打响开始的枪声，英勇的骑手就急速出发，绕场一周，瞬息间，骏马喷着鼻子，直立后腿，猛烈地向场子中心扑去……一场惊心动魄的叼羊搏斗就这样展开了。领先的骑手迅速地把马鞭咬在口中，双手丢开缰绳，跃身抓住羊身，飞箭般冲出人围，催马向着目标处奔驰，其余的骑手则快马加鞭，奋起直追。观众们欢呼雀跃，呐喊助威。后来者紧追上去，抓住羊身一端，使劲进行争夺。时而几人相持，难解难分；时而一人抢去，摔掉对手飞奔而去。就这样你争来、我夺去，众多的骑手在交锋，英武的骏马在扬威，互不示弱，各不相让。一边叼，一边跑，直到把羯羊身体上的皮毛扯尽，最后叼到手的骑手提着羊身，环绕目的地一周，再飞马回到人围中来，将羊身放到原处，才算真正的胜利者。这种胜利，是以力量、速度、敏捷换来的，牧民们无不拍手叫好，心悦诚服。叼到羊的骑手是自豪的，光荣的，大家纷纷给他披红挂花，进行嘉奖。然而，吃到这只叼羊肉的人，也是自豪的、幸福的。因为根据哈萨克人的传统说法，吃了这只叼羊肉的人，不仅会避过灾难，而且还能交上好运。这时，整个活动并没有结束，叼羊的胜利者，还要把叼来的羊从一位最受人尊敬的人家的毡房顶上扔进去。这时，毡房的主人就认为是莫大的吉庆从天而降，便会吩咐全家人宰羊煮肉，用手抓肉、奶疙瘩等上等佳肴，热情招待前来庆贺的所有客人。待客人们酒足肉饱之后，又开始唱歌、跳舞，通宵达旦，热闹非凡。

哈萨克人的叼羊游戏每年都定在金秋节日举行。一方面是为了庆贺当年牧业丰收，预祝明年牧业增产；另一方面也是为了鼓励牧民们精心饲养马匹，培育优良马种，锻炼骑手，提高马上技术，发展畜牧业。因而，叼羊深受广大牧民群众的喜爱，并世世代代地继承了下来。

2. 克孜库瓦尔（姑娘追）

每到繁花争艳的季节，当你走进哈萨克族草原，常常会见到数以千计的牧民骑着大马，簇拥着一个个打扮得花枝招展的姑娘和英俊小伙子，谈笑风生地从四面八方向着一个目的地共同进发。当大家都集中起来的时候，人群中最年老的长者就会发号施令，宣布仪式开始。这时，随着号令，成双成对自愿结合的姑娘们和小伙子们便乘着追风赶日的骏马，向指定的地点并驾慢步前进。行程中，小伙子随时可以拦住姑娘的马头，在草原上大兜圈子；同时，用心施展自己高明精湛的骑术，向所爱的姑娘逗趣、求爱。姑娘却不生气，只是寻找机会摆脱困境，驰向终点。但是，一到终点往回折返时，为了报复小伙子的调笑，姑娘马上举鞭转身追赶，一旦追上了小伙子，就要用皮鞭在他身上抽打，小伙子始终不能还手，只能抱住鞍子催马迅跑，千方百计使姑娘少打或打不到自己。如果姑娘确实与小伙子产生了爱情，她就舍不得抽打小伙子，只是高高举起鞭子，在小伙子的头上和身上虚晃、空绕，轻落，遮掩众人耳目，一直追到原地。这种马上戏谑性的追逐，哈萨克族牧民称“克孜库瓦尔”，而汉语称“姑娘追”。

一对未婚的青年男女通过克孜库瓦尔这种马上娱乐活动，不仅加深了相互了解，同时，也会播下爱情的种子，许多有情人成了幸福的眷属。有些已婚的青壮年夫妇，在这个美好的时光里，常常跃马扬鞭，彼此追逐，逗趣取乐，充分展示他们美满幸福的生活及团结和睦的家庭，进一步发展了克孜库瓦尔的独特情趣。

3. 赛马

哈萨克人有句谚语：“英雄靠骏马，飞鸟凭翅膀。”他们一年四季都离不开马，与马的关系十分密切，所以以马为主的娱乐活动也有不少。赛马是哈萨克人娱乐活动中的最重要的活动之一。

哈萨克人举行赛马会，一般要提前公布比赛的时间和地点。参加比赛的马匹要在两三个月之前进行特别训练。哈萨克族中有专门相马和训马的人，他们可以帮助挑选和训练出最好的马参加比赛。

参加比赛的马的鬃毛和尾巴必须用各种颜色的布条辫起来或绑扎在一起，作为识别的标志。骑手都是十一二岁的男孩，他们身穿红色、白色或其他颜色的衣服。赛马的赛程一般为 20 ～ 30 km。先由专人领着参加者由终点走到起点，然后由起点开始竞赛。竞赛时，一匹匹骏马犹如一支支离弦之箭，一个个机灵的小骑手俯伏马背，一面催马飞速驰骋，一面精心地替马擦拭着眼帘周围的汗水，因为汗水流入马眼，会影响奔驰速度。

在赛马开始之前，要预先准备好名次和号码，并由数人分乘数骑在终点执号等待。

当第一名骑手来到终点时，由手执第一号的人迅速将号码交给骑手本人，其余皆依次进行，最后，骑手们凭号领奖。

赛马会获奖名次要根据参加比赛的马匹数字来决定。一般评出优胜者 1 ～ 25 名。如果参加的马匹数字较少，只评出 1 ～ 5 名或者 1 ～ 15 名。第一名的奖品较多，其余的奖品相应依次减少。一般情况下，1 ～ 3 名的奖品较多。旧时，在有些赛马会上，第一名的马主可得以下奖品：9 个元宝，9 峰骆驼，11 匹骡马，100 只羊。

按照哈萨克人的习惯，如果某一匹马在赛马会上获得第一名，那就不仅是马的主人的光荣，而且是整个部落的光荣。在赛马会上，当赛马的小骑手们到达终点时，由他们的父母和其他亲戚撒喜果和奶疙瘩，欢迎胜利者，并且呼喊自己部落的名字，观看赛马的人听到自己部落的名字，所有同一部落的人齐声呼应。此时，每个哈萨克人都有一种无法表达的快乐情感。赛马得到的奖励，主人是不会独得的，他会将其中的相当一部分分给亲人和同部落的人。

赛马往往在婚礼和重要节日里举行，而且经常是大轴节目。也就是说，赛马一旦结束，庆典也宣告结束。

4. 骑马抢布

骑马抢布是哈萨克族年轻人锻炼骑马本领的娱乐活动。活动前，必须准备一块长 1 m 左右，颜色为红色或绿色的布。活动开始时，先由一个小伙子拿着布骑马起跑，其他人乘马尾追。被追赶的人只要被追上，必须迅速将布交给先追上自己的人，然后大家继续追赶第二个拿到布的人。这样连续不断，犹如接力赛一样。参加这种接力赛活动的多数是 20 岁左右的年轻人，个个健壮，策马飞奔，跨过河流，越过高山，冲破前进道路上的重重险阻，直玩到大家尽兴方罢。这种活动不仅是让年轻人锻炼骑马的本领，而且是让年轻人锻炼经历艰难险阻的意志，克服困难，永往直前。

5. 马上拾银

马上拾银是先用红布将银元包扎起来放在平地上，并将参加竞赛的骑手分成两组。活动开始时，骑手骑马飞奔经过放银元处，并从马上弯腰去拾。有的还在置放银元的前面路段设置一个高 1 m 左右的横杆作为障碍，让骑手先飞马越过障碍，然后弯腰去拾银元。无论谁飞马拾到地上的银元，即归谁所有。

6. 箭射元宝

箭射元宝是自古相传的选拔神箭手的娱乐活动。古时候，是用箭射金葫芦，后来改作箭射元宝。其方法是将元宝用绳子系起吊在远处，用箭射吊着元宝的绳子。如射断绳子，元宝落地，则可获得元宝，箭手被人们称为神箭手。以后改为步枪射银币。银币不是吊挂，而是设法竖放，射中银币者受奖，并能获得神枪手的好名声。

7. 马上角力

马上角力是一种群众性的娱乐活动。其竞赛方式是：将参加竞赛的选手分成两组，一对对进行角力比赛，谁能将对方掀离马背，并扔在地上，方算获胜。比赛时有许多人围观，围观者都希望本部落的选手获胜，不时为选手呐喊助威，加油鼓劲。阵阵喊声犹如人海中的惊涛骇浪，时高时低，整个赛场热闹非凡。

8. 比猎鹰

长期生活在草原、戈壁上的哈萨克人不仅擅长歌舞弹唱、马上运动，而且还喜欢驯养猎鹰，捕获野兽。

早在 4 000 年前，哈萨克族的祖先就有养鹰驯鹰的习惯，公元前 500 年传到了日本，后来在印度、伊朗、阿拉伯半岛和叙利业等地也有了驯养猎鹰的习俗，而今在我国唯有哈萨克及塔吉克、保安等少数几个民族保存了这一习俗。每当岁寒雪积、野兽觅食的时节草原上就有不少架鹰出猎的人。他们骑着追风马，挎着叉子枪，左手持缰绳，右手戴护臂，一只目光炯炯、雄姿勃勃的猎鹰挺立于皮护臂上，昂首注视，跃跃欲飞，一旦发现猎物，就俯冲下去，像离弦之箭，锐不可当。这种猎鹰，体积很大，体重很重，寿命也长，十分珍贵。

草原上的哈萨克人既是畜牧业的行家，也是捕猎能手。每当冬季出猎，剽悍的哈萨克老猎手，身跨哈萨克骏马，手托凶猛的金雕（猎鹰），在猎犬的前呼后拥下，放马奔驰于广袤草原上。发现猎物，猎人即摘下金雕的拖玛哈（眼罩），撒手放鹰，霎时间，猎鹰展翅高飞，然后闪电般俯冲下去，任凭猎物狂奔，也难逃猎鹰的利爪、钢啄。每次行猎，不论是抓获狼、狐狸还是野鸡、野兔，都归功于灵巧勇猛的猎鹰。

经过训练的金雕，可以在草原上长距离地追逐狼，等狼疲惫不堪时，一爪抓住其脖颈，一爪抓住其眼睛，使狼丧失反抗的能力。

在哈萨克族的传说里，金雕是唯一能直视太阳而不被灼伤的神鸟，不论捕食或飞行，金雕永远是蓝天中终极的猎手。用金雕狩猎是哈萨克人古老的传统，已有 1 000 多年的历史了。目前这种狩猎法广泛流传于蒙古国、哈萨克斯坦以及新疆阿勒泰等地。

9. 摔跤

图 4-12　哈萨克古典式摔跤

摔跤是一种比赛力量和技巧性、对抗性很强的运动。在哈萨克族、蒙古族、锡伯族等少数民族的传统体育项目中，摔跤是最为普及的一种民间体育运动。每逢婚嫁、节日、割礼等喜庆日子都要举行摔跤活动，对获胜者奖给马匹或骆驼，也是获奖者阿吾勒和部落的光荣。现在哈萨克族摔跤一般有三种形式：一是哈萨克古典式摔跤（见图 4-12），二是中国式摔跤，三是自由式摔跤。

第五节 哈萨克族的草原生态文化

一、草原生产中的生态保护理念

游牧是哈萨克族的生产方式，同时也是哈萨克族的传统生活方式，所以哈萨克人对草原有着深厚的感情。尤其是在如何保护和合理利用草原方面给我们留下了丰富的遗产。哈萨克族很讲究环保，几千年以来放牧的草地上只留下了羊圈的底子，除此之外，看不到任何人畜留下的痕迹。这是因为哈萨克族在搬迁时要把所有的杂物、垃圾都要烧掉或深埋，还要拿出一些麦子、谷子等谷物抛洒在自己搭建毡房的底子上，这样一方面是讲究卫生、干净，另一方面寓意来年的草场水草丰美。同时，每次搬到一个新的草场上，长者都会不厌其烦地向孩子们讲解本民族的优良习俗：不要在外面随意生火，不要乱拔、乱割刚长出来的青牧草；不要在水源地周围随意大小便或洗衣物，要保持干净；转移草场时对定居点周边的环境进行彻底清理，不留任何痕迹。所有这些措施，是哈萨克牧民对天然草原的爱护，是对水源地的保护，也是对自己生命的呵护。今天，哈萨克牧民虽然逐渐定居和半定居，但对传统的生活方式仍然情有独钟。

在游牧文明濒临灭迹的今天，我们对于它的内涵的认识和了解还远不能与他们所具有的丰富程度成正比。游牧文明在旁观者的眼里不过是一种生活方式、一种习惯，而且相当原始。但是，在欧亚大陆上，正是这样的游牧生活方式延续了十几个世纪，谱写了自己民族的历史。哈萨克族历史悠久而又丰富多彩的游牧文化集中体现在一年四季的“转场”生活中。哈萨克族的游牧文化是在“转场”中诞生的，是在“转场”中传播的，是在“转场”中发扬光大的。无论转到哪里，哈萨克人的游牧文化就传播到哪里。哈萨克族游牧的生态文化主要表现在以下几个方面。

（一）对牲畜的管理——分类放牧

哈萨克族牧民能根据不同的牲畜选择不同的放牧方式。马、牛放牧在高山牧场，并根据不同的季节放牧。针对冬、夏季牧场的产草量和枯草质量的不同，实行分类放牧。牧民在不同时间将牲畜放牧到不同的区域，畜群在各时期都能吃到最好的草。3月底，春牧场主要进行接羔、育羔工作。在进入夏牧场之前进行剪毛、羔羊去势的生产活动。6月底，是羔羊断乳和大畜配种的时节。由于畜群中除马能自动避免近亲繁殖外，为保证牲畜的质量，对其他种类的畜群，则靠经常换种畜的办法进行。到9月，给羊剪秋毛、配种。这一系列管理方式是哈萨克族牧民在长期的游牧实践中以适应当地的自然环境采取的有效手段。客观上保护了自然环境和他们赖以生存的牲畜和草场。

（二）对草原资源的可持续利用——游牧

哈萨克族俗语说“草地是牲畜的母亲，牲畜是草场的子孙”“草肥则牲畜壮”。正是由于对草地的重视，哈萨克族对草地使用有一定的规则与习惯，中华人民共和国成立前，草地划分都是以部落和阿吾勒（牧村）为单位，“由部落和阿吾勒头人、元老协调划分，因而他人不能插手更不能随意改变”。哈萨克族长期以来习惯于游牧生产，常年在草原上随四季的变化流动放牧。转场一般有两次或三次。3 月底把牲畜赶往春牧场；6 月底，畜群进入高山夏牧场；到 9 月，牧民将畜群赶到秋牧场；入冬，牧民又迁到冬牧场，利用那里冻干了的牧草过冬，补饲少量储备的干草。游牧的目的就是为了尽可能合理地利用草地。同时，对草场的选择也要依地形、气候、水源等而定，不同的草场放牧不同的牲畜：草甸草原适合于饲养牛马等大畜，典型草原则宜于放养绵羊、山羊等小畜，荒漠草原多放养骆驼。

（三）草原狩猎——对草原生物多样性的保护

草原狩猎业的存在一方面满足了哈萨克人的衣食需求，另一方面也可以在一定程度上保持草原生物的多样性和平衡。哈萨克人狩猎时，对不同的猎物采取不同的猎取方法，如在猎取黄羊、狐狸、狼、野猪、兔、貂、鹿时，使用的方法就不同。从事狩猎生产遵守规矩，如打猎日期的选择、保护猎物幼仔、迎猎、分配猎物等。至于狩猎工具，大致有动物类的（鹰、犬）、人工制造类的（弓箭、扎枪、铁夹子、签子、猎刀）等。为了使野生动物得到合理的保护，哈萨克人还形成了一些相关的禁忌，对狩猎行为做了规范，避免了盲目的不必要的滥杀。

二、草原生产中的自然禁忌风俗

（一）源于对神的敬重

哈萨克人认为：自然界的万物皆有生命，均受神的支配。他们把神分为两大类：善神和恶神，善神给人带来幸福，恶神使人遭受灾难。他们之所以禁忌有生命的动、植物，禁忌无生命的事物，禁忌某些人，禁忌某些言行，相信万物有灵。他们不但对人的言行做出或善或恶的反应，而且还相信神灵能主宰人的命运。所以，无论是虔诚的顶礼膜拜，还是“敬鬼神而远之”，人人心中都怀有一种不敢得罪神灵的畏惧心理。不仅如此，禁忌除“不许做什么”这一特征之外，更重要的特征是违背禁忌是要受惩罚的。

（二）源于对祖先的敬重

受萨满教影响，哈萨克人敬重祖辈、亡灵，常把自己事业的成功和生活的幸福，同一些英雄人物的神灵护佑联系在一起。

（三）源于对火的敬重

哈萨克人对火十分尊重，认为火是家庭的恩人、明灯，火具有生命、灵性和某种神圣的力量。哈萨克人把火称“阿拉斯”，意即“夜间的火、神圣的火”。认为火是世界本原之一，火是太阳在地上的化身。哈萨克族谚语说“我们的火母亲，使挨冻的人得到温暖，使挨饿的人吃饱”，火是光明的、神圣的。他们讲究不踩火塘或火堆，不往火里吐唾沫，不用刀砍火焰，不能用脚践踏火堆。他们严禁小孩玩火，禁止往火上倒水。

（四）源于对水的敬重

对水的崇拜是哈萨克族原始信仰中最古老、最直接的崇拜。人类与动植物都必须依赖水而存活，于是水便自然成了崇拜物，而他们崇拜的并不是一般的水神，而是具体的河神、湖神、泉神。在他们看来，每一条河流、每一个湖泊、每一处泉水都有一个神在管理着，所以他们禁止在泉水、河流和涝坝里大小便；不得在水源附近修建厕所、畜圈等危害卫生的各种设施；也不准在水源地洗衣服，不准在涝坝内游泳、洗澡，不准把脏水倒入水渠和涝坝里。

（五）源于对动植物的敬重

哈萨克人认为马、牛、羊、骆驼都有各自主宰的神。主宰羊的神是“巧潘研塔”，主宰马的神是“康巴尔”，主宰骆驼的神是“奥依戆尔哈拉”，主宰牛的神是“臻总格巴巴”。这些神各自能保护其所属的牲畜，遇羊群要绕道而过，不能乘马冲入羊群。另外，他们对蛇也很敬尊，如蛇进屋不能打死，妇女要给蛇身上洒奶子，然后敲打金属器物将其赶出去。

草原对自古以来以游牧生产为主的哈萨克人来说显得尤为重要，哈萨克人忌拔青草，因青草是草原生命继续的象征，轻易不能拔青草，只有遇到非常生气的事或对某人产生极大愤怒时，他们会拔一束青草面对青天不停地念咒语，认为这样可以惩罚对方。他们还禁止毁坏森林树木。他们对泉水边或河边的独立的树也非常敬尊，认为这棵树是神树，不能砍伐。

（六）源于对图腾的敬重

哈萨克人不能骂狼，更不能用手指狼，不能称其为狼，他们称狼为“卡斯克勒”“狗鸟”，有敬尊、崇拜之意。哈萨克人视苍狼为神圣动物，认为苍狼是人的灵魂的保护神，认为英雄的勇敢与智慧都来自苍狼的佑助。在哈萨克族的许多民间传说和民歌中都有苍狼的神圣描绘。许多部落以狼为标志，以狼头为旗帜图像，英雄勇士均被喻为狼。人们还将狼毛、狼骨视为驱魔消灾的神物，用狼鼻上的毛揉擦母牲断奶的乳房，祈求产奶。另外，哈萨克人禁猎天鹅，这些无不烙上图腾敬尊的印记。

本章小结

哈萨克族在长期的草原游牧生产和生活中，形成了家畜与牧草、人与家畜、野生动物和家畜、人与自然环境相互依赖、和平相处的观念，创造了独特的草原生产方式、生活方式、精神文化及生态伦理，共同构成了哈萨克族特有的草原文化。这些生产和生活方式、精神和生态文化与自然环境高度适应，处处体现了生态文明的理念和宗旨。继承和发展哈萨克族的草原文化，对西北地区草原生态环境的有效保护和自然资源的可持续利用具有十分重要的意义。

哈萨克族牧民放牧

哈萨克族的雕花马鞍

哈萨克族的刺绣

哈萨克族的民族乐器——冬不拉

哈萨克族的阔克拉合（叼羊）

第五章　裕固族的草原文化与生态文明

裕固族是主要聚居在祁连山区的草原游牧民族，虽然自称“尧熬尔”的裕固族和维吾尔族族源（尧熬尔与维吾尔是同一个名词）上有着共同点，但是在后来的历史发展过程中形成了各自独特的心理状态和文化传统。裕固族的游牧文化是受其他游牧民族文化及农耕文化不同程度的影响下发展起来的一种独特的游牧文化，它是中华文化的一部分。裕固族的草原文化对保护祁连山生态环境、巩固民族团结、促进少数民族地区经济发展和中华民族和谐统一具有十分重要的意义。

第一节　裕固族草原文化的形成与发展

一、裕固族的分布区域

坐落于青藏高原东北边缘的祁连山，其北部是高山草原区，南部是河西走廊农耕区。祁连山从西至东分别居住着哈萨克族（阿克塞哈萨克族自治县）、蒙古族（肃北蒙古族自治县）、裕固族（肃南裕固族自治县）和藏族（天祝藏族自治县）4 个游牧民族。裕固族是一个古老的游牧民族，传统上以畜牧业生产为主，狩猎采集和农耕为辅。裕固族最早主要生活在阿尔泰山和额尔齐斯河以北的草原上，游牧于中北亚地区及中国西北的许多地方，如沙州（今敦煌）以南，柴达木盆地以北，西到今罗布泊、若羌一带。

14 世纪中叶到 16 世纪，裕固族的先民们生活在一个瘟疫流行、战火连绵、自然灾害频繁的时代。一是宗教战争，主要是伊斯兰教的武力传播。二是当时明朝政府认为他们是“元裔”而进行的征伐。三是本民族内部各势力混乱和残杀，牵扯外部各势力从而引起的更大的混战。四是草原的退化和气候的恶化。自 15 世纪起，中亚大陆气候日趋干旱。浩渺的面积达 5 350 km^2 的罗布泊在那时已渐渐缩小干枯，大风、干旱、洪水、雨雪、冰雹、尘暴等灾害越来越频繁。这一切迫使裕固族的先民们向东迁徙逃难。

东迁后的裕固族先民们在迁徙逃难中发生了分化，一部分聚居在祁连山北麓的山区草原上，另一部分聚居在河西走廊的戈壁绿洲及平川牧场上。1956 年成立了肃南裕固族自治县。该县东西长 650 km，南北宽 120 ～ 200 km，总面积 2.39 万 km^2。由三个不连片的区域组成，包括东部的肃南裕固族自治县皇城镇，中部的康乐乡、大河乡和红湾寺镇，西北部的明花乡和酒泉市黄泥堡裕固族乡。该县地势南高北低，东部和中部处于祁连山北麓的山前地带和深山之中，越往南雨水越多，海拔越高，森林、草原越多，夏季越凉爽。裕固族主要以畜牧业为生，主要牧养细毛绵羊、牦牛，兼营旅游业。

另外，还有一个特殊的裕固族群体——酒泉市黄泥堡的尧熬尔人，属突厥语族尧熬尔人，目前全部使用汉语。据记载，明代 1488—1506 年就有裕固人生活在那里。他们从清代中期开始经营农业。部分人是清代 1636—1662 年迁去的，还有部分人是清朝几次西征准噶尔和青海时从梨园河一带的南山逃难到了那里。主要以萨格斯部落和呼朗格部落的人为主。当时在酒泉地区的南乡、北乡、嘉峪区、上黄泥堡和下黄泥堡等地有许多尧熬尔人。1958 年酒泉上黄泥堡和下黄泥堡共有 112 户人家，现分布在酒泉市黄泥堡裕固族乡。

二、裕固族的起源与发展

历史上，裕固族有过各种称呼。元代称为“撒里维吾”，明代称为“撒里畏兀尔”“西拉尧熬尔”，清代称为“西喇古儿黄番”，中华人民共和国成立初期称为“撒里维吾尔”。“撒里”“西拉”都是“黄色”的意思，而“黄色”则表示西方。“尧熬尔”一般认为是突厥语，其意有几种：一是“黏结、凝固、收拢、掺杂、混合”之意；二是“联合”之意；三是“文化、智慧”之意。还有人认为“尧熬尔”一词源于蒙古语“森林”和“人民”的构成，合在一起就是“森林百姓”或“林中的人”之意。1953 年经协商，与“尧熬尔”音译相近的“裕固”作为该民族的名称，兼取汉语富裕巩固之意，正式定名为裕固族。从此，裕固族以新的面貌出现在中华民族大家庭的 56 个民族大家庭中。

（一）裕固族族源的史料记载

裕固族的历史可直接溯源于公元前的匈奴以及突厥和公元 7—8 世纪的回纥。“回纥”“回鹘”“袁纥”“畏兀儿”均是“尧熬尔”或“维吾尔”的不同汉语译音。尧熬尔或维吾尔这个名字最早在 2 400 年前的匈奴帝国时为人们所熟知。

据汉文史料记载，公元前 3 世纪末，在我国北部和西北部的广大草原地区，分布着许多阿尔泰语系的游牧部落，均属于匈奴联盟。公元 6 世纪末，铁勒系的袁纥与卜骨、同罗、拔野古等诸部落逐渐联合形成一个以袁纥为核心的部落联盟，史称“外九部”，号称“回纥”，俟斤为最高首领。回纥部又分为 9 个氏族，回纥酋长就产生于“九姓”中的药罗葛氏，均属于突厥汗国。唐高宗永隆中年（公元 680 年），漠北回纥首领——药罗葛氏独解支，脱离蒙古高原的突厥汗国，将其都督亲属及征战有功者徙于甘（今张掖地区）、凉（今武威地区）二州，这一部分人可能成为后来的药罗葛氏（宋朝译作“夜落纥”）建立的甘州回鹘汗国的民众。

公元 8 世纪末，突厥汗国发生内乱，回鹘各部脱离突厥汗国独立，回鹘各部四散，大部分西迁中亚。其中一支投奔河西走廊及祁连山一带，受制于当地势力强大的吐蕃人，史称“河西回鹘”。11世纪初，甘州回鹘汗国为西夏李元昊所灭，甘州回鹘各部四散奔离。据记载，其中一部分包括甘州回鹘可汗“夜落纥”的后裔，退出沙州以南，仍过着回鹘传统的游牧生活，这支甘州回鹘余部就是被当时中原史料中称作“黄头回纥”的回鹘人，这是裕固族的祖先之一。

13世纪初，《柏朗嘉宾蒙古行纪》载：“成吉思汗征服了畏吾儿人后，再从那里兴师，他又发大兵进攻撒里畏吾儿人地区。”此后，元代把操突厥语的撒里畏吾儿纳入统治范围之内，属甘肃行省，当时甘肃行省首府在甘州（今张掖地区）。

从河西回鹘到沙州回鹘、黄头回纥，历经3个世纪，这支操突厥语的回鹘人在特定的历史条件下，在文化特质方面不断吸收新的资源，同天山南北、黄河流域的回鹘人日渐分离，但始终只是回鹘的一个分支。河西回鹘13世纪归属蒙古帝国的统治，蒙古人使这个古老的回鹘群体发生了质变，一个既不同于蒙古的新的民族群体正在孕育之中，也就是说，以古代回鹘汗室氏族药罗葛（夜落纥）为首的一支古回鹘人，同蒙古成吉思汗黄金家族的出伯子孙为首的一支古蒙古人相互融合。并且同属于阿尔泰语系的突厥回鹘人和蒙古人共同孕育着一个新的民族群体，使得一个新的民族共同体——尧熬尔，也就是今天的裕固人逐渐融合形成。

（二）裕固族族源的民间传说

很久很久以前，在极为遥远的北方，尧熬尔有一片美丽的草原，那里有一条大河，一座高山和一个巨大的湖泊。在大河、高山和湖泊之间，有一片美丽的白桦林。有一天，从天而降的彩虹缠绕着一棵最美丽的白桦树。许多日子过去了，这棵美丽的白桦树身渐渐粗壮，像妊娠的女子，9个月后树身开裂，从里面走出9个婴儿。这9个婴儿在白桦林中吮吸着白桦树汁渐渐长大了，于是就住在桦树皮制的茅屋里，在荒原上猎捕野兽为生，饿了吃兽肉，渴了喝白桦汁。故尧熬尔素称白桦树汁为“生命之汁”和“树奶子”。9个兄弟剽悍勇敢、智慧超人，最小的兄弟最为出众。后来，这9个兄弟都做了尧熬尔诺彦（首领），最小的兄弟当上了尧熬尔可汗，人们尊称他为“博格达汗”。

从这个民间传说可以看出，原始尧熬尔人生活在森林中，这与蒙古语称尧熬尔人“林中的人”是一致的。

三、裕固族的语言和文字

（一）裕固族的语言

现在的裕固族有东部地区裕固族和西部地区裕固族之分。东部地区裕固族使用属阿尔泰语系蒙古语族的东部裕固语，西部地区裕固族使用属阿尔泰语系突厥语族的西部裕固语。

1. 东部裕固语

东部裕固语属阿尔泰语系蒙古语族，主要分布于康乐乡、皇城镇东部和大河乡东部。东部裕固语同土族语、东乡语、保安语和蒙古语比较，它居于特殊的地位。粗略地说，在语音方面它和土族语、东乡语、保安语的共同性多一些，而在词汇和语法方面它又与蒙古语的共同性多一些。

2. 西部裕固语

西部裕固语属阿尔泰语系突厥语族，主要分布于大河乡、明花乡、皇城镇西部。

（二）裕固族的文字

裕固族使用过的文字不止一种。裕固族的远祖突厥回鹘人曾使用过北欧式字母的鄂尔浑文（又叫突厥文），在蒙古高原曾发现九姓回鹘可汗碑、阙特勤碑等。后来还有自右向左横写的摩尼文，还有自左而右的婆罗米文。当然，普遍使用长久的是来源于古代粟特文字的古回鹘文。元朝元世祖忽必烈让帝师八思巴根据藏文和梵文创制的蒙古新字（即八思巴字），元世祖诏令全国通行，不仅拼写蒙古语，还要拼写一切语言。总体而言，裕固族的祖先不仅有文字，而且使用过不止一种文字。在一段时间内使用回鹘文、八思巴文和蒙古文（回鹘体蒙古文）；接受藏传佛教后，渐渐在宗教上或很小的官方范围内使用藏文；1949 年后，开始接受并实用汉文。

第二节　裕固族的草原生产文化

一、裕固族聚居地的草原和畜牧资源

裕固族聚居地——肃南裕固族自治县，草原面积 177.9 万 hm^2，占全县总土地面积的 80.31%，可利用草原 142.2 万 hm^2，分为 9 个类，18 个亚类，24 个组，41 个型。草原理论载畜量为 121 万个羊单位。

畜种资源有毛肉兼用的甘肃高山细毛羊、河西绒山羊，适应高寒气候的牦牛、乘挽兼用的皇城马和杨哥马。野生动物主要有白唇鹿、雪豹、盘羊、蓝马鸡、马熊、野牦牛、藏羚、野驴等国家一级、二级保护动物，以饲养马鹿为主的县鹿场，生产鹿茸和鹿系列产品。

二、裕固族的草原牧业生产活动

（一）裕固族历史上的草原牧业生产活动

在过去历史长河中，裕固族一直保持边游牧边狩猎的生产、生活方式。但是，这种生产、生活方式需要整个部落集体行动，在不断搬迁、不断寻找新的草地资源的过程中容易与别的游牧民族发生冲突。迁徙远征，狩猎放牧，须臾不离马，游牧人大半生在马背上渡过。游牧人在广阔草地上自由自在地流浪，动辄跋涉千万里，视野开阔，风险巨大。所以，他们的地形知识丰富，利用地形熟练，识别地形敏锐。草原上艰难困苦的环境，锤炼了牧人的坚强性格，牧人就是战士。整个部落既是生产组织又是武装力量。他们重视牧养马和骆驼，就是自然环境和外部条件相适应的结果。从 14 世纪开始遭受天灾人祸，导致人口锐减、牧地缩小、牲畜大批死亡，迫使裕固族东迁。

东迁到祁连山北麓的裕固族人不足万人、牲畜只有十几万头（只），但仍然保持着边游牧边狩猎这种生产、生活方式。随着环境条件的改变，牲畜种类改为以羊、牛为主。高寒牧区大河乡以牦牛、藏羊为主，中部以蒙古羊为主。游牧方式也由“逐水草而居”的大搬迁改为季节性循环放牧。他们将有限的草地分为冬、春秋、夏三块放牧场，每年进行四期利用。6 月中旬至 9 月底，在夏季放牧场每 5 ～ 10 天换放牧地，进行地带性轮牧，给牲畜抓好膘。10 月在秋季草场（也是春季草场）进行羊牛驱虫、整群、牲畜出栏，做入冬准备。11 月中旬进入冬窝子，在冬窝子采用“先放远，后放近”“先放山，后放川”“早放阴坡，后放阳坡”“公放远，母放近”“公放山，母放川”等放牧技术施行草地轮牧。在冬窝子完成接羔、育羔工作。5 月中旬进入春窝子（也是秋季草场），在这里再进行春季羊牛驱虫，紧接着开始拔牛毛、给牛羊去势，剪羊毛。6 月中旬又进入夏季放牧场。这样年复一年地进行着畜牧业生产活动。

（二）肃南裕固族自治县成立后的草原牧业生产

1. 草原生产恢复发展期，改善了牧民生活

肃南裕固族自治县从 1964 年起实行“全改全配”的办法开展绵羊改良，进行了棚圈、配种和药浴池等基础设施建设，改善了饲养管理条件。各类牲畜饲养量由 1954 年的 19.3 万头（只）发展到 1998 年的 69.2 万头（只），草原围栏面积累计达 151.48 万亩，畜均占有 2.61 亩。100% 的牧户冬春季有固定保暖住房，80% 的牲畜实现了棚舍化。

2. 草原生产水平提高期，牧民生活达到小康标准

1980 年培育出了新品种“甘肃高山细毛羊”。肃南裕固族自治县被称为国家细毛羊生产建设基地县。完成澳血导入改良绵羊 25 万只，改良羊比例达到 91.64%，科技在农牧业生产中的贡献率达到了 30% 以上。已形成 29 万只的高山细毛羊基地、11 万只的绒

山羊基地，3 万头的牦牛基地，800 头的养鹿基地。1997 年，全县农牧民人均纯收入等各项指标达到小康标准，跨入了全省小康县行列。

3. 充分利用人文景观与自然景观，发展旅游业

肃南县境内有独特的人文景观与自然景观。闻名遐迩的马蹄寺和文殊寺内有 1 700 多年前的石窟艺术，金塔寺有彩塑飞天。境内有丹霞地貌、奇山怪石，有河西唯一的原始森林，有被称为“沙漠明珠”的东西海子，有高山奇景观山旱海和暖泉海子，有探险观光的“七一”冰川。大河乡榆木山岩画，明花乡古城址、古墓葬，祁丰藏族乡石窟及少数民族活动遗址，特别是榆木山岩画对于研究先秦时期古民族草原生活历史具有重大意义。还有红西路军战斗遗址，浴血奋战过的马场滩、石窝山等，形成了一条瑰丽、神奇、迷人的旅游风景线。裕固族、藏族、蒙古族独特浓郁的民族风情，更为旅游业的发展增添了绚丽的光彩。

第三节　裕固族的草原生活文化

裕固族的草原生活文化是一种传统的精神力量与物质环境相互作用的自然产物，是裕固民族传统生活文化的主要载体及传承方式，它主要外化于裕固族人的衣食住行、生丧嫁娶及岁时节日习俗中。

一、裕固族的居住方式

裕固族是一个古老的游牧民族，其居住形式受游牧生活方式的限制，常年居住在帐篷里，过着“逐水草而居”的生活。裕固族刚东迁到祁连山时还住的是毡房，也就是蒙古包。后来，随着自然环境和牧放畜种的变化，加上周边民族的影响等原因渐渐改用牛毛帐篷，其形似一颗帅印，称为“一颗印帐篷”。可见，裕固族的帐篷有着悠久的历史，积淀着深厚的文化内涵。如今的裕固族人除个别地方的夏季牧场外，其他季节牧场一般都建有土木或砖木结构的住房。

裕固族牧民在扎帐篷时，一般按照避风向阳的原则，再依据山形和水路确定坐向，多数坐北向南，也有坐东向西或坐西向东的。帐篷门一般不朝北开，可对着山、河沟开。坐向和地点选好后，先用一根横梁和两根柱子把帐篷撑起来，再用牛毛围绳把帐篷的褐子四周从里到外穿起来拉成四方形，外面用 8 根杆子起支撑作用，然后再加上间隔辅助绳。这种辅助绳长约 1 m，分别固定在周围的木橛子上，把帐篷拉成八角圆形。帐篷扎好之后，顺木橛子的外沿挖一圈宽约 5 cm、深约 10 cm 的排水沟以防雨水流入帐篷。牛毛织成的褐子结实细密可遮风挡雨；又因其有细缝可透风透光透亮，始终保持空气的流动，牧民从早到晚可呼吸着混合有泥土青草芬芳的新鲜空气。帐篷顶端设有天窗，雨雪天可盖住。

这种帐篷分为左右两大片，拆迁时放松四周的辅助绳，放倒内部支撑的顶杆、横梁，把牛毛褐子卷起折成长方形，捆绑在牦牛背上，即可驮走，具有适应游牧、易搬迁、耐使用的特点。

二、裕固族的服饰文化

裕固族服饰纷繁复杂、多姿多彩，独具特色。

（一）不同性别的服饰

1. 女子的服饰

西部裕固族妇女的帽子是尖顶，帽沿后部卷起，系用白色绵羊羔毛擀制而成；宽沿镶有一道黑边，内镶狗牙花边和各色丝线滚边，帽顶腰部的前面，有一块刺绣精致的图案缝在上边。东部裕固族妇女的帽子是大圆顶帽，形似礼帽，顶比礼帽细而高，用芨芨草秆和羊毛线编织成坯，用红布缝为帽里，用白布缝为帽面，帽沿也缝有黑边，镶有花边。不论是西部裕固族女帽还是东部裕固族女帽，帽顶都用红色丝线缝成帽缨。姑娘到了成婚年龄，举行出嫁戴头面仪式时，才戴上帽子，表示已结婚。

裕固族妇女身穿高领偏襟长袍，按季节分为加棉衣和皮衣。衣领高齐耳根，衣领外面边缘用各色丝线上劲合股，摹仿天上的彩虹，用赤、橙、黄、绿、青、蓝、紫等七色、九色或十三色，精心攀绣成波浪形、三角形、菱形、长方形等几何图案，精致入微、美观大方。袍子一般以绿色、蓝色为主，下摆两边开衩，大襟上部、下摆、衣衩边缘都镶有云字花边。腰扎桃红色腰带，腰带右下方挂红色、绿色、天蓝色正方形绸帕，少则两块，多则四块。腰带上还挂有三寸小腰刀，腰刀上有刺绣刀鞘套和红缨穗。大襟衣扣上挂有刺绣的荷包、针扎。妇女长袍上面罩的高领偏襟坎肩，用料考究，做工精细，华丽大方，一般都是用红色、紫色、细色缎子缝制，形式似偏襟背心（高领和长袍同）。坎肩下摆左右开衩，镶有绸制彩色花边，背后从左肩至右肩镶一道半圆形花边或十二生肖图案，或同衣领用彩色丝线攀绣，偏襟边缘上至领口、下至腋下绣有各种动物花边。下身穿皮裤和棉布裤。最多见的靴子是一种前面尖而翘的皮靴，逢年过节和有重大喜庆活动时，穿尖鼻子软腰绣花鞋（其实是一种布靴），鞋帮上绣花草或小鹿、小羊等动物图案。

2. 男子服饰

裕固族男子头戴金边白毡帽，帽沿后边卷起，后高前低，呈扇形或圆八角形图案。身穿大领偏襟长袍或带扣的小领长袍，富裕人家多用布、绸、缎等料缝制，穷苦人家多用白羊毛捻毛线织成白褐子缝制。冬季富裕人家多穿用绸、缎、布料做面的皮袍，穷人家则穿白板皮袄。男子一般都扎大红腰带，腰带上带腰刀、火镰、鼻烟壶。衣襟上无论单棉都用彩色布和织金缎镶边，富裕人家还有用水獭皮镶外边。单、夹袍下摆左右开衩，在衣衩和下摆外镶边。上年纪的老人，腰间挂有香牛皮缝制的烟荷包。荷包呈长脖大肚花瓶状，底部垂红缨穗，荷包上还带有弩烟针和铜火盅。旱烟锅是一尺多长的乌木杆镶上玉石或玛瑙烟嘴、青铜或黄铜烟头，总长 2 尺左右。逢年过节或重大活动，裕固族男子长袍上面要罩一件马褂，左右开小衩。男子下身穿皮裤和棉布裤，冬季足穿用牛皮制成的高腰尖鼻的皮“亢沉”，穿毛袜。

（二）不同年龄的服饰

裕固族年满 3 岁的男孩举行剃头仪式后，可穿上合身的小毡袍，一般用绸、缎面料缝制，领边、袖口滚一道花边，腰带为红色或绿色，脚蹬牛皮小马靴，英姿勃发。长到十五六岁的男孩可以头戴黑边白毡帽，身穿红色或白色的大领偏襟长袍。富裕人家用绸、缎缝制长袍，穷苦人家织褐子缝袍。腰扎大红系腰，佩带长短不一的腰刀，足穿牛皮“亢沉”，与成年男子无太大差别。年满 3 岁的裕固族女孩也要举行剃头仪式，把后脑勺的一片头发留蓄，长发和穿有珊瑚珠的丝线编成一条辫子，辫梢垂线穗被塞到背后的腰带里。两鬓的头发按年岁的增长，一岁编一个小辫，一直到出嫁；到了十三四岁时，前额戴“沙日达尔戈”，即是用一长条红布，上缀各色珊瑚珠，缀成各色图案，做成一条三寸宽的长带。胸前戴的“舜尕尔”，背后戴的“曲外代尕”，系用红布做成的两块长方形硬布牌，上缀有鱼骨圆块、各色珊瑚珠组成的图案，下边缘部有红色线穗，并用各色珊瑚、玛瑙、玉石珠穿成的珠链把两块布牌连起，戴在脖子上，分挂在胸前和背后。姑娘年龄到了 17 岁或 19 岁就到了成婚的年龄，在婚礼戴头仪式上，姑娘就结束了姑娘的服饰装扮，穿上新婚礼服。

（三）各类配饰

裕固族男子腰带上一般佩挂腰刀、火镰、烟袋、钱袋子、小酒壶、鼻烟壶、水烟锅（或旱烟锅）等物。还有部分裕固族男子左耳会戴一只耳环，通常是玛瑙、银子、玉石、景泰蓝做的。有些裕固族男子也喜欢戴眼镜，尤其是中老年男子，喜欢戴水晶茶色眼镜。过去，裕固族女孩在出嫁前也穿耳孔，但不戴耳环，也不戴戒指。裕固族妇女的装饰品主要有银耳环、手镯、戒指，一般银耳环下坠一块薄银片。通常戴玉手镯或银手镯，左右手腕各戴一只。戒指一般戴在无名指或中指上，银制的戒指正中可镶宝石或珠子，男子也有戴银制大戒指的。

三、裕固族的饮食文化

勤劳淳朴的裕固人民世居草原，游牧天下，独特的自然环境和特定的生产生活方式形成了其独具魅力而富有浓郁草原气息的饮食习俗。

（一）裕固族的烟文化

裕固族（特别是男人）有抽烟的习惯。据老人说，明朝中叶裕固族东迁入关时就会抽烟，当时汉族人称之为“会吃火的人”。过去以抽水烟、旱烟，吸鼻烟为主，纸烟很少。现在主要抽纸烟，水烟、旱烟、鼻烟少了。有少数裕固族老年妇女吸鼻烟或抽纸烟。裕固族牧民的烟荷包多是精工刺绣而成，图案多以花草、云纹为主，色彩艳丽，是一件精美工艺品。

（二）裕固族的茶文化

裕固族的饮料主要是茶。茶在牧民的日常生活中占有重要地位，裕固族牧区老人说：“一天不喝茶就没有精神，三天不喝茶人就要生病。”裕固人主要喝茯茶和砖茶，此二者是温性茶，适应当地的严寒气候，一般不喝绿茶（凉性的）。茶又分酥油炒面茶（即奶茶）、清茶（又称黑茶）、油茶几类。喝茶时，有的吃油馃子、烧壳子、烧饼或煎饼，有的吃肉，有的光喝茶。裕固人喝茶讲究喝足，民间还戏称喝茶有三层境界，即喝透、喝漏、喝重。喝透就是喝得浑身冒汗，喝漏就是喝得频频入厕，喝重就是喝得双腿发麻。

（三）裕固族的酒文化

酒文化是北方游牧文化中的一部分。古代北方游牧民族喝的都是奶酒，粮食酒是后来从中原汉地或西亚等地传入的。北方游牧民族的粗犷豪放与酒仿佛有着某种天然的内在联系。裕固族人作为北方游牧民族的一分子，自然也不例外。但同时，也不提倡酗酒无度。裕固人不论男女，一般都善饮酒，正如他们的民歌中所唱：“一辈子放牧，摸黑又起早，最爱喝的是烈性的酒，最爱唱的是裕固山歌。”同时，酒和哈达一样，是节庆、婚娶、探亲访友、款待客人的最好的礼物。现在主要喝白酒（青稞酒）、啤酒和葡萄酒。裕固族有一整套敬酒礼仪习俗：

（1）敬酒一般按身份、地位或从长辈开始，有远客则从远客开始，依次敬酒。

（2）一家人从男主人至女主人，从长到幼给客人敬酒，一般敬三杯，表示敬重。

（3）主人敬酒时，身体微微前倾，掌心向上，双手托盘敬杯。若客人第一次来，敬酒的同时还要献哈达或以哈达托住酒盘以示敬意。

（4）客人接酒时，长辈可以坐下喝，年轻人要起身双手去接，或另一只手托住杯底，用右手无名指蘸酒对天弹三下（裕固语叫“超尔达”），表示敬神祭天或吉祥如意，并依次向在座的主宾举杯让酒后再自饮，再将双手掌心向上把酒杯递还主人，并说句“赛达瓦”（东部裕固族）或“召瓦戴”（西部裕固族），表示谢意。

（5）如果不能喝，意思一下也是可以的。

（6）客人刚到时，主人要敬“下马酒”；客人临走时，主人要敬“上马酒”。敬三杯酒“超尔达”后，前两杯酒意思一下，最后一杯喝干即可，不能喝不勉强。要注意的是，酒场中若有老有少，不能乱开玩笑；忌随意打断长辈谈话，忌在长辈面前翘二郎腿，晚辈忌和长辈猜拳行令；忌对不能喝酒的人强行劝酒。

（四）裕固族传统的食品

裕固人的传统主食为面食，可加工制作为面片、煎饼、烧壳子、烤饼、馍馍、烧巴股、炒面、糌粑等面食，但现在大米等主食也越来越为裕固人所接受和喜爱。裕固族有很多风味食品，包括酥油炒面奶茶（裕固族俗称“塔勒干茶”）、手抓羊肉（东部裕固族俗称“浩尼马汉”，西部裕固族俗称“拐艾特”）、肉肠（东部裕固族俗称“陶尔”、西部裕固族俗称“厄赤艾特”）、血肠（东部裕固族俗称“该代斯”，西部裕固族俗称“厄其格”）、羊肉面片、酸奶（东部裕固族俗称“特勒格”，西部裕固族俗称“尧熬尔德”）、酥油米饭（东部裕固族俗称“陶森阿姆森”，西部裕固族俗称“阿克雅厄阿姆森”）、酸奶（稠奶）米饭（东部裕固族俗称“恩达阿姆森”，西部裕固族俗称“尧熬尔德阿姆森”）、酥油煎饼（俗称“亚孜玛克”）、糌粑（俗称“塔勒干”）、烧壳子（俗称“波尔萨克”）、烧巴股（俗称“保尔萨克”）、羊肉小米饭（俗称“那楞阿姆森”）等。

第四节　裕固族的草原精神文化

一、裕固族的宗教信仰

（一）裕固族宗教信仰的演变

从裕固族现实生活中所呈现出的宗教文化的相互交融多种多样可以看出，裕固族在自己漫长的历史中，曾经信仰过多种宗教，如萨满教、摩尼教、古西域佛教、藏传佛教等，并对其社会生活等产生过深远的影响。

作为原始宗教的萨满教是古代北方游牧民族普遍信仰的古老宗教，广义的萨满教包括萨满出现以前的自然崇拜、图腾崇拜、祖先崇拜等一些原始宗教。摩尼教文化在裕固族先民——回鹘人中也产生了一定的影响。17 世纪中叶，也就是尧熬尔在东迁至祁连山 100 年后，藏传佛教传入裕固族居住的地区，藏传佛教成了裕固族人的主要信仰。

（二）裕固族的宗教习俗

随着历史的发展，裕固族地区的宗教活动虽然减少了，但是仍保留着一些宗教习俗，如参加寺院举办的佛事活动，祭鄂博，家中供奉佛龛、丧葬时请喇嘛颂经超度等。

1. 佛事活动

寺院组织的佛事活动每年定于正月、四月、六月、十月举行，每月的十五还要举行一次小型佛教活动（小会），活动期间信教群众都会自愿来寺院参加活动，烧香磕头，敬献祈祷，听颂佛经。

2. 祭鄂博

鄂博的祭坛是用柏木制作成的一个方形木框架栽在地上，正中竖一个高高的幡杆，杆顶上饰有日月形图案，杆上挂满大大小小写有经文和图案的嘛呢旗并向四周延拉牛、羊毛绳，绳上拴满了哈达、牛羊毛等，在鄂博旁较平坦处建有煨桑台（池）。鄂博一般建在山顶、山岔（崖豁）或山坡上，其建立的位置、祭祀时间均由大寺院（裕固族绝大多数去塔尔寺）的喇嘛高僧根据建鄂博的目的、作用，民众住地的地形地理情况等，经颂经、占卜等各种仪式后最后确定。

鄂博的祭祀形式可分为三种：一是个人祭祀，出门人路遇鄂博时，捡路旁白石头垒于其上，然后燃柏香（如身边带有），膜拜祈祷。二是家庭祭祀，家长带全家人带着祭祀用品到鄂博上祭祀，祈求驱灾降福。三是部落或全村祭祀，这是规模最大、参与人数最多的祭祀的活动。等到祭祀仪式结束后，紧接着再举行赛马等文体活动和其他聚会。

二、裕固族的艺术文化及产品

（一）裕固族的民间文学

1. 裕固族的神话

在裕固族民间文学中，神话所占分量不多，且表现得断续和零碎。目前已发表的有《莫拉》、《三头妖与勇敢的青年》、《射箭驱妖》、《蟒可斯》系列、《俄郎盖赛尔》系列等。

2. 裕固族的史诗

同其他民族一样，裕固族也有自己民族的史诗，最著名和最具代表性的是《沙特》（东部裕固族）、《尤达觉克》（西部裕固族）。这两部史诗内容大同小异，都是裕固族的创世史诗。开篇都讲述了天地万物的产生和起源，接着讲述天地、人类的结亲繁衍，最后讲述了裕固族的东迁。反映了裕固族先民对日月山川、草木人兽、部落来历的复杂、神秘的幻想的解释和对婚姻习俗来历的解释。

3. 裕固族的叙事诗

在裕固族民间文学宝库中，叙事诗《黄黛琛》《莎娜玛珂》《尧熬尔来自西至哈至》占有十分重要的地位，无论其思想性还是艺术性，水平都非常高，堪称是裕固族民间文学中的珍品。

4. 裕固族的民间故事

（1）裕固族的历史风物传说故事。除《尧熬尔来自西至哈至》外，还有《东迁的传说》《和“红帽子”人打仗的传说》《阿木兰汗》《多尔吉汗》《哈么嘎阿亚的故事》等。东迁和与之有关的传说故事也还有许多。因其具有一定的历史真实性而弥足珍贵。

（2）裕固族的生活故事。这类故事有《兄弟两个》《神箭手射雁》《珍珠鹿》《贡尔建和尖珂萨》《金银姐妹与木头姑娘》《四个秃嘴姑娘》《摔跤手的故事》等。

（3）裕固族的动物故事。这类故事有《牧人、兔子和狐狸》《狗的传说》《羊、狼和聪明的兔子》《狡猾的兔子》《兔子和熊》《兔子的尾巴为何长不了》等。

（二）裕固族的民间歌谣

1. 裕固族的劳动歌

裕固族因其游牧生活，其劳动歌具有牧业劳动的特色。主要有“擀毡歌”“垛草歌”“割草歌”“捻线歌”“织褐子歌”“学步歌”“奶牛歌”“奶羊歌”等。

2. 裕固族的仪式歌

裕固族的仪式歌如“戴头面歌”“送亲歌”“哭嫁歌”“檀香树”“银鬃马”等，都是在姑娘婚礼的整个仪式过程中唱的。其中，诵说部分的内容大多是赞美称颂祝福的。人生仪礼颂辞主要在剃头礼、成人礼和结婚仪礼上诵说，有“剃头颂辞”“戴头面颂辞”“勒系腰颂辞”“扬茶颂辞”等。生活仪式颂辞主要有“剪鬃毛颂辞”“扎房子颂辞”等。

3. 其他歌谣

除劳动歌和各种仪式歌外，裕固族还流传牧歌、情歌和其他内容的民族歌谣，如《十二生肖歌》《裕固族姑娘就是我》《一个和尚去西藏》《达赖喇嘛》《初八的月亮》《红枣溜马》等。

（三）裕固族的谜语和格言

1. 裕固族的谜语

这些谜语反映了裕固族对事物高度的形象概括力和细致的观察力，如“你吃了，你喝了，你的尾巴越来越干了——勺子”。再如，“走时腿是骨头的，住下时腿是木头的——帐房”。还有如“不滴的水，无烟的火，无话的喇嘛——净水碗，酥油灯，菩萨像”。“玛尼玛尼一根线，穿着一百零八个蛋——佛珠”等，其他如“胖人开门，一百人出门——羊拉屎”，“医生背着药箱子走进了森林——鹿”，“点头晃脑转羊圈，迈着八字步转帐篷——喜鹊，乌鸦”等，都逼真地描绘了牧业生产或牧区特有的现象，只有亲身体验过祁连山牧区的生活，你才能感觉到这些谜语是多么贴切、多么生动形象和富有生活情趣，表现了裕固族人对事务的观察能力和语言表达能力。

2. 裕固族的格言

裕固族的格言不仅数量多，而且哲理深邃，是他们千百年来与大自然的斗争中和社会生活中的经验总结，闪耀着智慧的火花。如“持好心的人让你哭，持坏心的人让你笑”，揭示了生活中的一种现象，与“忠言逆耳利于行”有异曲同工之妙；“没有不消融的雪，历史不会停留在一个地方”，比喻恰当，富于哲理；“吃别人的别撑坏肚子，给别人干活不要偷懒”，则寓教育于谐趣之中，简介、生动。这些都反映了这个民族严肃的生活态度和对生产、生活经验的总结。

（四）裕固族的民间舞蹈

裕固族传统民间舞蹈主要有集体舞、双人舞、男女独舞、马上舞等，主要是欢庆丰收、喜庆节日、婚礼、狩猎、战争、宗教活动等内容。集体舞的形式多种多样，以鼓乐和歌声伴舞，男女老幼排队或围成一个大圈，中间置以篝火或猎物，或快或慢，或轻或重，节奏强劲有力；双人舞主要表现生活、生产劳动过程中的某些场面；男女独舞以腾跳见长，基本上保留了裕固族古老的腾跳形式。“查玛”（俗称“跳神”或“打鬼”）是宗教文化交流的产物。

（五）裕固族的美术

古代裕固人的祖先曾经在阿尔金山、祁连山的岩石上作画，反映游牧、狩猎、战斗、迁徙的生活。后来，部分裕固人信仰摩尼教时也曾留下极丰富的绘画作品。自信仰藏传佛教后，画家都在寺院作酥油画、唐卡、壁画等，其风格比藏族地区的更为艳丽。1958年前在裕固族各寺院均有裕固族僧人画家的作品，在部分岩石上也有宗教内容的岩画。

（六）裕固族的传统文化产品

1. 裕固族的纺织品

作为草原游牧民族，捻线、织毯子、织褐子是裕固族日常生活的重要内容。经过数千年的发展，裕固族的纺织工艺已经日益成熟，不仅质地优良、花色齐全，而且品种繁多。毯子分为牛毛和山羊毛、绵羊毛三种，根据花色又分为黑色、白色和花色三种。黑毯子主要用来缝制帐篷、粗制的口袋和褡裢等日用品；白毯子主要用来缝制比较精制的口袋、褡裢、茶袋子等日用品；花毯子主要用来缝制精致的褡裢、袋子、毯子、毡被等日用品，而且可以根据实际需要调染花色。

2. 裕固族的服装、服饰

裕固族的服饰制作主要分为头饰、头面、服饰等几类。作为马背民族，裕固族讲究服装的华丽与实用相一致，服饰的华贵与收藏并重。经过数千年的发展，融合了其他兄弟民族的服饰文化，形成了裕固族独具特色的服饰文化（见图 5-1）。缝制服装和服饰制作是裕固族妇女日常女红最重要的内容。精美的服装服饰不仅是日常的行头，更是一种艺术品。

图 5-1　裕固族妇女服饰

3. 裕固族的马具

牧闲时节，裕固族男人总是要搓绳做笼头、镲子、缰绳、长绳、马绊等马具，还要动手制作、修理马、牛的鞍具。除日常使用的外，更要精心编织特别精致漂亮的马扯手、马鞭、缰绳和捎绳等。平常通过看一个人的坐骑，就可以看出这个人甚至这家人的光景和手艺。节庆集会更要看谁的马最漂亮。马是裕固人的双腿和翅膀，离开了马就无法游牧生活。牧人家的男孩从小就要学习各种马具的制作工艺，这是一种终身学不完的功课。

4. 裕固族的皮革制品

由于高原气候，长期游牧的裕固族离不开皮帽、皮袍、皮靴和各种皮具，如皮绳、皮马绊、马笼头、皮鞭、皮袋、皮褡裢、皮被、皮褥子等。因此，裕固人鞣制、裁剪、缝制和编制皮革的工艺水平也是很高的。

5. 裕固族的刺绣品

刺绣也是裕固族妇女日常女红的重要内容之一。刺绣是装饰帽子、服装、饰物的重要方法。

6. 裕固族的雕刻品

近年来，一些裕固族民间艺人，借鉴兄弟民族工艺，从身边生活入手，发展了独具特色的皮雕、沙雕、皮画、根雕艺术，产生了比较大的影响。

7. 裕固族的擀毡

毡分为牛绒毡、山羊绒毡和绵羊羔毛毡，主要用来制作炕毡、毡被、鞍毡、鞍垫、毡袍等。每年秋天羔子剪毛后就是擀毡的时节，大伙儿一边唱着《擀毡歌》一边擀毡，非常热闹。

8. 裕固族的帐篷

据记述，裕固族很久以前是住蒙古包的，后来随生活环境的变化及周边民族生活文化的影响，才开始住牛毛黑帐篷的。缝制帐篷是很讲究的，要选吉日，要请人帮忙；扎帐篷的时候更要专门请人祈福祝贺，有专门的颂词。扎帐篷是裕固人生活中的一件大事。

三、裕固族的民间体育文化

（一）赛马

赛马是裕固族传统体育中最重要的活动，一般在6—8月或祭祀鄂博时举行。分为走马（蹓蹄马）和奔马。规模有几十人的，也有数百人的。赢者都有奖品。

（二）摔跤

裕固族民间在过去把摔跤叫“包克·阿乌勒切贺”，现已演变为自由式摔跤。摔跤和赛马活动同时举行。

（三）射箭

裕固族射箭分为骑射和立射。骑射即在奔驰的马背上拉弓搭箭而射，中靶多者胜出。立射即站在规定的地方射靶，中靶多者胜出。

（四）抱石牛

节庆集会的时候，除赛马、射箭、摔跤外还有抱石牛角力。即抱起规定的石牛按既定路线前行，走出者胜出进入下一轮，抱起更大的石牛再角力，最后胜出者为冠军。

第五节　裕固族的草原生态文化

一、裕固族的生态伦理文化

在裕固族的观念中，自然是有生命的，必须对自然产生敬畏之心，从而形成了守护神山的生态伦理。

（一）白哈尔

裕固族民众认为，守护神白哈尔在神山杰乌拉尔（今肃南裕固族自治县马蹄乡二加皮村的山地草原）。传说杰乌拉尔神山上住着以主神白哈尔为主的五大神，即尧熬尔五大神，藏语名称分别是：主中部的俄由西土格吉杰鲁（即白哈尔），主东部的河由西斯格吉杰鲁，主南部的拉布西元旦吉杰鲁，主西部的那布希桑给吉杰鲁，主北部的香恩希俄成里杰鲁。

（二）陕巴美尔

传说陕巴美尔是古代尧熬尔人的一个大将，死后成为守护神。陕巴美尔的陵墓在今马蹄寺一洞窟中（现在洞窟里面部分塌陷），裕固族已将陕巴美尔作为祖先或守护神来祭祀。

（三）乃曼额尔德尼山

乃曼额尔德尼即“八宝”之意，是今青海省祁连县的牛心山或八宝山，裕固族的先辈们东迁到祁连山后，中心牧场就在乃曼额尔德尼一带，他们认为此山是整个祁连山地区的神山。此山下有裕固族人古代的鄂博遗址，不远处是古代裕固族的鄂金尼寺院（汉文史料中叫“古佛寺”“黄番寺”）。

二、裕固族的生态治理文化

历史上，裕固族在狩猎分配、尊老扶幼、互相帮助、婚姻嫁娶、财产继承、宗教祭祀、草原纠纷和家庭诉讼等方面采用习惯法。这些习惯法便是道德规范，习俗礼仪、宗教戒律组成了社会规范，即民族习惯法或乡规民约。

（一）乡规民约的执行者

历史上，裕固族部落内的一切案件都由部落头目、总圈头、辅帮和“老者”审讯处理。部落头目可以对下属人民任意处罚用刑。例如，大头目到鄂金尼部后，在宴席上因猎户扎西才尔丹对他不够恭敬，而对此猎户施以柳条抽打，罚一匹马给大头目作为了结。

（二）乡规民约的判案方法

1. 捞油锅

裁决由千户主持，在一个铁锅内放一白一黑二石，又倒入了水和泥，烧沸后，由原告赤手捞石，规定捞到白石为赢，黑石为输。历史上，捞油锅是一种判案方式。

2. 神羊裁决

神羊裕固语叫“赛德尔马勒”，这种神羊每户都有，意为各户族庇护神的牲畜。过去，裁决时有部落头目、辅帮等人参加。原被告各牵来一只“神羊”，煨桑、叩头各呼其“布尔汗”的名称，然后裁决人将加奶子的水（白水）从羊尾浇到羊头，然后将普通水从羊头浇到羊尾。这时，如果那一只羊先抖其身上的水，羊的主人便胜诉，输方便赔偿牲畜。

3. 糌粑裁决

这是一种将写有字的纸条分别用糌粑包起来，置于盘中，裁决人端来让原告和被告各拿一个，掰开看有输赢。

4. 投水死刑

即在死刑犯脖子上捆石块将其投于河水中淹死。例如，18 世纪中叶曾将造成部落混乱的赛木特尔判为投水死刑，但终未执行。

本章小结

裕固族在长期的草原生产、生活的过程中，形成了合理处理家畜饲养与牧草生长、野生动物和放牧家畜的关系，形成了自然界万物有灵、生命平等、人与自然相依相存的观念，创造了与自然和谐相处的生态观念、生产方式、生活方式与传统文化。这种生产、生活和生存文化与自然环境高度适应，共同构成了裕固族独特的草原文化，表明他们拥有与自然相适应的语言、居住、饮食、娱乐、艺术和信仰等文化形式和文化产品，从而实现人与自然和谐相处、持续发展。继承和发展这种传统文化，对草原生态环境的有效保护和自然资源的可持续利用具有十分重要的意义。

裕固族男子服饰

裕固族老年服饰

裕固族牧民帐篷及舞蹈

第六章　草原文化保护与生态文明建设

第一节　草原文化对生态文明建设的启示

从我国主要草原民族——蒙古族、藏族、哈萨克族和裕固族草原文化的发展历程来看，草原民族在长期的游牧生产和生活中形成了人与自然水乳交融、密不可分的生态智慧，并且将其贯穿于生产模式、生活方式、风俗习惯、宗教信仰、文化艺术、伦理道德、美学与哲学、法规与律令等诸多方面。草原文化不仅给我们留下了一笔宝贵的精神财产，在当今生态环境面临全球性危机的情形下，更为我们开启了人与自然和谐相处的新思路、新模式，为当前的生态文明建设提供了诸多启示。

一、草原文化中的生态环保理念

从古至今，草原文化始终秉持着一个古老而新鲜的理念——人与自然的和谐相处。草原民族本土的自然崇拜和原始信仰（如蒙古族的萨满教、藏族的苯教），都具“万物有灵”、敬畏自然、顺从自然规律、保护神山圣水等生态理念；草原民族接受的外来宗教信仰（如藏族、蒙古族和裕固族信仰的藏传佛教、哈萨克族信仰的伊斯兰教等），也都强调“众生平等”“善待生命”“保护自然乐园”等环保思想；草原游牧民族和中原农耕民族的政权更替或商贸活动中的文化渗透和融合，也将农耕文化中的“天人合一”“道法自然”等生态理念纳入草原文化，形成了丰富多样且独具特色的生态环保理念。

草原民族在长期的游牧生活中，基于自然崇拜形成的各种禁忌（成文或不成文的），如对山的禁忌、对水（包括河流、湖泊、山泉）的禁忌，对花草树木的禁忌，对野生动物（包括珍禽、猛兽）的禁忌，对先人亡灵（如坟地、天葬台等周边环境）的禁忌，对山石（如嘛尼石、敖包石及其周边环境）的禁忌，对家畜（如神牛、神羊、耕牛、驮牛、马等）的禁忌，对特殊建筑（庙宇、宫殿及其周边环境）的禁忌等，虽具有一定的迷信色彩，但在一定程度上体现了生态环保理念。

草原民族在长期利用自然的过程中，形成了保护生态环境的诸多道德规范、乡规民约和法律法规（成文或不成文的）。这些行为规章制度严格约束了草原民族的行为规范，不仅起到了保护自然生态环境的作用，而且起到了调节社会矛盾的功能，促进了草原民族的人与人、人与自然、人与社会的和谐相处。

二、草原文化中的适宜性生产方式

游牧是草原民族创造的一整套既与自然环境相互适应的生存技能，又是与自然环境和谐相处的生活状态。游牧文化的生产、生活方式及其技能是以与自然的适应作为前提条件的，适应是通过对草原、牲畜及产品的利用来体现的，具体表现在以下几个方面。

（一）游移性

游牧是从古至今草原民族的传统生产、生活方式，其实质是凭借天然草场的牧草资源进行畜群生产和再生产。它是一种靠天吃饭的“逐水草而居”的生产经营方式，牧民根据气候、地形、水源以及草原牧草生长季节性的周期变化而不断迁徙家畜。牧民是以草原和家畜为中心，随草原资源供应的盈亏、家畜生产需求不断移动，从而形成的游移性生产经营方式。家畜一年四季不停地游走，牧民的社会、经济、文化活动也随之不停移动。这种游移性的生产方式不仅降低了草原畜牧业生产因自然环境（如干旱）带来的风险（如生态环境退化、家畜死亡），同时为牧民的社会、经济和文化生活提供了多样化的选择，具有一定的生态、经济和社会合理性。

（二）适应性

游牧的生产和生活方式体现了生态学的适应性原则，人和家畜以迁徙来适应变化的环境有其积极意义和科学的依据。草原牧民的周期迁徙活动，一方面保证了家畜的充足食物来源，另一方面也保证了草原生态环境的休养生息（自然恢复）。诸多学者的研究结果表明，脆弱的草原生态环境促使游牧民做出了“迁徙一适应”的自然资源利用方式。适应性是草原游牧民族在这一脆弱环境中生存下来的前提与基础。不论是生产方式、生活方式，还是文化活动，都是为了生存的需要而有意主动地创造出来的，各个方面都充满了与自然和谐统一的生存智慧。正是由于草原游牧文化的适应性特征及游牧民族非凡的适应能力，才使全球干旱区、半干旱区以及高寒区多样的草原景观得以保留至今。

（三）灵活性

草原民族的游牧生产和生活方式具有高度的灵活性，遇到干旱、缺水、缺草年份，牧民可以多出栏（出售）一些大家畜（成年公牛），保留一些母牛和小牛，等到未来降雨丰沛、牧草盈余的年份扩大畜群规模，这样不但可以降低畜群因饲草不足而死亡率加大的风险，而且可以减少草场因牧草产量供应不足、家畜采食过度而造成生态退化的风险。这种灵活的生产方式体现了生态学的弹性力原则，不但可以使草原和家畜的供需平衡得以保障，而且还可以使畜群和草场的生产潜力通过弹性力的维持得以恢复。

（四）稳定性

草原游牧的生产方式传承至今，保持了相对的稳定性。这种稳定性的存在对自然环境来说意味着被保护和良性循环，对人来说意味着生存权的被保证及可持续发展；对草原游牧文化本身而言，则意味着其发展进程不至于被生硬地打断而得以保持下去；对人类文明而言，则更是意味着与生态多样性同样重要的文明多样性的被尊重与保证。实际上，草原文化的变迁是时时存在的，游牧文化的“稳定性”只是针对其核心部分而言的，变化的只是“量”而非“质”。尽管随着脆弱的草原生态环境变化（尤其是草原退化），草原游牧文化所具有的一贯的稳定性面临严重威胁，但是这种稳定性对人和自然环境都是不可或缺的。

三、草原文化中的简约性生活方式

草原游牧民族的衣、食、住、行都体现了简约性和实用性，也反映了与自然相和谐的思想。草原牧民在一年四季里逐水草而移动，经常处于运动状态中，这种生活方式不利于大量积累固定资产，因此草原牧民在生活上极尽简约。例如，藏族和裕固族居住的帐篷（帐房）、蒙古族和哈萨克居住的蒙古包需要少量的木材、牛毛或羊毛毡就能做，把房屋对资源的消耗降到了最低，并且方便拆卸，不会长期占用草地，避免对草原造成破坏。对于草原牧民的游牧生活、生产方式而言，根据简约原则设计的一项产品，只有具备多项功能时才能做到物尽其用。在草原牧区，牧民对一只羊的处理过程为例：羊皮当作产品卖掉了，换了一些急需的生活用品；剩余部分的加工过程是本着“好吃”和“物尽其用”的原则来进行的，体现了简约性和实用的原则。在燃料的选择上，牧民使用牲畜的粪便，促进了生态系统物质和能量的循环。正是草原文化的这种简约性和实用性，在一定程度上节约了自然资源，促进了草原资源的可持续利用。

四、草原文化中的绿色精神生活

草原民族在长期的游牧生活过程中，创造了丰富的宗教、文学、音乐、美术、舞蹈、体育等精神层面的文化艺术生活。这些文化艺术大多体现了自然性和生态性。在文学艺术层面，草原民族的说唱艺术（如藏族的《格萨尔王》）、谚语和文学作品或多或少都有歌颂自然环境的内容，呼吁人们保护环境、保护自己的家园。在音乐舞蹈层面，草原民族的歌曲、乐器和舞蹈多数源于游牧生活，如蒙古族的马头琴、藏族的牦牛舞等，表达了草原民族对自然的珍视和热爱。在绘画和手工制作层面，草原民族的绘画（包括壁画、岩画）、雕刻、刺绣、编织以及传统手工制作（如马鞍、牛车等），大多取材于当地自然环境，体现了草原民族崇敬自然、爱护环境的朴素情怀。正是草原民族在文化艺术中表达的绿色精神，时刻激励人们保护自然环境、维护草原生态平衡。

五、草原文化对生态文明建设的启示

草原文化是中华文化的重要组成部分，它是游牧民族创造、发展并传承的主体文化。草原文化是一种生态的文化，是一种尊重自然、崇尚自然的文化。生态思想是草原文化的精髓，游牧的生产和生活方式是遵循着自然规律而进行的周期性、循环性的科学运动。游牧的生产和生活方式把人—畜—草的关系转化为动态平衡，使三者在变动状态中追求草原生态系统的整体效应，从而实现草原经济社会的可持续发展。草原文化所倡导的生产和生活方式，对于现代应对全球化生态危机具有重要的指导意义。

生态文明建设是针对目前资源约束趋紧、环境污染严重、生态系统退化的严峻形势，我国提出的基本国策之一。生态文明的内涵主要指：尊重自然、顺应自然、保护自然的生态文明理念，走可持续发展道路；中国特色社会会主义现代化是人与自然和谐共生的现代化，既要创造更多物质财富和精神财富以满足人民日益增长的美好生活需要，也要提供更多优质生态产品以满足人民日益增长的优美生态环境需要；必须坚持节约优先、保护优先、自然恢复为主的方针，形成节约资源和保护环境的空间格局、产业结构、生产方式、生活方式，还自然以宁静、和谐、美丽。这些都在草原文化中有充分的体现，因此深谙草原文化，必将为我国的生态文明建设提供诸多启示。

第二节　草原生态环境问题与草原文化危机

尽管草原文化对生态文明建设具有重要启示作用，但是由于自然因素和人类活动的影响，中国的草原生态系统发生了严重退化的问题，草原退化、沙漠化问题日趋严重，甚至对周边及内陆地区的生态环境造成负面影响。同时，由工业文明带来的生产和生活方式的改变，草原文化的人与自然和谐相处的核心理念和模式受到严重冲击，人们对草原的那种崇拜与敬畏的精神正在消失，造成了草原文化的危机，限制了我国生态文明建设。

一、草原生态环境问题

（一）草原退化及其影响

中国的草原总面积约 4×10^8 hm^2，占国土总面积的 41%。其中西北部六省区（西藏自治区、青海省、新疆维吾尔自治区、甘肃省、宁夏回族自治区、内蒙古自治区）的草原面积约为 2.7×10^8 hm^2，约占全国草地总面积的 70%，分布范围从青藏高原向北、向东沿祁连山、天山、阿尔泰山、贺兰山、阴山、大兴安岭延伸，形成了一条广阔的绿色草地植被带（草甸、草原植被为主），在饲养牲畜、防风固沙、保持水土、净化空气、调节气候等方面起着极为重要的作用，它不仅是我国草地畜牧业的物质基础，而且是我国内陆腹地的生态屏障。蒙古高原、黄土高原和青藏高原草原植被状况的优劣，对华北平原、黄淮海平原、长江中下游平原及黄河、长江流域地下水、地表水的丰歉，以及风、旱、涝、沙尘暴、水土流失等自然灾害的发生及危害程度有极大的影响。

近几十年来，中国的草原逐年退化、面积日益缩小，不同程度的退化草原占全国草原总面积的 90% 以上（Han et al.，2008），而且每年正以 66.5×10^4 hm^2 的速度发展（龙瑞军等，2005）。这种大面积、高速度的草原退化不仅造成草原植被覆盖度和生产力下降、生物多样性减少、沙漠化加剧等生态环境问题，同时造成了巨大的经济损失。据估计，1993 年仅西北典型生态区草地生态破坏的经济损失为 49.44 亿元，而其恢复费用为 129.52 亿元，是全国此类费用的 42.69%。日趋严重的草地退化问题已给广大西部乃至周边地区的生态环境和社会经济的可持续发展构成了严重威胁。

（二）草原退化的原因与机制

尽管对中国草原退化的原因国内外学术界尚无定论，我们的研究发现草原退化是内因和外因综合作用的结果，脆弱的生态环境是草原退化的自然内营力，人为干扰是草原退化的主要驱动力，气候变化是加速西部草地退化的辅助外营力。

1. 生态环境脆弱性

草原生态环境的脆弱性主要表现在其地表组成物质和地形特征的脆弱性、气候水热因子的匹配性差两个方面。青藏高原区由于寒冻等原因，土壤分化微弱，土层薄，土质疏松，易受风蚀、水蚀和融冻剥离，土壤侵蚀严重，土壤质地差，肥力低下，使草原自身孕育着退化的内在因素；同时，青藏高原的草原多分布于高海拔地区，热量条件差，一般年均温在 0℃以下，最低温度可达 −40 ～ −30℃，限制了植物的生长。黄土高原区地形复杂多样，高山、梁峁、塬地、沟壑、河谷和川地交错分布，草原分布区坡度较大，一般温度在 20℃以上，草地拦蓄、贮存降水的能力和抗践踏、抗侵蚀的能力较低，这是草原退化的基础。黄土高原区热量条件相对较好，但降水量较低且季节与年际变率大，暴雨频发，水分利用率较低，使草地植被的生长发育受阻。蒙古高原荒漠草原区、河西走廊及新疆荒漠—绿洲区土壤贫瘠，物理化学性状不良（如沙质含量高、砾质化及沙质化潜在危险性大、土壤干旱、有机质含量低等），存在着草原退化的各种潜在因素。同时，这些地区光照充足，热量条件好，但干旱缺水、降水时空分配与牧草需水间的不匹配性增大了发生草原退化的可能性。

2. 气候变化

中国的草原分布区横跨温带干旱大陆气候带、半干旱季风气候带和青藏高原高寒气候带，气候类型复杂多变。自 20 世纪 60 年代中期以来，我国大部分地区（包括广阔的草原分区）进入气候暖干期。内蒙古地区20世纪80年代比20世纪60年代平均降水量减少54 mm，温度升高1.1℃；甘肃省近40年来降水减少了10～20 mm，平均气温上升了0.6℃。青藏高原整体呈现干旱化的趋势，年均气温在波动中呈现增长的趋势，特别是20世纪80年代以来增温的趋势更为突出，由于气温变暖，使土壤水分损失增加，导致区域干旱化。气温上升，降水减少，河湖干枯，雪线上升，草原土壤水分得不到补充，植被生长受到影响，这是导致草原退化的气候因素。

3. 人为因素

草原退化的人为因素主要包括超载过牧、草原垦荒、滥采乱挖、滥用水资源、工矿道路建设和不合理的旅游开发等。其中，超载过牧和草原垦荒是草原区普遍存在且严重威胁草地资源可持续发展的首要因素。

草畜平衡是维持草地健康发展的基础，草地长期超载过牧，使牧草产量普遍下降，草层盖度减小，高度变低，生草土结构被破坏，土壤肥力下降，草地生态系统处于退化演替状态之中。据统计，西北部六省区（西藏自治区、青海省、新疆维吾尔自治区、甘肃省、宁夏回族自治区、内蒙古自治区）的草原家畜数量由20世纪50年代的2 181.3万头（只）发展到20世纪90年代的14 708.7万头（只），增加了5倍多。其中，内蒙古和新疆两区的家畜数量增加了近10倍。而这50年间，草原面积不但没有增加，反而减少了$1\,000\times10^4$ hm^2，家畜占有的草原面积下降4倍，造成了严重超载过牧。另据报道，我国荒漠化地区的草原超载率为50%～120%，有些地区甚至高达300%，长时间、高强度的超载过牧最终会导致草原植被的退化演替。

草原垦荒是以牺牲生态为代价的一种短期行为，其结果必然是“一年开荒，二年打粮，三五年变沙梁”。这是由于耕作破坏了草地植被，松散了生草土层，裸露松散的沙质土地在干旱的风沙中极易受风蚀，每当风季来临，疏松的细沙土随风而起成为沙丘；同时，开垦减少了草原面积，增加了草原的家畜负荷，从而引起草原退化。1958—1973年内蒙古两次开荒热，累计开垦草地210×10^4 hm^2，导致130×10^4 hm^2土地荒漠化。西部牧区40多年累计开垦草原670×10^4 hm^2，估计造成$2\,010\times10^4$ hm^2的草原沙化。樵采、挖药和搂发菜也会大面积破坏草原，引发草原退化；滥用水资源造成水资源的浪费和土地干旱；采矿、道路建设会严重破坏植被，导致草原退化；旅游开发也对草原造成一定程度的干扰和破坏。

二、草原文化危机问题

草原文化是环境—草地—家畜—人类社会长期相互作用而创造的相对稳定、具有草原特色的物质产品和精神产品的总和，是草原—家畜—人类社会系统耦合的产物，由土—草—畜—人这一物流和能流主干构成的草地农业系统是生产草原文化的源头，也是传播草原文化的载体（任继周等，2010）。因此，草原植被、土壤等文化载体的大面积退化势必对草原文化的传承造成冲击。

随着近代工业革命的兴起和发展，人类逐渐步入了工业乃至后工业文明的时代。工业文明的巨大成果使人们乐观地认为，现代人完全有能力征服和控制自然，于是开始了对自然资源毫无节制的开发和掠夺，对自然界进行无情的破坏。草原文化在这样的大背景下，也受到了严重影响。由于农业生产家庭联产承包责任制的实行，部分地区原始的游牧生产方式被迫改变，集体的牲畜也随之承包到户。草原管理照搬农村分田到户的做法，把草原分割到户，草原遭受"凌迟"而破碎化；同时大范围围封禁牧，草原和家畜的天然联系被腰斩，草原生产流程堰塞，人类、草原和家畜成千上万年间协同进化形成的耦合系统行将消失，草原文化植根的草地农业系统到了崩溃的边缘（任继周等，2010）。另外，现代城镇化的步伐加快，大部分原始的牧民开始放弃游牧的生活，离开草原定居城市，这对草原文化的传承和发展是十分不利的。

自 20 世纪 80 年代以来，我国政府先后在牧区推行草地家庭承包、牧民定居、草原围栏、"退耕还林还草""退牧还草"等政策措施，但是这些政策措施并没有达到预期的生态、经济和社会效应，在一定程度上影响了这些地区草地牧业生产、生态和生计功能的良性互动发展。对于这些政策的影响，内蒙古高原干旱半干旱草原区的影响已经显现，部分学者认为该区草地荒漠化与草地承包到户、牧民定居、草原围栏建设、退牧还草政策等密切相关。正如草原生态和草地牧业专家刘书润所言："我们汉族人刚到内蒙古地区，老觉得蒙古人怎么还这么落后，原始地放牧，逐水草而居，到处游荡。住蒙古包，风刮得挺冷的，原始的生态。放牧蒙古羊，一群土羊赶不上一头澳大利亚羊产值高，这怎么行？太落后了，要改善他们原始落后的面貌，一般刚去的人都是这个概念，于是我们做了好多工作——把家畜改良好，让他们定居。结果怎么样呢，造成现在大家知道的恶果（草原荒漠化）。好心办坏事的原因何在？我们对游牧文化理解出了问题……人类社会由游牧到定居，到农业，到工业，到城市化，好像是人类发展的必经之路，草原也不应该例外，其实这是偏见，小农的偏见。游牧是当地牧民经过多年选择，利用草原最经济最实惠，而且是效率最高的一种经营方式，却被我们消灭了……"

对于中国草原游牧文化的危机，我们的近邻蒙古国的居民也有深刻认识，正如一位接受访问的蒙古国牧民达娃所述（文沁，2007）："对于牲畜来讲，逐新鲜水草而牧是非常重要的。放牧的草场是要精心选择的，为了给牲畜提供最好的采食条件，我们会经常更换草场……不以移动来更换饲养环境，牲畜是不会健康繁殖的……只有健康的牲畜才能提供健康的肉食和奶食，所以牲畜的健康是所有的前提……我们的电视里经常有介绍中国内地和内蒙古的报道，今天中国的经济发展很快，人们的生活水平在不断提高。据说内蒙古的牧民已经走向了定居，尽管生活可能会变得舒适一些，但我看来这种做法对草原，特别是对牲畜的健康会产生不良的影响。"

三、草原文化保护和传承的必要性

尽管草原文化对生态文明建设提供了诸多启示，当前草原生态环境退化的不利影响和工业文明思潮的严重挤压，使草原文化的发展空间不断缩小，作用日渐式微。但是我们应清楚地认识到，草原文化崇尚自然，坚持“天人合一”，走出了一条人与自然和谐相处的道路，不仅在历史上为草原生态环境保护做出了重要贡献，而且能够为解决当今社会面临的环境问题、推进生态文明建设提供重要的理论指导。草原文化蕴含了草原民族独特的生态智慧和精神财富，是草原地区社会、经济、生态可持续发展的命脉和源泉，具有极强的渗透力和超越性。保护、传承和弘扬草原文化，使草原文化成为生态文明建设的重要思想来源与价值，才能将草原民族的生态智慧和精神财富传递给每一个人、每一代人，让大家真正领悟并践行草原文化中的生态伦理思想、适宜性生产方式、简约性的生活方式以及绿色精神文化。

第三节　草原文化的保护传承及生态理念

草原文化是人类文明的第一缕曙光，在工业文明兴起之前的很长历史时期内，草原文化同农耕文化并列为人类社会两大重要文化形态，在人类社会发展历史上占有重要的地位。弘扬草原文化，有利于树立并践行尊重自然、爱护自然的生态文明理念，为解决当今社会面临的环境问题提供重要启迪。因此，草原文化的弘扬包括草原文化保护和基于草原文化传承的生态文明建设两个方面。

一、草原文化保护与传承

草原文化的产生需要三项基本要素，即人、草原和家畜，这三项基本要素要通过放牧这一环节加以连缀，进化成草原—家畜—人居耦合的自然 - 社会生态系统，在系统运行中产生草原文化。因此，原始形态的放牧是一切草原文化衍发的基础，草原文化的保护和传承关键在于放牧。只有通过适宜的放牧管理，才能维持草原健康，健康的草原才能担负起草原文化的保持与传承，家畜不吃草会生产不健康的畜产品，草原离开家畜也一样不健康，以草原为主体的草地农业生态系统是草原文化维持不败并传承发展的载体。它将承载着草原文化攀登人类文明的高峰（任继周等，2010）。

目前，草原生态建设绝对地“封山禁牧”，割断人居、草地和家畜的有机联系，违背了草地农业生态系统的基本原理，从根本上取消了草原文化的生存的基质，其必然后果就是草原生产的萎缩和草原文化的消亡。因此，必须通过合理的放牧制度保护和发展，完成以草原畜牧业为核心的大转型，这就是草原文化延续和传承现代文明过程的必由之路。

（一）通过放牧及时转型促进草原文化的传承

在漫长的历史进程中，人类的放牧技术经历了原始放牧、粗放放牧到集约化放牧三个发展阶段（见表 6-1）。

表 6-1　放牧技术的发展阶段

放牧技术的发展阶段	放牧方式	特点	对应的农业系统	现存区域
原始放牧	定牧	驻地附近，游牧为数不多的驯养动物	采集农业：少量的劳动力投入，生产力低下	落后地区
	游牧	徒步，跟随家畜，在部落的领地内转移。草地面积和畜群规模较小	饲养农业：有一定的劳动力投入，生产力低下	发展中国家
粗放放牧	定牧	在驻地周围，固定放牧或轮牧，冷季或带羔母畜有一定补饲。草地面积小，畜群有一定规模	栽培农业：劳动力投入大，生产力中等	发展中国家
	游牧	骑马、摩卡或皮卡等，驱赶畜群在四季牧场转移。草地面积大，畜群有一定规模	粗放的畜牧业：劳动力投入大，生产力中等	发展中国家
集约化放牧（划区轮牧）	大型现代化游牧	通过火车、汽车、长途搬运家畜，在季节性牧场转移，现在多从放牧地向肥育场转移。草地面积和畜群规模大	动物农业：机械投入大，有一定技术投入、资本投入大，生产力高	发达国家
	中小型现代化定牧	用围栏划区轮牧，机械化、信息化程度高。草地面积和畜群规模大	草地农业：技术，资本与机械投入大，生产力高	发达国家

西方发达国家将草原文化与农耕文化、工业文明相结合，将原始、粗放的放牧方式改造为集约化的划区轮牧，这是一次综合运用多种科学技术，对原始放牧畜牧业的深刻的、具有重大历史意义的放牧畜牧业的转型。划区轮牧是现阶段集约型放牧最高水平的体现，遗憾的是我国对这一转型不但没有认知，甚至全然没有察觉。于是把放牧畜牧业作为落后事物而加以扬弃。当前很多地方强力推行舍饲、移民定居、取消放牧，人—草—畜的系统关系被强行隔离，实质是农业系统的偏途演化，却误以为是集约化和现代化。

划区轮牧基本理论发源于季节畜牧业，它是一种开放的农业技术体系。通过与其他农业和工业技术的结合，针对不同的草地类型、不同的家畜类别和生产目标，发展了日臻完善的技术系列，如放牧场轮换体系、延迟放牧—休牧—轮牧体系、条带—跟进放牧体系、轮牧—舍饲体系等。划区轮牧经过国内外长期的、大量的科学试验与生产实践，能够协调草原的生态功能与生产功能，逐渐成为草地农业系统的核心和农业实现现代化的关键技术。

目前草原生态建设绝对地“封山禁牧”，割断人居—草地—家畜的有机系，违背了草地农业生态系统的基本原理，从根本上取消了草原文化的生存的基质，其必然后果就是草原生产的萎缩和草原文化的消亡。因此，亟须反思过去的失误，实施以划区轮牧为核心的草地农业系统，完成以草原畜牧业为核心的草原畜牧业的大转型，这是草原文化延续和传承现代文明过程的必由之路。

（二）通过放牧组织系统建设促进草原文化的传承

我国对草原畜牧业的转型知之甚少，把农耕区的分田到户移植到草原上来经营畜牧业，施行草原分包到户，从根本上阻碍了从传统粗放放牧到集约化放牧转型的可能性，从而扼杀了草原畜牧业的生存权。农耕区现在已经进入土地流转、适度规模经营阶段，草原牧区搞分户承包，比农区晚了一个时代，何况这种移植必然引发草原生态与生产两败俱伤，根本上是行不通的。草原分包到户不应像农耕区那样具体划定土地，而是给牧民以土地券，以土地券确认其所有权，而经营单位（如合作社）则另外组建，使草原所有权与经营权分离。这样才能在不伤害牧民草原所有权（或使用权）的前提下，把广袤的草原集中起来，统一规划，以划区轮牧为核心，建设现代草原管理系统，完成草原畜牧业的转型（任继周等，2010）。

设计大尺度的轮牧单元，如季节畜牧业或季节内的轮牧单元，用固定围栏分割，每一个轮牧单元内，按需要划分更小的轮牧单元，如月轮牧或周轮牧，用电围栏分割，方便移动，成本低廉且使用灵活。在每一个大尺度轮牧单元内，根据生活区就近生产区的原则，按生产单位设置定居点，建设房屋、圈舍、饮水点等铺设主干道到轮牧单元和轮牧单元之间的道路，安装水、电等生活、生产设施，按季节畜牧业原理，在需补饲的定居点，建设栽培草地与饲草料基地（任继周等，2010）。

重视整个放牧系统与其他系统的耦合作用，开展牧区与农耕区、牧区与林区、牧区与城镇的结合，完善草地农业系统，加强草畜产品的加工、流通，使其效益增倍，把农牧民的增收方式从扩大畜群转变到依靠产品质量和技术含量上，减轻草原的放牧压力，增加单位面积草原的产出。配合多种科技、金融等社会支撑系统，如废除家畜头数考核指标、采用畜产品单位，给予牧民合作社资金支持。必须认识到，我国草原畜牧业正处于从粗放型向集约化的转型过程，而这一转型过程是现代草原建设无法回避的。放牧（包含原始的游牧和现代放牧）是一切草原文化衍发的基础，草原民族的生活习惯、政治结构、军事组织、艺术形式、民族性格等无不反映其深刻影响，它带来了草原文化的深沉厚重、质朴自然、博大精深、富有开拓精神。与生俱来的活力驱使它屡次与其他文化板块碰撞，所产生的“文化造山运动”是人类文明发展史上最为浓墨重彩的一笔（任继周等，2010）。

保护草原放牧文化赖以生存的自然地理环境和传承草原文化植根的社会生产是草原

文化得以传承与发展的生命线，实行划区轮牧，以放牧单元为核心，配套定居点、围栏、引水系统，开展系统建设，是当前保持与传承草原文化的关键措施，只有与时俱进的放牧转型，才能保持草原文化的群体性特征，维护草原生态系统的健康，草原才属于牧业民族，他们才能继续在草原上创造灿烂的草原文化。正如任继周院士赋诗所述："草原文化放牧魂，魂灵长存不灭身，长空碧野原非梦，草畜人居归本真。"

二、基于草原文化传承的生态理念

草原文化是一种与草原生态环境相适应的文化，游牧文化是其核心内容。特别是在人与自然关系的问题上，草原文化崇尚自然，坚持"天人合一"，走出了一条人与自然和谐相处的道路，不仅为保护弥足珍贵的草原生态环境做出了重要贡献，而且能够为解决当今社会面临的环境问题、推进生态文明建设提供了重要的启迪。因此，传承草原文化应当成为生态文明建设的重要思想来源与价值取向。

草原文化的生态理念主要植根于社会生活体系的各个方面，这也是生态文明建设的主要内容。

一是生产体系，游牧（现代放牧）是草原适宜性生产利用的有效方式，这种草地利用方式根据草原生态环境，按四季轮牧，协调平衡人—草原—家畜的关系，这种生产方式的流动性、灵活性、适应性和稳定性体现了生态文明建设的基本思想。

二是生活体系，草原民族"逐水草而迁徙"的游牧生活方式，使草原民族形成简约的理念，不奢侈，不事浪费，一物多用，物尽其用，游牧生活中的衣、食、住、行都体现了草原生活的简约性和适应性。草原民族这种独特的理念与行为准则，不仅使草原民族能够在观念上敬畏自然、崇尚自然，而且从生活方式到生产方式都同自然生态息息相关，融为一体，使之能够在知行统一上得到升华，这是也生态文明建设的主要思想。

三是道德伦理体系，草原民族在生产、生活中，不仅形成了对家庭和社会的伦理观念，包括"忠孝"和"友爱"的社会伦理文化，而且还形成了"敬畏自然"的生态伦理文化，包括对山、水、野生动物等自然万物的"禁忌"，这是生态文明建设可以借鉴的教育体系。

四是精神文化体系，草原民族在绘画、雕刻、刺绣、舞蹈、音乐、说唱、手工等多个艺术文化领域内都以歌颂自然、热爱自然、保护自然为主题，这也是生态文明建设内容中"生态文化建设"的主要内容。

五是制度保障体系，草原民族在游牧生产和生活中，形成了各种习俗、乡规、民约和法规，严禁破坏草原生态的行为，把保护环境的理念牢牢地建立在各种软硬约束力之上，这为生态文明建设的制度保障提供了借鉴。

传承草原文化有利于树立并践行尊重自然、爱护自然的生态文明理念。生态文明作为对传统工业文明反思的产物，把自然纳入人自身发展的体系，倡导尊重自然、爱护自然，承担起对自然的道德责任。草原文化是以放牧为载体的文化形态，而放牧生产是最具生态特征的生产方式。以这种生产方式为生计的草原民族，不仅将人当作自然的一部分，而且将自然当作敬奉的对象，以一种敬畏和爱慕的心情崇尚自然、保护自然。这些生态观念在草原民族的文学、绘画、舞蹈、哲学、美学等领域中都有广泛的体现，是催生草原文化不可或缺的因素。可见，敬畏自然、崇尚自然、爱护自然，人与自然和谐相处是草原文化区别于其他文化的重要标志之一，也是其富有生命力的优势所在，这种草原文化在保护生态环境上具有鲜明优势。

传承草原文化有利于坚持可持续发展的原则与价值选择。生态文明建设的核心是如何处理增长与环境的关系，达到人与自然和谐相处可持续发展的境地。对于地球这一共同家园，有些人首先想到的不是去共同守卫，而是抢先去开发、无序利用，甚至去掠夺，工业文明时代西方发达国家就是这样一种状态。如果不改变这种思维方式与价值选择，生态文明建设就不会有出路。草原文化倡导的适应性生产方式和简约的生活方式就是可持续发展理念的主要体现，当然草原文化崇尚简约和适应，并不是不追求发展，而是在追求人的自身发展的过程中，像注重人的自身发展一样注重环境的承受能力与资源的可持续利用，走出一条保护环境、推进可持续发展之路。

传承草原文化有利于增强生态文明建设的信心。生态文明建设的实质是坚持节约资源、保护环境，走可持续发展之路。随着人口不断增加，人们生活水平的日益提高，资源短缺、环境恶化的问题日趋突出。面对这种情况，需要借鉴草原文化的核心思想，一方面要坚持科学发展，切实转变思维方式与增长模式，做到既节约资源、保护环境，又能促进发展；另一方面要增强信心，解决快速发展过程中遇到的生态环境问题，重新回到人与自然和谐发展的轨道。草原文化的发展历史印证了人与自然是能够和谐相处的，人与自然和谐相处是能够保障人的发展的，更为重要的是，能够使人与自然和谐的生产和生活中，得到物质与精神的双重满足，实现物质生活家园与精神生活家园的统一。

参考文献

[1] 阿利·阿布塔里普，汪玺，张德罡，等．哈萨克族的草原游牧文化（Ⅲ）——哈萨克族的文化艺术，人文礼仪及禁忌习俗 [J]. 草原与草坪，2012，32（6）：74-81.

[2] 阿利·阿布塔里普，汪玺，张德罡，等．哈萨克族的草原游牧文化（Ⅰ）——哈萨克族的形成、分布及宗教信仰 [J]. 草原与草坪，2012，32（4）：80-85.

[3] 阿利·阿布塔里普，汪玺，张德罡，等．哈萨克族的草原游牧文化（Ⅱ）——哈萨克族的游牧生产 [J]. 草原与草坪，2012，32（5）：90-96.

[4] 阿利·阿布塔里普，汪玺，张德罡，等．哈萨克族的草原游牧文化（Ⅳ）——哈萨克族的衣、食、住、行及婚丧等生活文化 [J]. 草原与草坪，2013，33（1）：76-83.

[5] 阿穆尔吉日嘎拉．游牧生活轨迹 [M]. 北京：中央民族出版社，2010.

[6] 安志敏，尹泽生，李炳元．藏北申扎、双湖的旧石器和细石器 [J]. 考古，1979（6）：481-491.

[7] 白贤．甘肃省哈萨克族文化形态与古籍文存 [M]. 兰州：甘肃人民出版社，2002.

[8] 波斯拉施特．史集（卷 1 第 1 册）[M]. 北京：商务印书馆，1983.

[9] 汪玺，师尚礼，张德罡．藏族的草原游牧文化（Ⅳ）——藏族牧民的生活 [J]. 草原与草坪，2011，31（4）：87-92.

[10] 查干扣．肃北蒙古人 [M]. 北京：中央民族出版社，2005.

[11] 陈高华．明代土鲁番哈密文史资料汇编 [M]. 乌鲁木齐：新疆人民出版社，1984.

[12] 陈寿朋．草原文化的生态魂 [M]. 北京：人民出版社，2007：60.

[13] 陈学明．生态文明论 [M]. 重庆：重庆出版社，2008：24.

[14] 葛丰交，房若愚．伊斯兰教对新疆哈萨克族教育的影响 [J]. 伊犁师范学院学报（社会科学版），2009（2）：16-21.

[15] 郭成伟．大元通制条格 [M]. 北京：法律出版社，2000.

[16] 郭雨桥．郭氏蒙古通 [M]. 北京：作家出版社，1999.

[17] 何效祖．走进甘南寻梦香巴拉 [M]. 兰州：甘肃人民出版社，2005.

[18] 贺杨灵．察绥蒙民经济的解剖 [M]. 北京：商务印书馆，1935.

[19] 胡小鹏．裕固族简史 [M]. 兰州：甘肃人民出版社，1984.

[20] 贾思勰．齐民要术（卷六），家禽篇 [M]. 北京：中华书局，2009.

[21] 江道元 . 西藏卡若文化的居住建筑初探 [J]. 西藏研究，1982（3）：103-126.
[22] 後藤十三雄 . 蒙古游牧社会：蒙古文 [M]. 呼和浩特：内蒙古人民出版社，2011.
[23] 克那木格，汪玺，张德罡，等 . 蒙古族草原游牧文化（Ⅱ）——蒙古族草原畜牧业资源 [J]. 草原与草坪，2013，33（3）：86-91.
[24] 克那木格，汪玺，张德罡，等 . 蒙古族草原游牧文化（Ⅰ）——蒙古族的形成、语言文字、教育及宗教信仰 [J]. 草原与草坪，2013，33（2）：80-84.
[25] 克那木格，汪玺，张德罡，等 . 蒙古族草原游牧文化（Ⅳ）——蒙古族的游牧管理技术 [J]. 草原与草坪，2013，33（6）：80-86.
[26] 克那木格，汪玺，张德罡，等 . 蒙古族的草原游牧文化（Ⅲ）——蒙古族的畜牧生产技术及手工产品 [J]. 草原与草坪，2013，33（4）：92-96.
[27] 克那木格 . 肃北蒙古族宗教志 [M]. 呼和浩特：内蒙古人民出版社，2000.
[28] 李连杰 . 古代蒙古族畜牧业研究 [J]. 内蒙古农业大学学报（社会科学版），2008，10（6）：347-348.
[29] 李玉宁 . 甘肃蒙古族文化形态与古籍文存 [M]. 兰州：甘肃民族出版社，2005.
[30] 刘钟龄 . 蒙古族草原文化传统的生态学内涵 [J]. 草业科学，2010，27（1）：1-3.
[31] 罗赫列 . 西藏的游牧部落 [C]// 中国社会科学院民研所 . 民族社会历史译文集 .1977.
[32] 洛桑・灵智多杰 . 青藏高原环境与发展概论 [M]. 北京：中国藏学出版社，1996.
[33] 马清虎 . 论哈萨克族生态文化 [J]. 新疆社会科学（汉文版），2008（2）：92-96.
[34] 马子富 . 西部开发与多民族文化 [M]. 北京：华夏出版社，2004.
[35] 贸金久 . 蒙古通史 [M]. 北京：中央民族出版社，2000.
[36] 那仁曹格图 . 阿勒坦汗法典及其内容浅析 [J]. 内蒙古大学学报（哲学社科版），2001（1）.
[37] 南文渊 . 藏族传统文化与青藏高原环境保护和社会发展 [M]. 北京：中国藏学出版社，2008.
[38] 朋・乌恩 . 蒙古族文化研究 [M]. 呼和浩特：内蒙古教育出版社，2007.
[39] 乔吉校 . 恒河之流（蒙文版）[M]. 呼和浩特：内蒙古人民出版社，1980.
[40] 邱中郎 . 青藏高原旧石器的发现 [J]. 古脊椎动物学报，1958，2（2-3）.
[41] 肃北蒙古族自治县概况写作组 . 肃北蒙古族自治县概况 [M]. 北京：中央民族出版社，2009.
[42] 肃南裕固族自治县文化局 . 裕固族服饰 [M]. 石家庄：河北美术出版社，2010.
[43] 索代 . 拉卜楞寺佛教文化 [M]. 兰州：甘肃民族出版社，1992.
[44] 泰亦赤兀惕・满昌 . 蒙古族通史（第三册下册）[M]. 沈阳：辽宁民族出版社，2004.
[45] 泰亦赤兀惕・满昌 . 蒙古秘史 [M]. 呼和浩特：内蒙古科学技术出版社，2007.
[46] 汤因比 . 历史研究（上册）[M]. 上海：上海人民出版社，1966.
[47] 铁穆尔 . 裕固民族尧熬尔千年史 [M]. 北京：民族出版社，1999.
[48] 童恩正，冷健 . 西藏昌都卡若新石器时代遗址的发掘及其相关问题 [J]. 民族研究，1983（1）：54-58.

[49] 图齐，海西希 . 西藏和蒙古的宗教 [M]. 天津：天津古籍出版社，1989.

[50] 汪绘纹，克那木格，张德罡，等 . 蒙古族草原游牧文化（Ⅴ）——蒙古族的生态文化 [J]. 草原与草坪，2014（1）：90-96.

[51] 汪绘纹，克那木格，张德罡，等 . 蒙古族草原游牧文化（Ⅵ）——蒙古族的游牧生活与文体文化 [J]. 草原与草坪，2014，34（2）：92-96.

[52] 汪玺，师尚礼，张德罡 . 藏族的草原游牧文化（Ⅱ）——藏区的草原和生产文化 [J]. 草原与草坪，2011，31（3）：1-4.

[53] 汪玺，师尚礼，张德罡 . 藏族的草原游牧文化（Ⅰ）——藏族的形成、语言文字与宗教信仰 [J]. 草原与草坪，2011，31（2）：81-87.

[54] 汪玺，师尚礼，张德罡 . 藏族的草原游牧文化（Ⅳ）——藏族的生态文明、文化教育和历史上的法律 [J]. 草原与草坪，2011，31（5）：73-84.

[55] 汪玺，铁穆尔，张德罡，等 . 裕固族的草原游牧文化（Ⅰ）——裕固族民族的形成，宗教信仰与语言文字 [J]. 草原与草坪，2011，31（6）：87-93.

[56] 汪玺，铁穆尔，张德罡，等 . 裕固族的草原游牧文化（Ⅱ）——裕固族的草原生产 [J]. 草原与草坪，2012，32（1）：76-79.

[57] 汪玺，铁穆尔，张德罡，等 . 裕固族的草原游牧文化（Ⅳ）——裕固族的生活文化 [J]. 草原与草坪，2011，32（3）：84-90.

[58] 汪玺，铁穆尔，张德罡，等 . 裕固族的草原游牧文化（Ⅲ）——裕固族的文化产品与人文礼仪 [J]. 草原与草坪，2011，32（2）：91-95.

[59] 王琛 . 天地苍茫走四方——记新疆哈萨克人马背上的“候鸟”神话 [J]. 中国摄影家，2003（3）：20-29.

[60] 王素娟，孙国军 . 蒙古族游牧文化：言说着人与自然的和谐 [J]. 原生态民族文化学刊，2010，2（4）：91-96.

[61] 卫拉特蒙古简史编写组 . 卫拉特蒙古简史（下册）[M]. 乌鲁木齐：新疆人民出版社，1996.

[62] 西藏社会历史资料编辑组 . 西藏社会历史调查 [M]. 拉萨：西藏人民出版社，1987.

[63] 邢莉 . 游牧文化 [M]. 北京：北京燕山出版社，1995.

[64] 薛晓源 . 生态文明研究前沿报告 [M]. 上海：华东师范大学出版社，2007.

[65] 闫天灵 . 汉族移民与近代内蒙古社会变迁研究 [M]. 北京：中央民族出版社，2004.

[66] 杨圣敏 . 中国民族志 [M]. 北京：中央民族出版社，2004.

[67] 杨士宏 . 藏族传统法律文化研究 [M]. 兰州：甘肃人民出版社，2004.

[68] 喻世长 . 论蒙古语族的形成和发 [M]. 北京：民族出版社，1983.

[69] 藏族简史编写组 . 藏族简史 [M]. 拉萨：西藏人民出版社，1985.

[70] 张家楠，薛达元 . 蒙古族游牧文化与草原生态平衡的关系 [J]. 中央民族大学学报（自然科学版），2013，22（2）：88-91.

[71] 张容昶 . 中国的牦牛 [M]. 北京：科学技术出版社，1989.

[72] 钟进文 . 中国裕固族研究集成 [M]. 北京：民族出版社，2002.
[73] 朱家柟，胡雨帆 . 藏北考察札记 [J]. 化石，1978（1）：23-24.
[74] Dong Shikui, Kassam Karim-Aly, Torrand Jean Francois, et al. Building Resilience of Human-Natural Systems of Pastoralism in the Developing World: Interdisciplinary Perspectives [M]. The Springers, 2016.
[75] Dong Shikui, Wen Lu, Yang Zhifeng, et al. Vulnerability of worldwide pastoralism to global changes and interdisciplinary strategies for sustainable pastoralism[J]. Ecology and Society, 2010, 16(2): 10.

后 记

30 年前，当我报考甘肃农业大学的草原专业（当时全国草原科学专业唯一的国家级重点学科）时，我就梦想能够在无边的草原上策马奔腾，在绿荫的草地上仰望蓝天白云，在广袤的草场上追寻“风吹草低见牛羊”的诗情画意。但是，当我走进大学殿堂，聆听草原学界专家、名师讲授的草原生态、草原分类、草原培育、草原调查、草原管理、草原规划、草原保护等专业课程时，我才意识到全国的草原面临退化、沙化、盐渍化的“三化”问题，草原生态系统的结构受到严重破坏，草原“三生功能”（生产、生态和生计功能）不断下降，草原生态环境的保护和恢复工作刻不容缓。由此，我便萌生了继续深造、致力于草原生态环境保护工作的想法。

在攻读硕士、博士研究生期间，我在青藏高原地区开展高寒草地放牧管理、人工草地建设、草—畜系统营养调控方面的研究工作，经常和当地的藏族牧民打交道，住帐篷、赶牛羊、烧牛粪（取暖、做饭）、挤牛奶、喝奶茶、吃糌粑、跳锅庄舞，深切感受到牧民“源于草原、归于草原”的生产和生活文化，充满了对草地、牛羊、山水的热爱之情，对自然的敬畏之心和对社会的关爱之心。正是这种人与自然交融的生计方式才使草原生产永续发展，才使草原文化千年不衰、传承至今。但是，当前气候变化、人口增长、城市化、工业化等全球变化现象的凸显和加剧，不仅使草原生态系统受到严重影响，而且使草原文化受到严重冲击，草原文化何去何从令人堪忧。

记得 1998 年我在甘肃省天祝藏族自治县抓西秀龙乡蹲点，开展以多年生人工草地建设来提高草地产草量、生态置换天然草地的载畜量、恢复退化草地植被为目的博士论文研究工作时，在一次闲谈中当地牧民向我发问：“我们知道何时放牧、如何放牧，草原不会超载；我们也知道如何种草、如何补饲（牛羊），家畜不会减重。但是，夏季干旱和冬季雪灾对草原（生态）的影响很大，这些不是能够通过草原围栏禁牧能够解决的。牧民把草场当作生命，我们每年期盼风调雨顺，世代通过传统游牧适应着草原的（丰歉）变化，但是目前的（气候）变化远远超出了我们的应对能力，围栏封育并不能真正解决草原退化的问题，您能研究出来控制气候的技术吗？”我一时语塞，默问自己：我们的科学研究是否和牧民的需求脱节？我们的决策是否被牧民接受？我们是否应该向牧民学习经验？我们是否从经典的草原文化汲取养料？

纵观中华民族多元文化一体化的发展史，草原游牧文化与中原农耕文化一直处于互动和交融过程中。正是草原游牧文化和中原农耕文化的相互融合和渗透，推动了整个中华文化从古至今的发展，也推动了中国生态文明建设的不断演进。与中原农耕文化倡导的"天"（天有其时）、"地"（地有其财）、"人"（人有其治）"三才理论"一样，"逐水草而居"的草原游牧文化不仅体现了富含哲学的农业伦理观，更是反映了草原可持续经营和生产的科学思想。草原牧民根据降水、气温、牧草（物候、高度、产量等）的时空变化节律，在不同草场上轮换放牧家畜，体现了放牧制度的适应性、灵活性、多样性，实现了草地资源的有效保护和可持续利用。但是，这些乡土的、伦理的、科学的草原文化并未被我们重视，正如任继周院士所言："传统的华夏文化对草充满不敬甚至敌意，草包、草寇、草草了事，都表现了对草的贬义，甚至恶意相向……（草原文化）成为一座长期被忽略的、有别于农耕文化但又相互交融的文化富矿。"

作为长期从事草原生态环境保护的研究工作者，我觉得自己有责任保护这座文化富矿，有义务把草原文化的精髓传播开来。在生态文明建设受到空前重视的当下，将草原文化宝库中的经典摘录成书，向读者介绍这些"早该书本化的文化经典"，不仅可以让大家感受草原文化的精深、绮丽、厚重，更让大家感受草原文化的传承价值所在。

聊以这些文字作为成书感悟。

董世魁

2018 年 2 月于美国科罗拉多州落基山脉下的小镇科林斯堡